Thomas Bräutigam
Gefesselt im dunklen Raum
Filmrezeption in der Nachkriegszeit (1945–1960)

Marburger Schriften zur Medienforschung 96
ISSN 1867-5131

Der Autor

Thomas Bräutigam, (*1958) ist Literatur- und Medienwissenschaftler und freier Autor. Im Schüren-Verlag veröffentlichte er: *Stars und ihre deutschen Stimmen. Lexikon der Synchronsprecher* (^{3}2013), *Klassiker des Fernsehfilms* (2013), *Film im Transferprozess. Transdisziplinäre Studien zur Filmsynchronisation* (hg. m. Nils Daniel Peiler, 2015), *Klassiker des deutschsprachigen Dokumentarfilms* (2019)

Thomas Bräutigam

Gefesselt im dunklen Raum

Filmrezeption in der Nachkriegszeit (1945–1960)

SCHÜREN

Bibliografische Information der Deutschen Nationalbibliothek
Die Deutsche Nationalbibliothek verzeichnet diese Publikation in der Deutschen Nationalbibliografie; detaillierte bibliografische Daten sind im Internet über http://dnb.d-nb.de abrufbar.

Schüren Verlag GmbH
Universitätsstr. 55 | D-35037 Marburg
www.schueren-verlag.de

Gestaltung: Erik Schüßler
Umschlaggestaltung: Wolfgang Diemer, Frechen
Coverfoto: Deutsche Kinemathek
Druck: Bookpress, Olsztyn
Printed in Poland
ISBN 978-3-7410-0430-8 (Print)
ISBN 978-3-7410-0185-7 (eBook)

Inhalt

Er spürte, dass das Kino zu den wirklichen Naturereignissen gehörte. Man suchte es auf, wie man an einem heißen Sommertag den Schatten eines Baumes aufsucht, wie man im späten Winter in ein Quadrat Sonne tritt und den Körper der Wärme hinhält.

– Martin Walser: Ehen in Philippsburg, 1957

Einleitung

Der Titel dieser Publikation versammelt eine Anzahl von Begriffen, die eine gewisse Komplexität des Vorhabens ahnen lassen. «Filmrezeption» umfasst semantisch ein Medium und seine Nutzer sowie die Interaktion zwischen ihnen. «Nachkriegszeit» bezeichnet einen fast acht Jahrzehnte zurückliegenden Zeitraum, der die zu untersuchende Interaktion absteckt: 15 Jahre zwischen 1945 und 1960. «Gefesselt» verweist auf einen bestimmten Rezeptionsmodus, das intensive Involviertsein in den Medieninhalt, ist aber doppeldeutig durch die spezifische Rezeptionssituation, die ein Unterbrechen dieses Vorgangs zwar faktisch nicht unmöglich macht, aber doch mit erheblichen Hindernissen beschwert: das Sitzen an einem von anderen sitzenden Zeitgenossen nach allen Seiten begrenzten Platz in jenem «dunklen Raum», der durch Angabe des niedrigen Helligkeitsgrades eine leicht sinistre Tönung erfährt, also kurz – wir ahnen es schon – dem Kino.

Diese Koinzidenz von historischen, räumlichen und psychologischen Aspekten erschwert eine exakte Definition von Gegenstand, Erkenntnisziel und Methode. Die Filmwissenschaft in ihrer herkömmlichen Fixiertheit auf Werk und Autor liefert nicht die erforderlichen Parameter. Während die Literaturwissenschaft schon vor über einem halben Jahrhundert mit der sogenannten «Rezeptionsästhetik» einen Paradigmenwechsel vollzog, machte die Filmwissenschaft diesen *turn* nicht mit, obwohl doch der Kinogänger – im Unterschied zum schwer zu ortenden Leser – in seiner allgegenwärtigen physischen Präsenz ein stets sichtbares, am Ort der Rezeption immer auffindbares und studierbares Objekt darstellt.

Gewiss, die Klassiker der Disziplin von Emilie Altenloh bis Siegfried Kracauer nahmen sich seiner an, eine Schule bildete sich daraus nicht. Seit einigen Jahrzehnten existiert eine in den USA schon vor dem Zweiten Weltkrieg initiierte empirische Filmrezeptionsforschung, die sich jedoch oft als Medienwirkungs- bzw.

Medienrezeptionsforschung ausgibt und aus dieser herauszulösen ist, wobei jedes Mal zu klären ist, ob Film überhaupt als «Medium» gilt oder nicht.

Zudem macht die Einschränkung auf einen 70 bis 80 Jahre zurückliegenden Zeitraum das Instrumentarium dieser empirischen Studien nur bedingt verwendbar. «Historische Rezeptionsforschung» nennt sich der Randbereich, in den wir uns verirrt haben. Empirische Forschungen auf diesem Feld sind nicht mehr durchführbar, weil sich die damaligen Protagonisten nicht mehr befragen und beforschen lassen (allenfalls die Überlebenden dieser Epoche ließen sich zum Rückblick auffordern, doch wäre das *oral history* oder *biographical memory* – ein völlig anderer Ansatz).

«Nachkriegszeit» ist eine Epochenbezeichnung aus der Geschichtswissenschaft, und hier betritt man endlich gesichertes Terrain durch ein ordentlich bestelltes Forschungsfeld, das zwar längst nicht abgeerntet ist, aber verlässliche Informationen über die Besatzungspolitik und die Entwicklung der beiden deutschen Staaten bereitstellt. Wann diese Nachkriegszeit beginnt, ist eindeutig, wann sie endet nicht. Manche wollen sie gar bis 1990 verlängert wissen, das Ende bei 1960 anzusetzen ist etwas willkürlich, wir werden diese Grenze bei Bedarf überschreiten. Die filmgeschichtliche Zäsur von 1962 (also «Oberhausen») ist für die Rezeptionsgeschichte ohne Belang.

Die damaligen Kinogänger ins Visier zu nehmen, heißt, die Nachkriegs*gesellschaft* ins Auge zu fassen, um den sozialen Kontext auszuschreiten, in dem die Rezeption von Kinofilmen vonstattenging. Damit ist die Soziologie angesprochen oder genauer die Sozialpsychologie, geht es doch um Menschen, die sich 1945 in einer aus den Fugen geratenen Welt (re-)orientieren mussten und dann überraschend schnell die Fassung wiedergewannen – zumindest dem äußeren Anschein nach. Es war eine Epoche umwälzender Transformationen. Existenzielle Bedrängnisse sowie die Forderung nach dem Austausch kompletter Weltbilder und politischer Systeme lösten Unruhe und Zukunftsängste aus, was ein permanentes Ringen um Stabilität zur Folge hatte. Zu den verstörenden Erscheinungen, die diese Zusammenbruchgesellschaft bestimmen, gehört das Bewusstwerden eines ungeheuerlichen singulären Makels mitsamt den mehr oder weniger subtilen Strategien, sich seiner zu entledigen. Darunter war die Täter-Opfer-Umkehr die effizienteste.

Diese Anhäufung destruierender und konfliktstiftender Faktoren führt zur Frage nach einer mentalitätsgeschichtlichen Zäsur oder Kontinuität. «Mentalität» lässt sich definieren als das «Ensemble der Weisen und Inhalte des Denkens und Empfindens, das für ein bestimmtes Kollektiv in einer bestimmten Zeit prägend ist.»[1] Die Zeitgenossen der jeweiligen Epoche können die Mentalität nicht selbst reflektieren, weil damit der «unpersönliche Gehalt ihres Denkens» ange-

1 Peter Dinzelbacher (Hg.): *Europäische Mentalitätsgeschichte*, Stuttgart 1993, S. XXI.

zeigt ist (Jacques Le Goff). Wenn auch für Mentalitäten meist eine *longue durée* konstitutiv ist, kann dieser Begriff für kürzere Zeitperioden sinnvoll sein, wenn Krisenerfahrungen, ein Zusammenbruch von Systemen, ein Ideologietransfer ältere Mentalitätsstrukturen zwar nicht eliminieren, aber doch überlagern und modifizieren.

In diesem historischen, sozialpsychologischen und mentalitätsgeschichtlichen Kontext ist die Kommunikation über das Medium Film zu situieren, die Bereitstellung filmischer Bilder seitens der Produktion und die Aneignungspraxis der Rezipienten. Aussagen über Filmrezeption könnten sich dann als Bausteine für eine Rekonstruktion dieser Epoche erweisen.

Rezeption ist zu verstehen als ein Prozess der Deutung und Sinnproduktion mittels Filmlektüre, nicht gleichzusetzen mit Interpretation,[2] denn die Funktionen «Unterhaltung», «Ablenkung», «Zerstreuung» wären bereits ein solcher «Sinn». Dieser Vorgang setzt, gewissermaßen als Input, die spezifischen kulturellen, sozialen, mentalen und ideologischen Verhältnisse der zu untersuchenden Epoche voraus, der Sinn ergibt sich nur im «Rahmen des lebensweltlichen Horizonts der Zuschauer.»[3]

Die Rezeptions- und Wirkungsforschung geht von einem aktiven Rezipienten aus, dessen Handeln auf Nutzen und Belohnung («uses and gratifications») ausgerichtet ist. Er wählt bestimmte Medien aus, die eine Bedürfnisbefriedigung versprechen (z.B. Unterhaltung, Information, Ablenkung, Kunstgenuss).

Wenn er sich für das Medium Film entscheidet und ein Kino aufsucht, bleibt er auch dort ein aktiver Rezipient, indem er im Rezeptionsakt seine individuelle Lesart des Films konstruiert. Dieser primäre Rezeptionsakt, also die prima-vista-Situation im Kinosaal, ist rein selbstreferenziell, der Zuschauer hat in diesem Moment nur sein eigenes Wissens- und Bewusstseinssystem für eine Deutung zur Verfügung.[4] Die ad-hoc-Deutung kann in der Anschlusskommunikation, von den Fesseln der Illusion befreit, beeinflusst und vielfältig variiert werden.

In der Film-Zuschauer-Relation korrelieren somit zwei komplexe Systeme. Ein externes fiktionales Artefakt stößt auf das «interne Modell» des Zuschauers, wobei die fiktive Realität auf das «Strukturangebot der realen Lebensprozesse Bezug nimmt bzw. es partiell repräsentiert.»[5] Das heißt, die Inhalte der Fiktionen bezie-

2 Interpretation und Analyse sind Verfahren, die eine hohe Text-Adäquatheit voraussetzen, Rezeption hingegen ist frei, offen und keinen Einschränkungen unterworfen. Von der professionellen Filmkritik wird eine gewisse Adäquatheit zumindest erwartet.

3 Lothar Mikos: «Film und die Repräsentation von Gesellschaft», in: *Handbuch Filmsoziologie*, Band 1, Wiesbaden 2021, S. 205–220, S. 210f.

4 Achim Hackenberg: *Filmverstehen als kognitiv-emotionaler Prozess*, Berlin 2004, S. 31.

5 Peter Wuss: *Filmanalyse und Psychologie*, Berlin 1999, S. 53f.

hen sich auf die Realwelt der Rezipienten, sie entsprechen mehr oder weniger dem sozial geteilten Wissen.[6]

Aufgrund der prinzipiellen Ambivalenz von Filmbildern sind die von der Produktionsseite (Autoren, Produzenten, Regisseure, Verleiher) mutmaßlich intendierten Bedeutungen oder «Botschaften» nicht mit den im Rezeptionsvorgang durch den individuellen Zuschauer aktivierten Sinngehalten identisch, es gibt allenfalls Schnittmengen. Die Differenz ist besonders hoch, wenn Film und Rezipient unterschiedlichen kulturellen Sinnsystemen angehören und daher unterschiedliches kulturelles Wissen aufgerufen wird. Bei der Rezeption ausländischer Filme divergieren die vorausgesetzten und beim Zuschauer verfügbaren Sinnsysteme. Bei der Rezeption von deutschen Heimatfilmen sind sie mehr oder weniger kongruent.

Wenn Filme (bzw. generell Medienangebote) Persuasionsabsichten haben (im Untersuchungszeitraum z. B. innerhalb der Reeducation-Politik der Alliierten), so finden Veränderungen von Bewusstseinssystemen nur statt, wenn empfindliche und kritische Parameter eines Systems bedient und «persönliche Druckpunkte des Individuums» berührt werden.[7]

Der Kinobesucher handelt schon im Vorfeld selektiv. Er entscheidet sich für einen bestimmten Film in einem bestimmten Theater zu einer bestimmten Zeit. Diese Selektionen können vielfältig motiviert sein, doch die zentrale Motivation für den Kinobesuch dürfte das Erleben positiver Stimmungen sein. Der Zuschauer geht (in der Regel) nicht als Masochist ins Kino, sondern als Hedonist. Die Stimmungsregulierung («mood management») während des eigentlichen Rezeptionsvorgangs, also des Filmerlebens vollzieht sich primär durch Identifikation. Der Rezipient identifiziert sich mit einer Filmfigur, wenn dieses Vorbild seine Bedürfnisse und Wünsche stellvertretend befriedigt und ihn so in die Lage versetzt, «die mit dem Vorbild verbundenen positiven Gefühle und Merkmale teilnehmend und in Stellvertretung selbst mitzuerleben».[8] Unabhängig von der Identifikation bewertet der Rezipient die Protagonisten moralisch, was zu positiven bzw. negativen Affekten führt sowie zu entsprechenden Hoffnungen bzw. Befürchtungen hinsichtlich des Ausgangs der Handlung.[9]

Doch für die Generierung von Emotionen ist nicht allein der Film verantwortlich, sondern die gesamte Rezeptionssituation. Neben dem Film sind die Rezeptionsumgebung (Kinosaal) und die soziale Komponente (Kopräsenz der anderen Zuschauer) relevante Faktoren.[10]

6 Markus Appel: *Realität durch Fiktionen. Rezeptionserleben, Medienkompetenz und Überzeugungsänderungen*, Berlin, 2005, S. 205 f.

7 Alexander Geimer: *Filmrezeption und Filmaneignung*, Wiesbaden 2010, S. 75.

8 Heinz Bonfadelli / Thomas N. Friemel: *Medienwirkungsforschung*, Konstanz [6]2017, S. 115.

9 Ebd., S. 128.

10 Werner Wirth: «Emotion», in: *Handbuch Medienrezeption*, Baden-Baden 2014, S. 29–43; 37.

Damit ist wieder die besondere «Infrastruktur» der Filmrezeption angesprochen. Im Unterschied zur heutigen Ubiquität der Bewegtbilder musste damals, wer ihrer teilhaftig werden wollte, sich zu einer bestimmten Zeit in eine eigens dafür vorgesehene Abspielstätte begeben, in der Regel ein Kino, im Idealfall ein «Filmpalast» oder eine «Lichtburg», u. U. aber auch nur eine improvisierte Lokalität. Filmlektüre erforderte somit eine bewusste, zielgerichtete Aktivität, obendrein ein zu organisierendes Verlassen der privaten Sphäre und am Zielort eine Eingliederung in ein Gefüge von Menschen mit ähnlichen Intentionen. Der schon vor der Rezeption zu investierende Aufwand signalisiert die Differenz zur Nutzung anderer Medien. Während sich die Zeitung flüchtig durchblättern lässt, Radio und Fernsehen als Hintergrundkulisse fungieren können, setzt die Rezeption eines Films im Kino eine wesentlich konzentriertere Zuwendung und größere Aufmerksamkeitsleistung voraus.

Der gezeigte Film muss nicht unbedingt der Auslöser für den Kinobesuch sein, soziale Motive können die cineastischen überlagern, z. B. Gesellungsabsichten, Treffen mit der *peer group* etc. oder gar erotische Aktivitäten, begünstigt von der am Zielort zu erwartenden Dunkelheit. Aber auch diese filmexternen Motivationen sind Teil des «mood managements».

Dieser Vorgang «Kinobesuch» läuft zwar heute nach den gleichen Prinzipien ab, doch hat er nicht mehr diesen kulturellen und gesellschaftlichen Stellenwert wie ehedem, da er für die Rezeption von Filmen nicht zwingend erforderlich ist. Umgekehrt konnte man damals den Bewegtbildern mühelos ausweichen und dennoch ein sinnvolles Leben führen. Das scheint heute unmöglich.

Diese Singularitäten verleihen dem gesamten interaktiven Themenkomplex Film – Zuschauer – Gesellschaft eine Relevanz, die ein entsprechendes Forschungsinteresse provoziert. Zu den Kontextfaktoren des kulturellen und sozialen Phänomens «Kinobesuch» sind selbstverständlich noch Politik und Ökonomie hinzuzurechnen, z. B. die Reeducation-Projekte der Militärregierungen, Währungsreform, Kalter Krieg, Remilitarisierung, Wirtschaftswunder etc.

Das Thema Filmrezeption umfasst, etwas konkreter definiert, den Umgang und die Auseinandersetzung der Kinogänger mit dem Medium Film an sich, einzelnen Filmen oder Genres im speziellen, den damit verbundenen artikulierten (oder auch verborgenen) Erwartungen, Hoffnungen, Befürchtungen etc. Es gilt dann nach Spuren zu fahnden, die Aussagen über diesen Umgang zulassen. Die Aktivitäten des Medienpublikums hinterlassen jedoch generell nur wenige Spuren hinsichtlich der Nutzung, Rezeption und Aneignung von Medienangeboten.[11] Während die aktuelle Rezeptionsforschung dies mit eigenen Umfragen,

11 Vgl. Hans-Jörg Stiehler: «Möglichkeiten einer Rezeptionsforschung in historischer Perspektive», in: Thomas Birkner u. a. (Hg.): *Historische Medienwirkungsforschung*, Köln 2020, S. 80–110; 83.

Recherchen, Datenerhebungen kompensieren kann, ist die historische Rezeptionsforschung auf die im Untersuchungszeitraum verfertigten und überlieferten Dokumente angewiesen, weil sie selbst keine eigenen neuen Daten und Quellen erzeugen kann.[12]

Als primäre und meistens ausschließliche Quelle in der Filmrezeptionsforschung gelten die in den zeitgenössischen Printmedien veröffentlichten Kritiken, schon allein wegen ihrer quantitativen Vorteile. Sie sind über ausnahmslos jeden Kinofilm vorhanden (für lückenlose Vollständigkeit sorgten schon die kirchlichen Periodika) und obendrein über die einschlägigen Archive leicht zugänglich. Das ausdifferenzierte Zeitungs- und Zeitschriftenangebot der 1950er-Jahre legt zudem ein relativ breites Meinungsspektrum nahe.

Zweifellos handelt es sich bei Filmkritiken um Rezeptionsdokumente, weil Kritiker auch Rezipienten sind, freilich mit zusätzlichen Qualifikationen: Sie haben einen professionellen, in der Regel journalistischen Zugang zum Objekt, ein mehr oder weniger großes Vorwissen und sie verfassen ihren Text nach bestimmten Kriterien und zu einem bestimmten Zweck, der Bereitstellung von Informationen und Bewertungen. Diese Form der Rezeption ist somit nicht frei, sondern an Bedingungen gebunden. Dennoch ist der Quellenwert für rezeptionsgeschichtliche Aussagen hoch, da die Kritiker selbst Teil der Gesellschaft sind, an ihren Mentalitätsstrukturen und Normvorstellungen partizipieren und sich mit ihren Kommunikaten wiederum an eine vielschichtige Empfängerschaft richten, primär an Leser des jeweiligen Printmediums, sekundär an andere (zumindest potenzielle) Filmrezipienten. So entsteht ein Überblick über das Spektrum von möglichen Meinungen über Film, aber auch über deren Grenzen. Das Nicht-Gesagte, Tabuisierte ist ein ebenso aussagekräftiger Faktor.

Die Filmkritiker sahen den Film, über den sie schreiben wollten oder mussten[13] in der Regel nicht isoliert in einer *pre-view*, sondern, wie im Theater, zusammen mit dem Premierenpublikum bei der Uraufführung und sie schrieben ihren Text unmittelbar unter diesem prima-vista-Erlebnis, das die Kopräsenz der anderen Mitrezipienten einschließt. Wenn in die Kritik die beobachteten Reaktionen der anderen (ebenfalls prima-vista-)Zuschauer mit einfließen, ergibt sich unversehens eine zusätzliche Rezeptionsquelle, die (freilich durch die Perspektive der Kritiker relativierte) Aussagen zulässt über die Rezipienten, denen das vorrangige Interesse gilt, die sogenannten «durchschnittlichen» Zuschauer, mithin nichtprofessionelle, freizeitorientierte, vergnügungsinteressierte, jedenfalls anders motivierte Konsumenten.

12 Vgl. Kaspar Maase: «Kommunikation als materielle Praxis – Zur historischen Analyse von Medieneffekten am Beispiel des ‹Schundkampfs› um 1900», ebd., S. 126–142; 127.

13 Ein beruflicher Zwang beeinflusst den Rezeptionsvorgang erheblich und unterscheidet ihn von der Unterhaltungsmotivation der anderen Zuschauer.

Für dieses fokussierte Untersuchungsobjekt eröffnet sich eine weitere, bislang übersehene Quelle, die z. T. spektakuläre Rezeptionsdokumente bereitstellt: die Publikumsfilmzeitschriften mit ihren Leserbrief-Seiten. Diese Publikationen, Teil einer damals reichhaltigen Filmpublizistik, sind abzugrenzen sowohl von den Organen der Filmwirtschaft (*Film-Echo, Filmblätter, Filmwoche* etc.), den klerikalen Periodika (katholischer *Filmdienst* und *Evangelischer Filmbeobachter*) und denen der Filmclubs *(Filmforum)*, erst recht von der 1957 gegründeten *Filmkritik*, die sich einer intellektuellen Cineastik verpflichtete.[14] Die Publikumszeitschriften (z. B. *Film-Revue, Star-Revue, Film und Frau, Film-Journal*) waren Illustrierte mit sehr hohen Auflagen (z. T. über 400.000). Sie enthielten vorwiegend Berichte über Stars und Sternchen, Homestorys, Atelierberichte, Filmkritiken oder -betrachtungen unterschiedlichen Niveaus und jede Menge Reklame. Die Leserbrief-Rubriken speisten sich überwiegend aus den Zuschriften der Star-Fans, die sich ihrerseits in zahllosen Fanclubs organisierten und z. T. aggressiv Star-Konkurrenzen ausfochten.

Jenseits dieser Fan-Diskurse kam es in der Leserbrief-Arena immer wieder zu von Filmen provozierten Repliken auf das teils verhandelte, teils beschwiegene zentrale Dilemma der Nachkriegszeit, das sich als Täter/Opfer- bzw. Schuldsyndrom bezeichnen lässt. Die Vehemenz dieser oft überraschend unverblümten Äußerungen blendet eine narzisstisch gekränkte bzw. traumatisch markierte Nation auf. So löste etwa die Tribunalisierung von Veit Harlan einen lang anhaltenden Sturm der Entrüstung mit NS-apologetischen Akzenten aus. Es kam ferner zu Emigranten-Beschimpfungen oder barschen Disqualifizierungen ausländischer Künstler, wenn sie sich deutschlandkritisch äußerten, aber vor allem zu einer nicht enden wollenden, jedenfalls sich über den gesamten Untersuchungszeitraum hinziehenden energischen Zurückweisung einer von ausländischen Filmen angeblich insinuierten Kollektivschuld und einer fortwährend aktualisierten Forderung nach dem «Schlussstrich».

Wenn es gilt, zu rekonstruieren, was «in den Köpfen» der Nachkriegsgesellschaft vorging, so eröffnet sich hier ein bemerkenswerter Fundus. Doch sind solche Äußerungen repräsentativ? Zu berücksichtigen sind der Selektionsvorgang der jeweiligen Redaktion und der spezielle Typus «Leserbriefschreiber», dessen Mitteilungseifer auf einen besonders aktiven Rezipienten schließen lässt, der sich vor allem dann äußert, wenn es Kritik zu üben gilt, nicht, wenn er zufrieden ist (zum Heimatfilm gab es nur wenig Kommunikationsbedarf). Ob dieser aktive Leser für die passive, öffentlich schweigende Masse mitspricht, muss dahingestellt bleiben. «Beweisen» lässt sich mit dieser Quelle wenig, aber Indizien liefert sie zuhauf: für das Kino als Instanz, die gesellschaftsrelevante Debatten stimulieren

14 Vgl. den Gesamtüberblick bei Ulrich von Thüna: «Filmzeitschriften der fünfziger Jahre», in: *Zwischen Gestern und Morgen. Westdeutscher Nachkriegsfilm 1946–1962*, Frankfurt 1989, S. 248–262.

konnte (und sei es aus der Defensive) und für die Rezipienten, die dieses Medium so ernst nahmen, dass es ihren kultivierten Opfer- oder Leiden-Status bestätigen oder bedrohen konnte.

Zusammengefasst ergibt der Quellenbefund keine ausreichende Basis für eine wissenschaftlich exakte Forschungsarbeit mit klar verifizierbaren Aussagen. Eine Zuflucht gewährt die Gattung Essay mit ihrer Lizenz zum freieren und unsystematischen Diskurs. Essay heißt passenderweise «Versuch», und der hier unternommene Versuch besteht darin, Schneisen in ein noch unbearbeitetes Terrain zu schlagen und bislang kaum gestellten Fragen nachzugehen: Welche Funktion hatte das Kino der 1950er-Jahre aus der Rezipientensicht? Sahen diese ihre Interessen berücksichtigt oder brüskiert? Und wie entstanden diese Interessen unter den spezifischen Bedingungen der Nachkriegsgesellschaft und der mentalen Dispositionen? Ließ sich die Rezeption von der Produzentenseite steuern oder gar manipulieren?

Die bisherigen Feststellungen legen eine interdisziplinäre Orientierung nahe. Geschichte, Soziologie und Psychologie liefern die entscheidenden Referenzen, ohne deswegen die Erträge der Filmgeschichtsschreibung in den Wind zu schlagen. Nicht zielführend ist das gängige Vorgehen, ein Theoriegebäude zu errichten, um es mit Quellenbefunden zu möblieren, die sich dann überraschend passgenau in die vorgegebene Architektur einfügen.

Kapitel 1

Zunächst ist ein Blick zu werfen auf die mentale Disposition jener Zusammenbruchgesellschaft, aus der sich 1945 die ersten Kinogänger nach der Katastrophe rekrutierten. Die Bilder, mit denen die Sieger die Besiegten, für die bislang der Nationalsozialismus der entscheidende Referenzrahmen war, konfrontierten, erzeugten einen vernehmlichen Aufprall. Mit Aufnahmen aus den befreiten Konzentrationslagern sollte möglichst allen Deutschen schockartig zur Erkenntnis gebracht werden, was sie angerichtet hatten. Das Ergebnis war zwiespältig. Die Erwartungen der Alliierten, besonders der Amerikaner, waren mit denen einer vielfach beschädigten, sich in Selbstmitleid ergehenden Nation nicht so ohne Weiteres zu koordinieren. Selbst wenn die Adressaten, wie von den Alliierten erwartet, Entsetzen und Erschütterung bekundeten, sahen sie sich durch diese Bilder in eine fatale Nähe zu den Verbrechen gesetzt. Darauf antworteten sie mit einer Selbstviktimisierung als doppeltes Opfer von Nationalsozialismus und Krieg, und dieses Narrativ bestimmte die Gründungsphase der Bundesrepublik.[15]

Für das Austeilen historischer Lektionen eignet sich das Kino nicht, wenn die Adressaten auf Unterhaltung erpicht sind. Unterhaltung bekamen sie dann reichlich von Hollywood und der nur langsam aus der Asche hervorkriechenden und

15 Vgl. Habbo Knoch: *Die Tat als Bild*, Hamburg 2001, S. 15.

im Unterschied zur Konzernstruktur der Vorkriegszeit zersplitterten deutschen Filmindustrie. Deren in den 1950er-Jahren voll ausgebildete Strukturen sind näher zu betrachten, weil sie in einem engen Interessengeflecht mit den Rezipienten verbunden waren. Teil dieser Filmwirtschaft war auch eine Zensurinstanz, die wegen ihrer rezeptionssteuernden Funktion uns das gesamte Buch hindurch beschäftigen wird: die Freiwillige Selbstkontrolle.

Im schroffen Kontrast zur kapitalistischen Filmwirtschaft im Westen vollzog sich die Entwicklung in SBZ und DDR mit entsprechenden Folgen für die Rezipienten, die wie in der Bundesrepublik auf ihren Unterhaltungsanspruch pochten, den aber die DEFA nur unzureichend bedienen konnte oder wollte.

Kapitel 2
Während im Osten Hollywood bis 1957 ausgesperrt blieb, setzte in den westlichen Kinos ein langsamer Amerikanisierungsprozess ein, der auf Vorbehalte stieß und erst in der zweiten Hälfte der 1950er-Jahre vor dem Hintergrund des «Wirtschaftswunders» seinen Durchbruch hatte. Zu untersuchen ist, wie die mit den Ufa-Produktionen der 1930er-Jahre sozialisierten Rezipienten auf Gesellschaftsbilder reagierten, die den «American Way of Life» vorführten, in Filmen, die nicht primär an sie adressiert waren und die sich mit den tradierten deutschen Denkmustern nicht auf Anhieb ordnen ließen: andere Familienverhältnisse, andere Geschlechterbeziehungen, freiere Individuen. Von Ablehnung bis Bewunderung sind hier zwar äußerst heterogene Reaktionen zu registrieren, aber dem Faszinosum, das von der amerikanischen Traumfabrik ausging, konnte sich keiner entziehen. Diese Attraktionen waren schon in den zwanziger und 1930er-Jahren wirksam, bevor sie vom Zweiten Weltkrieg unterbrochen wurden.

Kapitel 3
Wenn ausländische Filme, die Krieg und NS-Terror thematisierten, es wagten, negativ markierte deutsche Figuren auftreten zu lassen, und sei es nur in Nebenrollen, verlief die Rezeption in Deutschland äußerst schrill. Diese Produktionen wurden als «antideutsche Hetzfilme» disqualifiziert, weil sie die über die deutsche Vergangenheit verhängte Friedhofsruhe störten und den extrem empfindlichen Kollektivschuld-Nerv traktierten. Eine solche nahezu einhellige Renitenz ist nur vor dem Hintergrund des defizitären Umgangs mit dieser Vergangenheit zu verstehen. Die Rezeptionsdokumente zeigen aber auch, dass die NS-Verbrechen keineswegs verdrängt, sondern aus – sogar explizit artikulierter – Scham verschwiegen werden sollten.

Kapitel 4
Nicht zuletzt, um den Aufprall solcher Dissonanzen zu mildern, hatte die Filmrezeption einen treuen Helfer: die Synchronisation. Ihre eigentliche Bedeutung liegt

nicht in der Übersetzung der Dialoge, sondern in der durch den Sprachentransfer bewirkten Assimilierung des «Fremden» an das «Eigene». Die anbiedernde Wärme der Muttersprache verschafft den Rezipienten eine Entlastung mittels Alteritätsreduzierung, die die fremden Bilder leichter an die eigene Lebenswelt andocken lässt. Ohne Synchronisation wäre die Amerikanisierung im Kino gar nicht möglich gewesen. Die eigentümliche Beziehung der Deutschen zu dieser Art der Filmvermittlung ist nur durch einen Rückblick auf die Vorgeschichte zu erklären. Dann entpuppt sie sich nämlich als «Amour fou».

Kapitel 5

Seit seinen Anfängen begleitet den Film die Klage, er sei ein Verführer und Verderber der Jugend. Dieses Verdikt erlebte nach dem Zweiten Weltkrieg eine Renaissance. Die Aktualisierung moralischer und sittlicher Vorstellungen aus wilhelminischen Zeiten in den 1950er-Jahren – nicht zuletzt durch den Einfluss der Kirchen – veranlasste eine stattliche Anzahl von cineastisch angehauchten Pädagogen und Psychologen, die Filmrezeption von Kindern und Jugendlichen zu steuern, d.h. in die «richtigen», normenkonformen Bahnen zu lenken. Dieser Vorgang ging nicht nur mit einer aufwendigen Argumentationsstrategie im Sinne der Bewahrpädagogik einher, er war auch von empirischen Rezeptionsstudien flankiert. Wie groß die Diskrepanz dieser Bemühungen zu den tatsächlichen Interessen der Jugendlichen war, zeigt der Durchbruch der amerikanischen Populärkultur mit den neuen Idolen James Dean und Elvis Presley. Hier fand eine im Kino initiierte Kulturrevolution statt, die die auf Zucht und Ordnung, Sitte und Moral basierenden Gesellschaftsnormen der 1950er-Jahre gewaltig erschütterte und die längst angekränkelte Geltung von Autoritäten vollends erodierte.

Kapitel 6

Das Beste zum Schluss. Deutsche Filme waren den gesamten Untersuchungszeitraum hindurch die Favoriten im Kino. Der Rezeptionsstart war freilich holprig. Die «Trümmerfilme» stießen auf wenig Gegenliebe. Die beschädigte Nation wollte ihre Beschädigungen nicht nochmals auf der Leinwand gespiegelt sehen. Erst als die Produktion komplett auf Unterhaltung durch Illusionen umstellte, begann die Hochzeit des deutschen Nachkriegsfilms. Hier ist zu fragen, wie die Harmonieoffensive, die mit dem Heimatfilm ein ikonisches Genre bereitstellte, mit den Neurasthenien und Traumatisierungen der Nachkriegsgesellschaft korrespondierte, denn der Entwurf heiler Welten im heimischen Film und die hysterische Abwehr deutschlandkritischer Tendenzen im ausländischen bedingen sich gegenseitig. Das Opfer- und Leidens-Narrativ fand seine Bestätigung unverhohlen im Kriegsfilm, während die melodramatischen Problem- oder Zeitfilme gesellschaftsstabilisierende Funktion hatten. Ästhetisch sind zwar keine Innovationen zu verzeichnen, dennoch war selbst dem kitschigsten Heimatfilm in irgendeiner Form die Moderne eingeschrieben, weil auch er die Gegenwart reflektieren musste. Es war wohl der Kompromiss zwischen Tradition und Moderne, den die Rezipienten an dieser voll und ganz auf sie abgestimmten Produktion schätzten. Die Gratifikation bestand in einer Entlastung vom und einer Art Kraftfutter für den Alltag, in den eine rasante Modernisierung Einzug hielt. Der affirmative Bezug zur Gesellschaft, der das Kino der 1950er-Jahre für Filmhistoriker so langweilig macht, könnte wesentlich zur – nicht selbstverständlichen – Anpassung an Demokratie und Pluralismus beigetragen haben.

Wenn die Zuschauer «mit der Rezeption von Filmen und deren Einbindung in ihr Alltagsleben und ihre Lebenswelt den Prozess der kulturellen und gesellschaftlichen Dynamik vorantreiben»[16], dann sind Forschungen zur Filmrezeption Sonden in die Sozial- und Mentalitätsgeschichte, auch wenn sie sich nicht sofort zu kohärenten Ergebnissen summieren und in ein Gesamtbild bringen lassen. Damit ist wieder das interdisziplinäre Profil aufgerufen. Rezeptionsgeschichtliche Erträge stellen Material für Historiker, Soziologen und Psychologen bereit, während sich für die traditionellen Teile der Filmwissenschaft, die sich noch nicht den *cultural studies* angeschlossen haben, eine Horizonterweiterung auftut.

Eine Filmindustrie, die der Gesellschaft die Bilder vorsetzt, die sie zu sehen wünscht, macht das Nicht-Gezeigte bzw. die Inhalte, denen sich die Rezipienten verweigern, ebenso aufschlussreich wie das Präsentierte, denn «die Gesellschaft ist viel zu mächtig, um andere Bilder als die ihr genehmen zu gestatten.»[17] Für eine Gesellschaft mit einer albtraumhaften Vergangenheit im Rücken gilt dies in besonderem Maße.

16 Mikos 2021, S. 210.

17 Siegfried Kracauer, in: *Das Ornament der Masse*, Frankfurt 1977, S. 279 f.

1 Kino nach der Katastrophe

Die beschädigte Nation

8. Mai 1945. Die Kapitulation war so bedingungslos wie der Zusammenbruch total. Die Fallhöhe vom Herrenmenschen zum weichen Wachs in den Händen der Sieger war gewaltig und verlangte nach einer Bewältigungsarbeit, um eine psychische Kapitulation zu vermeiden. Das Weiterleben nach der Katastrophe war eine anthropologische Notwendigkeit (ungeachtet der hohen Suizidrate). Die «Stunde Null» begann mit einer Schauder erregenden Vergangenheit im Rücken und einer ungut dräuenden Zukunft. Diese labile Situation brachte ein ganzes Arsenal von subtilen Strategien des Überlebens hervor, nicht nur des physischen, sondern besonders des seelischen und moralischen.

Tragende Säule aller Deutungsversuche war das Opfernarrativ. Für die Selbstdarstellung als Opfer fanden sich Motive zuhauf: Opfer der NS-Propaganda und ihrer falschen Verheißungen, des Krieges, des Bombenterrors, der Flucht und Vertreibung, der unterstellten oder tatsächlichen Rache der Sieger (von Schikanen bis zu Vergewaltigungen) und nicht zuletzt des Kollektivschuldvorwurfs. Am bequemsten war die Lage in der SBZ. Dort war man vorrangig Opfer des Kapitalismus, der für Nationalsozialismus, Krieg und allen sich daraus ergebenden Misslichkeiten die Verantwortung hatte.

Dieser autosuggestive Opferstatus eröffnete weitere und ergiebige Entlastungsoffensiven. Für die tatsächlichen Opfer war angesichts des deutschen Leids kein Platz mehr: eine Verdrängung im wortwörtlichen Sinn.[1] Das Tätersein war an

1 Harald Jähner: *Wolfszeit. Deutschland und die Deutschen 1945–1955*, Berlin 2019, S. 377 f.

die NS-Elite delegiert, das «Opfer» damit schuldlos und von jeder Verpflichtung, sich mit den Taten auseinanderzusetzen befreit. Mit der Verurteilung der Täter in Nürnberg war in dieser Lesart die ganze lästige Angelegenheit geklärt und erledigt.

Funktionieren konnte diese Sichtweise nur, weil weder über den Nationalsozialismus an sich noch über seine verbrecherische Herrschaft eine realistische Vorstellung vorhanden war. Disqualifiziert war der NS-Staat nämlich nur in seinen Auswüchsen. Die Mehrheit hatte – abgesehen vom Krieg – eine überwiegend wohlwollende Einstellung dem «Dritten Reich» gegenüber, weil der einzig geltende Parameter die persönliche Erfahrung war. Vor allem die Zeit von 1933 bis 1939 galt als eine des individuellen Wohlergehens, des Profitierens von der NS-Sozialpolitik, des sozialen und wirtschaftlichen Aufstiegs. Die Nationalsozialisten hatten in dieser Perspektive ihr großes Versprechen einer narzisstischen Befriedigung, die Wiederherstellung alter Größe erfüllt.

Die terroristischen Anteile der NS-Herrschaft lagen außerhalb des persönlichen Erfahrungsbereichs bzw. waren, wenn sie nicht bestritten wurden, in ein «Davon haben wir nichts gewusst»-Syndrom eingebettet. Die verklärende, z. T. auch offen apologetische Sicht auf den Staat und seinen Führer, zeigt dessen weiterhin wirksame soziale Bindekraft, vor allem über den Gedanken der «Volksgemeinschaft», und erklärt die mühelose Integration der Mitläufer und sogar schwer belasteten Täter in die Nachkriegsgesellschaft.[2] Die Amnestiepolitik der 1950er-Jahre lässt sich als kollektiver Selbstfreispruch und damit als indirektes Eingeständnis der kollektiven Verstricktheit in den Nationalsozialismus deuten.[3]

Wie tief das nationalsozialistische Denken verankert war, darüber geben die Befragungen von Saul K. Padover im besetzten Aachener Raum von 1944 Auskunft (als der Krieg und das «Dritte Reich» noch in vollem Gange waren). Hervorstechendes Merkmal ist nicht die Akzeptanz des Systems oder einzelner NS-Ideologeme, sondern die grundsätzliche Aggressionsbereitschaft, eine generelle Verrohtheit und die Abwesenheit von moralischem Denken. Wenn die Waffen-SS Verbrechen begangen habe, dann sei dies nicht ihre Schuld, denn sie befolgte nur Befehle und habe somit ihre Pflicht getan! Eine Distanzierung von Hitler wurde nicht damit begründet, dass er den Krieg begonnen hat, sondern dass er ihn jetzt verliert. Dogma und Autorität sind umstandslos akzeptiert, solange die Macht unangefochten ist und werden erst abgelehnt, wenn die Macht ins Wanken gerät.[4]

Die nach 1945 aktualisierten Forderungen nach Ordnung und Sicherheit knüpften an die subjektiv positiv erlebten 1930er-Jahre an. Hier ergaben sich Schnittmengen mit der von den Alliierten angemahnten Rückkehr zur Zivilgesellschaft, für die Ordnung und Sicherheit unabdingbar waren. Dadurch bekamen die «von

2 Norbert Frei: *Vergangenheitspolitik*, München 1996, S. 15 f.

3 Ebd., S. 399.

4 Saul K. Padover: *Lügendetektor. Vernehmungen im besiegten Deutschland 1944/45*, Frankfurt 1999.

den Nationalsozialisten überstrapazierten bürgerlichen Sekundärtugenden von Fleiß, Sparsamkeit oder Sauberkeit eine neue, unanfechtbare Verbindlichkeit.»[5]

Elementarer Bestandteil von Ordnungssystem und Sicherheitsstreben war die Restituierung des Stabilität verheißenden Familienverbands mit seiner patriarchalen Autoritätsstruktur. Zu konstatieren ist eine regelrechte Flucht aus der Politik ins Private, in die friedliche Häuslichkeit (in West und Ost gleichermaßen). Die extreme Mobilisierung und Dynamisierung der Gesellschaft im Nationalsozialismus, die der Krieg nochmals steigerte und die ausnahmslos alle erfasste, war 1945 schlagartig stillgelegt (im Osten jedoch schnell wieder angefacht). Sie mündete in allgemeine Apathie, Passivität und Rückzugsverhalten. Das vordem ins Hypertrophe ausgeartete Lebenskonzept reduzierte sich wieder aufs Kleinbürgerliche: «Die Adenauer-Zeit wird zur großen Zeit der kleinbürgerlichen Selbstfindung.»[6]

Weit her war es mit dem häuslichen Frieden freilich nicht, weil die funktionslos gewordenen Väter ihre Autorität sowohl von den Frauen zurückforderten, die unterdessen die Managerposition übernommen hatten, als auch von den vaterlos aufgewachsenen Kindern, denen sie fremd-distanziert gegenüberstanden. Die männlichen Zwangsvorstellungen hinsichtlich innerfamiliärer Herrschafts- und Besitzideologie waren nicht außer Kraft gesetzt, trafen jedoch auf eine veränderte Sachlage. Die beschädigten Heimkehrer suchten «irgendwie Tröstung und Halt unter ihren Füßen und aus einer tiefen Regression heraus nach kräftiger narzisstischer Zufuhr.»[7]

Auszugehen ist von einer weitgehenden Traumatisierung der Bevölkerung durch den Krieg und seine Folgen. Erlebnisse von Tod, Vernichtung, Zerstörung hatte spätestens in den 1940er-Jahren jeder (mit je individuellen Varianten der Verarbeitung). Das traumatische Erleben der Soldaten realisierte sich in einer permanenten Todesnähe, das Sterben ringsum war ein jämmerliches Krepieren junger Menschen (Verstümmelungen, aufgerissene Körper), und auch das eigene Tötenmüssen bzw. die Erkenntnis des Töten*können*s hatte belastende Langzeit-

5 Konrad Jarausch: *Die Umkehr. Deutsche Wandlungen 1945–1995*, München 2004, S. 210. Der Wiederherstellung der Bürgerlichkeit im Westen steht eine erzwungene Entbürgerlichung und soziale Nivellierung im Osten entgegen (ebd., S. 256).

6 Thomas Althaus: «Die Stunde Null in der kleinbürgerlichen Überbrückung: Film und Literatur 1944–1947», in: Ursula Heukenkamp (Hg.): *Schuld und Sühne? Kriegserlebnis und Kriegsdeutung in deutschen Medien der Nachkriegszeit. Amsterdamer Beiträge zur Germanistik*, 50,1, 2001, S. 259–266; 266.

7 Helga Spranger: «Rauchschwaden – Soldaten nach zwei Weltkriegen in Europa», in: Curt Hondrich (Hg.): *Vererbte Wunden. Traumata des Zweiten Weltkriegs – die Folgen für Familie, Gesellschaft und Kultur*, Lengerich 2011, S. 65–78; 76.
Vgl. auch Ulla Roberts: *Starke Mütter – ferne Väter. Über Kriegs- und Nachkriegskindheit einer Tochtergeneration*, Gießen 2003; Vera Neumann: *Nicht der Rede wert. Die Privatisierung der Kriegsfolgen in der frühen Bundesrepublik*, Münster 1999.

folgen, die sich keiner der Männer eingestand, weil dies als «unmännlich» gegolten hätte.

Eine noch ungeheuerlichere Dimension hatten die mit unvorstellbarer Grausamkeit durchgeführten Massenverbrechen. Die sozialpsychologische Täterforschung geht davon aus, dass diese Verbrechen von «ganz normalen Männern» verübt wurden, die innerhalb eines «Referenzrahmens» (Harald Welzer) handelten, der diese Taten nicht nur legitim und notwendig, sondern auch als moralisch nicht diskreditiert erscheinen ließ: Das Ziel der rassereinen Volksgemeinschaft machte die Vernichtung der von ihr Ausgeschlossenen zur gesellschaftlichen «Pflicht». Auch für diejenigen, die nicht unmittelbar an der Massenvernichtung beteiligt waren, blieb dieser Kontext eines legitimen Handelns nach 1945 weitgehend bestehen, was zur mangelhaften Distanzierung und unwirschen Abwehr von Schuldvorwürfen beitrug.

Dessen ungeachtet war die Zivilbevölkerung im Reich – überwiegend Alte, Frauen und Kinder – passiv und ohnmächtig den Bombenangriffen ausgesetzt, den panischen Zuständen in Bunkern und Kellern. Für die Kinder, die brennende Menschen sahen, Leichen mit weggesprengten Gliedmaßen und herausquellenden Gedärmen, kam erschwerend hinzu, dass sie die ihnen eigentlich Vertrauen und Sicherheit einflößenden Erwachsenen in ihrer eigenen Hilflosigkeit, Ohnmacht und Panik erleben mussten. Die Angst der Erwachsenen potenzierte die der Kinder. Fehlendes Urvertrauen in der Kindheit hat lebenslange Folgen.

Diese Erlebnisse blieben nach dem Krieg unverarbeitet, da die Betroffenen nicht darüber sprechen konnten oder wollten. Die Nicht-Verarbeitung äußerte sich in einer emotionalen Erstarrung und dem berüchtigten dröhnenden Schweigen in den ohnehin lädierten Familien.[8] Therapeutische Hilfe gab es kaum. Die fachlich zuständige Psychiatrie war erstens durch ihre Mitwirkung an der «Euthanasie» schwer nationalsozialistisch belastet und zweitens kamen nach der herrschenden Lehrmeinung Kriegserlebnisse als Ursache für psychische Störun-

8 «Die materiellen Trümmer des Krieges spiegelten sich in den sozialen Trümmern der Kriegsüberlebenden, die im Stillen mehr wussten, als sie selbst im engsten Familienkreise zu sagen vermochten. Oft waren es die Frauen, die dieses Schweigen durchsetzten, nicht nur weil sie für die selbst erlebten Grausamkeiten kein Gehör beanspruchen wollten oder konnten, sondern auch, weil sie die gegenwärtige Vergangenheit des Krieges in den Familienbeziehungen oftmals nicht wahrnahmen. In diesem Verstummen beziehungsweise in den unzulänglichen Sprechversuchen drückt sich nicht unbedingt eine Flucht vor dem Grauen des Krieges oder aus der Schuld an den Verbrechen aus; vielmehr manifestiert sich darin eine durch den Krieg entstandene Fremdheit sowohl zwischen den Geschlechtern als auch zwischen den Generationen. Die Enttäuschung des bisherigen Selbstideals und die totale Entwertung des eigenen Lebens belasteten den emotionalen Haushalt auch solcher Menschen, die einen Ausweg aus der sozialen Misere nach dem Krieg im Familienkreis oder mit Nachbarschaftshilfe suchten.» (Svenja Goltermann: *Die Gesellschaft der Überlebenden*, München 2009, S. 429)

gen nicht in Frage.[9] Gravierend ist vor allem, dass das komplexe Geflecht von «traumatischem Erleben, Schuld, Scham und die Erbschaft der NS-Ideologie» in seinen Auswirkungen an die nächste Generation weitergegeben wurde.[10]

Eine ganz andere, extreme Dimension hatten die Traumata der KZ-Überlebenden, die nach ihrer Befreiung als *displaced persons* neuerlich in Lager gepfercht wurden. Ihre Erlebnisse (z. B. Selektion, Folter, Aushungerung, medizinische Experimente, Entindividualisierung) sind mit denen des Tätervolks nicht zu vergleichen. Aber auch hier: keine Therapie, Nicht-darüber-Sprechen-Können, Weitergabe an die nächste Generation.[11]

Zu den Traumata gesellten sich konkrete und diffuse Ängste, für die es in der Nachkriegszeit ein reichhaltiges Angebot gab: Angst vor Rache der Kriegsgegner (oder der Juden), vor dem Kommunismus, dem Atomkrieg, der Rückkehr der Vergangenheit, der Moderne, einer existenziellen Angst bis hin zur irrationalen Angst vor Homosexualität und der Verschleppung in die Fremdenlegion.[12]

Alle diese Befunde erklären jedoch nur unzureichend die stupende Verstocktheit der Deutschen gegenüber einem realistischen Umgang mit der Vergangenheit, das Fehlen jeden Gefühls von moralischer Verantwortung und die Kälte gegenüber den eigentlichen Opfern (sofern ihnen dieser Status überhaupt zuerkannt wurde). Um sich der Vergangenheit zu stellen, war das Diktat der Alliierten notwendig. Während sich die SBZ auf «Säuberungen» des Personals konzentrierte, verlangten die Amerikaner von jedem Einzelnen eine Konfrontation mit seinem individuellen Verhalten in der NS-Zeit, indem sie ihm den berüchtigten Fragebogen auftischten, den er unter Strafandrohung korrekt auszufüllen hatte. Zur Einsicht führten diese Zwangsmaßnahmen kaum, aber ohne sie wären die zwölf Jahre NS-Herrschaft wohl vollständig von der Agenda verschwunden.[13]

Schock und Scham

Parallel zur Entnazifizierung mit bürokratischen Instrumenten trat der Versuch einer antifaschistischen und prodemokratischen (bzw. prosozialistischen) Schulung in den soeben behelfsmäßig wiedereröffneten Kinos. Die Umerziehungs-Pä-

9 Ebd., S. 165 ff.

10 Werner Bohleber: «Trauma – Transgenerationelle Weitergabe und Geschichtsbewusstsein», in: Hondrich 2011, S. 9–24; 9.

11 Vgl. z. B.: Ilse Grubrich-Simitis: «Extremtraumatisierung als kumulatives Trauma. Psychoanalytische Studien über seelische Nachwirkungen der Konzentrationslagerhaft bei Überlebenden und ihren Kindern», in: *Psyche*, 33, 1979 u. in: Hans-Martin Lohmann (Hg.): *Psychoanalyse und Nationalsozialismus*, Frankfurt 1984.

12 Vgl. Frank Biess: *Republik der Angst. Eine andere Geschichte der Bundesrepublik*, Reinbek 2019.

13 Vgl. Henning Tümmers: *Nach Verfolgung und Auschwitz. Das Dritte Reich und die Deutschen nach 1945*, Stuttgart 2021.

dagogik ließ sich schlecht vom Katheder oder der Kanzel dozieren. Da es dabei letztlich um Propaganda für das jeweilige System ging, bot sich der Film als Reeducation-Medium geradezu an. Amerikaner und Russen hatten mit Filmpropaganda große Erfahrung. Für erfolgreiche Propaganda mittels Spielfilm gab es nach zwölf Jahren NS-Film Belege zuhauf.

Zunächst ging es darum, den ausgepowerten Deutschen überhaupt etwas kulturelle Nahrung vorzusetzen. Die Russen preschten mit einer Unterhaltungsoffensive vor. Sie zeigten in ihrer Zone und vor allem in Berlin – wo sie drei Monate Alleinherrscher waren – unbekümmert, was an Kopien aufzutreiben war: sowjetische, deutsche und selbst Nazi-Filme (POUR LE MERITE, OHM KRÜGER). Es war wohl vorrangig ein Ablenkungs- und Stillhalte-Manöver: Die Leute waren von der Straße und kamen nicht auf dumme Gedanken.

Die amerikanische Filmpolitik war überlegter und strategischer. Sie favorisierte zunächst Information und Aufklärung durch Non-Fiction. Die Programme der in der US-Zone erst im August 1945 wiedereröffneten Kinos kombinierten die britisch-amerikanische Wochenschau WELT IM FILM mit Documentaries über Land und Leute in den USA (Alltagsleben, Industrie und technischer Fortschritt, Landwirtschaft, Städtebau etc.).

Wie brisant jedoch dieses vermeintlich harmlos-harmonische Repertoire war, zeigten die ersten Reaktionen der deutschen Adressaten. Ein US-Berichterstatter notierte über die erste Vorstellung in München am 2.8.1945:

> For the first time since the occupation, the Munich population struggled for a place in one of three reopened movies. But they did not only fight to get in, they also fought to get out again before the performance was over. All attendants were convinced that this was the worst performance they had ever seen. About one hundred persons left the performance before it was over.[14]

Was war geschehen? Der Eklat – die Korrespondentin der *New York Times* sprach von «storm of protest and minor stampede»[15] – wurde ausgelöst von einer der Wochenschaufolgen, die die Erschießung von deutschen Saboteuren oder Spionen durch die Amerikaner zeigte. Die Empörung eskalierte, weil nur die Hinrichtung von Deutschen zu sehen war, nicht aber die Handlungen, für die sie bestraft wurden. Diese Leerstelle galt als Ausweis übelster Propaganda. Der Berichterstatter schlug stattdessen vor: «To create hatred against the Nazis, the German people should be shown all crimes committed by Nazis.»[16]

14 Zit. n. Ulrike Weckel: *Beschämende Bilder. Deutsche Reaktionen auf alliierte Dokumentarfilme über befreite Konzentrationslager*, Stuttgart 2012, S. 359.

15 Ebd., S. 360.

16 Ebd.

Diese Konfrontation mit den Nazi-Verbrechen sollten Dokumentationen vermitteln, genauer gesagt Kompilationsfilme, zusammengesetzt aus Material, das die Alliierten bei der Befreiung der Konzentrationslager hergestellt hatten. Der bekannteste und am weitesten verbreitete dieser sogenannten «atrocity films» war der von der amerikanischen Militärregierung produzierte Film DIE TODESMÜHLEN, der Anfang 1946 in der amerikanischen Zone zum Einsatz kam (in Kombination mit der Wochenschau, nicht aber mit einem Spielfilm).

Die ganze Bandbreite der Rezeption dieser Filme[17] hat Ulrike Weckel in ihrer umfassenden Studie erforscht. Eindeutige, repräsentative Aussagen lassen sich jedoch nicht machen, auch nicht darüber, ob diese Schocktherapie bei den Adressaten zu einer Einstellungsänderung führte. Die Wucht der Bilder ließ sich jedenfalls nicht mit simplen Heuristiken abtun, sie erforderten eine elaborierte Rezeptionsarbeit, die auch Zweifel, Skepsis oder Relativierung (durch Verweis auf Taten der Alliierten) einschließen konnte. Bei den Vorstellungen für die Zivilbevölkerung im Kino (andere Präsentationsorte mit je eigenen Rezeptionsbedingungen waren die Kriegsgefangenenlager und der Gerichtssaal in Nürnberg), die entgegen anderslautender Behauptungen nicht unter Zwang stattfanden, überwogen «Ausdrücke des Entsetzens, oft gepaart mit Beteuerungen, das nun Offenbarte nicht gewusst» zu haben, «etliche verfluchten die NS-Führung und die SS und forderten harte Strafen.»[18]

Freilich fand die Veröffentlichung der Verbrechen im «Klima der alliierten Meinungssteuerung» statt, was zu einer gewissen Hemmung führte, sich frei zu äußern, zumal bei vielen das Dilemma entstand, «sich zwischen moralischer Verurteilung und nationaler Geschlossenheit entscheiden zu müssen.»[19]

Das dominant stimulierte Gefühl war das der Scham, nicht der Schuld. Dieser Effekt korrespondierte wohl auch mit der Intention der Alliierten: nicht einen kollektiven Schuldvorwurf zu erheben, sondern eine öffentliche Beschämung zu erreichen. Die deutschen Zuschauer reagierten somit nicht eigentlich auf diese Filme, sondern auf die Absicht, sie damit zu beschämen.[20] Scham entsteht durch die öffentliche Zurschaustellung eines persönlichen Versagens. Die weltweite Verbreitung solcher Filme und Bilder machte das Versagen vor aller Augen publik. Die Betroffenen sind bestrebt, das Beschämende möglichst schnell aus der Öffentlichkeit verschwinden und in Vergessenheit geraten zu lassen.[21]

17 Andere Filme waren z. B. AUSCHWITZ (OSWIECIM), produziert vom Zentralen Studio für Dokumentarfilme Moskau (im September 1945 in Berlin gezeigt), der von den Briten hergestellte MEMORY OF THE CAMPS und der im Auftrag des französischen Informationsministeriums produzierte LES CAMPS DE LA MORT, über dessen Einsatz in der französischen Besatzungszone es aber nur vage Hinweise gibt (ebd., S. 173).

18 Ebd., S. 551.

19 Knoch 2001, S. 171.

20 Weckel 2012, S. 529.

21 Ebd., S. 533.

Als Fazit der Rezeption dieses Reeducation-Versuchs mittels «atrocity films» lässt sich festhalten:

> Einiges sprach dafür, dass der KZ-Film die wenigsten gänzlich unberührt gelassen hatte. Welche Konsequenzen die Einzelnen jedoch aus dem Geschehen zogen, als wie beständig sich ihre spontanen Reaktionen erwiesen und ob und in welcher Weise die Verbrechen sie weiter beschäftigen würden, war nicht nur nicht erkennbar, sondern hing von weiteren Denkanstößen ab.[22]

Das Gezeigte als Faktum zu registrieren, verdankte sich der Macht der dokumentarischen Bilder. Diese Bilder und damit das Bewusstsein von den Verbrechen ließen sich weder vergessen noch verdrängen. Aber sie wurden fortan beschwiegen, tabuisiert, um nicht neuerlich der Scham und Schande ausgesetzt zu sein. Wenn die verbrecherische Vergangenheit doch wieder in der einen oder anderen Form ans Licht zu treten drohte und sei es nur in Andeutungen, Anspielungen, Konnotationen, war die Reaktion entsprechend heftig (siehe Kapitel 3: Der «antideutsche Hetzfilm»). Das Opfernarrativ war durch diese KZ-Filme – die alles in allem nur eine Minderheit erreichten und im Übrigen schon bald wieder vom Spielplan genommen wurden – keinesfalls entzaubert, sondern durch die Abwehr eines vermeintlichen Kollektivschuldvorwurfs fortgeschrieben.

Wenn die Stabilisierung der beiden neuen deutschen Staaten schließlich gelang, so lag dies nicht an einer Auseinandersetzung mit der verbrecherischen Vergangenheit, ja nicht einmal mit den Ursachen von Nationalsozialismus und Krieg. Zentrale Forderung der Sieger war letztlich die Substituierung einer kompletten Ideologie. Im Westen war sie durch Demokratie und Rechtsstaat, im Osten durch gesellschaftliche Nivellierung und Kommunismus zu ersetzen. Wenn dieser Transplantation Erfolg beschieden war, beruhte er nicht auf Überzeugung (nicht jeder zog das Braunhemd aus, sondern trug es als Unterwäsche weiter), sondern auf Anpassung. Im Anpassen und Parieren hatten die Deutschen große Erfahrung, die sich nun in allen Besatzungszonen und beiden deutschen Staaten bemerkbar machte. Die Stabilisierung der Bundesrepublik basierte nicht auf aktiver Unterstützung durch überzeugte Demokraten, sondern einer passiven Akzeptanz. Proteste und Renitenzen waren in beiden Staaten nicht ausgeschlossen (die DDR stand im Juni 1953 sogar auf der Kippe), doch war die Gewöhnung und Assimilierung an die neuen Systeme der entscheidende Faktor, eine «ihrem Wesen nach wenig reflektierte, sich teilweise nahezu unmerklich vollziehende Anpassung an die institutionellen Vorgaben», bei der sich die alten Gewohnheiten und Wissensbestände allmählich abschliffen.[23] Dieses Abschleifen des alten Denkens,

22 Ebd., S. 555.

23 Brigitte Schwelling: *Wege in die Demokratie*, Opladen 2001, S. 201.

nicht nur durch pure Anpassung, sondern auch durch Zufuhr neuer Elemente, ist der eigentliche Rezivilisierungsprozess, den die Deutschen zu leisten hatten, und an dem, wie wir noch sehen werden, das Kino nicht ganz unbeteiligt war.

Im Osten, wo lauthals der «Antifaschismus» ausgerufen wurde, erleichterten die Erfahrungen aus der ersten Diktatur die Anpassung an die zweite, in der Bundesrepublik waren es der wirtschaftliche Aufstieg und die Eingliederung in die westliche Staatengemeinschaft im Kalten Krieg. Die Konfrontation zwischen den westlichen Demokratien und der sowjetischen Diktatur überlagerten die Erinnerung an den NS-Vernichtungskrieg und die sich daraus ergebenden Konsequenzen für die Deutschen.[24]

Gleichwohl: Die aus Traumatisierung, zugelassener Scham bei gleichzeitig nicht anerkannter Schuld resultierenden Beschädigungen und Verletzungen, die Risse in der nationalen Identität und die alten Denkmuster waren nie ganz verschwunden, sondern nur gut übertüncht. Wie die folgenden Kapitel zeigen werden, brachen sie immer wieder hervor.[25]

Kino für die beschädigte Nation

Wer ins Kino geht, tut dies in der Regel, um sich einer «populären Ästhetik» auszusetzen. Diese verspricht ein «Sich-Wiederfinden» in «einfach gezeichneten Situationen und Charakteren» und nicht in eher Theater und Museen vorbehaltenen «mehrdeutigen, symbolischen Figuren und Handlungen»[26], die eine aufwendige Interpretationsarbeit erfordern. Der dominierende Rezeptionsmodus im Kino ist bestimmt durch ein mittels Illusion und Identifikation generiertes Involviertsein. Der Ausstieg aus dem durch Zwänge, Pflichten und Routinen bestehenden Alltag und der Einstieg in filmisch vermittelte fiktive Situationen lassen sich als «Müßiggang mit Erholungsfunktion»[27] beschreiben. Der Kinobesuch kann eine Belohnung sein, er lenkt von einer negativen Gefühlswelt ab, weil hier die Af-

24 Ulrich Herbert: *Geschichte Deutschlands im 20. Jahrhundert*, München 2014, S. 561.

25 Das Credo «Scham ja, Schuld nein» zirkulierte in weiten Teilen der Gesellschaft. Es findet sich auch in unerwarteten Zusammenhängen. 1948 erschien zum ersten Mal die Frauenzeitschrift *Constanze*. Chefredakteur Hans Huffzky eröffnete die erste Nummer mit diesen Aussagen: «(Die deutschen Frauen) leiden, nachwirkend, auch an dem, was war. Und sei es bloß die Scham, die sie ergreift, wenn sie hören, wozu Deutsche fähig waren. [...] Ich bezweifle, dass die Frauen, die wahren echten, im eigenen und fremden Leid gewachsenen Frauen, von solchen Berichten nichts hören wollen. Wenn sie sich ihrer erwehren – dann aus Scham. Sie können sich solcher Berichte, die immer wieder – wenn auch oft nur bruchstückhaft – an ihr Ohr dringen, gar nicht erwehren. Sie müssen sie in sich hineinlassen. Ob sie wollen oder nicht. Ob sie sich ‹unbeteiligt› fühlen oder nicht.» (*Constanze*, 1, 1948, Editorial)

26 Pierre Bourdieu: *Die feinen Unterschiede*, Frankfurt 1982, S. 64.

27 Peter Vorderer: *Fernsehen als Handlung*, Berlin 1992, S. 121.

fekte regieren und nicht das Rationalisieren. Bei der Lektüre von Printmedien ist es umgekehrt, weil der Rezipient die Bilder selbst herstellen muss.

Doch Erholung wovon? Belohnung wofür? Die obige Skizzierung der psychosozialen Befindlichkeiten lässt ahnen, dass es nicht nur um Alltagsspannungen ging. Die prekären mentalen Ressourcen und Dispositionen der Nachkriegsgesellschaft formen einen Assoziationsspielraum, der sich während der Kinovorstellung (und danach) abrufen lässt, mit dem man Botschaften herauslesen oder überhaupt irgendeinen Anschluss herstellen kann. Salopp gesagt: Das Publikum hatte während des Rezeptionsvorgangs nolens volens Nationalsozialismus, Krieg, Zusammenbruch und Nachkriegswirren im Kopf – in je individueller, subjektiver Perspektivierung – und aktivierte bewusst oder unbewusst dieses Erfahrungswissen. Und umgekehrt: Die ohnehin immer mehrdeutigen Bedeutungsebenen der Filme wurden an dieses Wissen adaptiert.

Rezeption von Filmen heißt, sich auf Probleme und Konflikte anderer Menschen einzulassen, sich fremde Interessen anzueignen, mit anderen Lebenswelten konfrontiert zu werden, somit, ob gewollt oder nicht, eine Alteritätserfahrung zu machen. Das setzt Neugier und eine voyeuristische Grundeinstellung voraus, schließlich wird es oft höchst privat und intim. Durch Empathie mit anderen Figuren entsteht eine kumpelhafte Nähe. Durch das Miterleben der Erfahrung anderer entsteht ein Zuwachs an eigenen Erfahrungen, womit sich Defizite der eigenen Erfahrungs- und Erlebniswelt kompensieren lassen: «Der populäre Film induziert beim Zuschauer das Gefühl, seine Lebenswelt ziemlich mühelos beherrschen zu können, weil die Figuren im Film dies vermögen.»[28] So ist er etwa an Aktionen oder Entscheidungen beteiligt, die er sich selbst nie zutrauen würde. Durch das Hin und Her der Handlung ist er in «Wandlungsprozesse» eingebunden, die es ihm erlauben, «sich selbst in Wandlung zu erfahren.»[29]

Dieser Erwartungshorizont der Zuschauer ist auf Seite der Hersteller einkalkuliert. Jeder filmische Text hat eine Appellstruktur, er enthält Verstehensangebote, die auf die «Verstehensstrategien» der Rezipienten ausgerichtet sind.[30] Zwischen Produzenten und Rezipienten bestehen also vielfältige Korrespondenzen und Allianzen. Bei der deutschen Produktion ist die Schnittmenge zwischen Hersteller/Anbieter und Nutzer/Konsument besonders hoch, da gleiche Sozialisations- und Mentalitätsstrukturen anzunehmen sind. Daher ist auch die Produktionsebene mit ihren Abhängigkeiten in Augenschein zu nehmen, dies umso mehr, als am Zustandekommen eines Films – und damit eines Instruments der Zeitdeutung und Problemartikulation – eine Vielzahl von Personen beteiligt ist (dies im

28 Wuss 1993, S. 418.

29 Dirk Blothner: *Erlebniswelt Kino. Über die unbewusste Wirkung des Films*, Bergisch Gladbach 1999, S. 69.

30 Peter Ohler: *Kognitive Filmpsychologie*, Münster 1994, S. 122.

Unterschied zum «einsamen» Künstler im Atelier oder Dichter am Schreibtisch). Die übliche Fokussierung auf den Regisseur samt der ihr zugrunde liegenden Autorentheorie (die von französischen Cineasten erfunden wurde, um amerikanische Western und Gangsterfilme aufzuwerten) ist für unsere Fragestellungen definitiv nicht zielführend. Mitzubedenken ist allerdings, dass einige bedeutende Filmproduzenten von der Mehrheit des Publikums abweichende Biografien als NS-Verfolgte hatten (jüdische Herkunft, Getto-, KZ- und Emigrationserfahrung wie Günter Stapenhorst, Artur Brauner, Walter Koppel, Gyula Trebitsch, Erich Pommer).

Von anderen Kunstprodukten unterscheidet sich der Film durch seine extrem teure Herstellung. Die Investitionen verlangen nach Amortisierung, entsprechende Risikominimierung ist schon bei der Planung zu berücksichtigen. Themen- und Stoffwahl sind davon beeinflusst. Der Lieferant einer Idee kommt meist von außen (z. B. ein Autor von Illustriertenromanen), der auch anonym bleiben kann. Über die Realisierung entscheidet die Produktionsfirma, meist unter Beteiligung des Verleihs. Mit der Ausarbeitung werden ein Autor bzw. mehrere Autoren/Autorinnen beauftragt. Dieser Auftrag lässt nicht freie Hand, sondern gibt nähere Details zu Inhalt, Ausrichtung und Gestaltung vor.[31] Der Autor arbeitet in dieser Frühphase mit Dramaturg, Produktionsleiter und Regisseur zusammen. Dieses Teamwork von kooperierenden Individuen mit ihren je eigenen Ideen, Impulsen und Initiativen (aber auch Abneigungen und Renitenzen, z. B. gegenüber der geforderten Systemanpassung) verschafft dem Projekt von vornherein eine breitere gesellschaftliche Basis als die Arbeit eines Einzelkünstlers, der nicht primär in Kategorien wie Marktlage, Kosteneinspielung und Mentalität der Adressaten denken muss.

Während der eigentlichen Drehzeit hat der Regisseur die Hoheit über die Realisierung, doch ist er von weiteren Spezialisten eines Teams (für Bild, Ton, Schnitt etc.) flankiert, die sich in den Arbeitsprozess einbringen. Auch die Schauspieler müssen nicht immer nur zu ausführenden Organen degradiert sein (Stars verlangen u. U. ein Mitspracherecht, wie sie fotografiert und ausgeleuchtet sein wollen und wie viel Großaufnahmen ihnen zustehen).

In dem System der drei Sparten – Produktion, Verleih, Filmtheater – hatte der Verleih in den 1950er-Jahren die stärkste Stellung, der Kinobesitzer die schwächste. Wegen der Vielzahl der kleinen und finanziell schwachen Produktionsgesellschaften mussten die Verleiher, deren Kapitalbildung nach 1945 auf ausländischen Filmen und deutschen Reprisen basierte, einen geplanten Film mit einem Produktionskredit (etwa 50 % der veranschlagten Produktionskosten) vorfinanzieren. Diesen Kredit verwendet der Produzent als Sicherheit für einen Bankkredit. Der Verleiher wiederum verlagert das Risiko durch die Abnahme-

31 Walter Dadek: *Die Filmwirtschaft*, Freiburg 1957, S. 26.

verpflichtungen der Kinobesitzer. Diese schließen schon vor Fertigstellung des Films mit dem Verleih einen Leihvertrag ab, der als en-bloc-Buchung ein gesamtes Filmprogramm enthält. Über Abfolge der Filme, Spieldauer etc. entscheidet der Verleih. Der Kinobesitzer kann also nicht in freier Auswahl Filme aus dem Angebot des Verleihers buchen. Mit dem Vertrag begibt er sich in völlige Abhängigkeit des Verleihs, dem er auch die Absatzbücher vorlegen muss. Die gesamte Marktdisposition (einschließlich Reklame) ist dem Verleih überlassen, der Kinobesitzer bleibt mehr oder weniger passiv.

Der Verleih hat als erster Kapitalgeber Mitspracherecht bei der Produktion (bis hin zu Autorenauswahl und Besetzung) und damit Einfluss darauf, welche Filme und wie sie gedreht werden. Alleiniges Ziel ist der Kassenerfolg.

Einen solchen Einfluss übte auch die Bundesregierung mit den zwischen 1950 und 1955 vergebenen «Ausfallbürgschaften des Bundes» aus, die als Finanzierungshilfe gedacht waren. Eingereichte Drehbücher wurden ausschließlich nach marktwirtschaftlichen Erfolgskriterien begutachtet und im Voraus schon entsprechend angepasst.[32] Alle diese Zusammenarbeits- und Abhängigkeitsverhältnisse schlossen «gesellschaftliche Diskurse, Lebenswirklichkeit, Problemerwartung und Filmherstellung kurz.»[33]

Damit sind die Adressaten dieser Produkte als Teil dieses engen Geflechts angesprochen. Das System funktionierte nur, wenn der Endverbraucher die produzierte Ware in Massen abnahm. Die Hersteller konnten nicht ins Blaue hinein produzieren, sondern mussten über Wissen darüber verfügen, was sich als «Publikumsgeschmack» definieren lässt, also Interessen, Wünsche, Leidenschaften, Sehnsüchte und Träume, die die Mehrheit der Kinogänger motivierte. Befragungen sind nur wenig zielführend, zu hören waren meist nur ungelenke Antworten, weil die Befragten in der Regel selbst nicht genau angeben können, was sie wollen und immer vom schon bestehenden, vorhandenen Angebot ausgehen. Dass es um Bestellung und Lieferung von Unterhaltung ging, war unhinterfragtes Axiom. Allenfalls Präferenzen für bestimmte Genres waren herauszuhören. Die Sonde musste aber bei Gefühlen und Gedanken ansetzen, die sich nicht präzise verbalisieren lassen. Desgleichen sind die Wirkungen des polyvalenten filmischen Diskurses nicht genau kalkulierbar. Die Entscheidung für bestimmte Stoffe oder Themen basierte somit nicht allein auf ökonomischen oder zweckrationalen Kriterien.

32 Die Beurteilung des Projekts ROSEN AUS DEM SÜDEN gibt eine Ahnung von der Qualität dieser Gutachten: «Der Stoff hat, was Niveau und gedanklichen Gehalt anbetrifft, die für dieses Genre übliche Leichtigkeit und Anspruchslosigkeit. […] Zusammenfassend lässt sich sagen, dass der Stoff an sich den Geschmack des Durchschnittsmenschen trifft.» (zit. n. Jürgen Berger: «Bürgen heißt zahlen – und manchmal auch zensieren. Die Filmbürgschaften des Bundes 1950–1955», in: *Zwischen Gestern und Morgen*, Frankfurt 1989, S. 80–97; 91)

33 Claudia Dillmann, in Blachut (Hg.): *Reflexionen des beschädigten Lebens?*, München 2015, S. 12.

Da das Kino der 1950er-Jahre eine ungeheure Erfolgsgeschichte war, und die Massen gerade in die deutschen Filme strömten, müssen die Hersteller die mentalen Dispositionen des Publikums ziemlich genau gekannt oder wenigstens treffsicher erahnt haben. Sie mussten auch ein Gespür dafür haben, in welcher Dosis sie gesellschaftliche Probleme oder intendierte Einstellungsänderungen unterbringen konnten, ohne dass die Adressaten Anstoß nahmen, denn diese Adressaten wollten ihre Ansichten bestätigt und nicht widerlegt sehen. Die soziale Ordnung, wie sie im Film erscheint, gilt als die natürliche, die zu stabilisieren ist.[34] Nicht die einzelnen Filme, sondern dieses Wechselspiel, dieser Pakt mit dem Publikum sind das eigentliche Faszinosum dieser Epoche.

Eine nähere Inspektion des damaligen Kinopublikums ergibt zwar nicht *den* Publikumsgeschmack, aber eine Skalierung der Geschmäcker in drei Schichten:

> eine untere, diejenigen umfassend, deren Kinoneigung überwiegend in einer bloßen vitalen Schaulust begründet ist; eine obere, durch ein kritisches ästhetisches Bedürfnis bestimmte, die an hervorragenden künstlerischen Filmen Gefallen hat und als einzige etwa für den experimentierenden Film, der den anderen zu «schwierig» ist, Interesse aufbringt; dazwischen eine mittlere Schicht, nicht unkritisch, von sublimierter Schaulust und Aufgeschlossenheit für die Besonderheiten der Filmkunst und von entwicklungsfähigem Empfinden für seine eigenen Schönheiten.[35]

Die «obere» Schicht mit hohen ästhetischen Forderungen ist aus filmwirtschaftlicher Sicht uninteressant, weil dieses intellektuelle Publikum zahlenmäßig zu gering ist. Jedoch ist auch die «untere» Schicht, die mit trivialer Konfektionsware zufrieden wäre, nicht die größte Konsumentenmasse. Die erfolgreichste Absatzpolitik besteht vielmehr darin, die «Grenze zwischen unterer und mittlerer Konsumentenschicht aufzuheben.» Am erfolgreichsten ist daher der Qualitätsfilm, der «zugleich thematisch und künstlerisch Niveau hat und, da interessant, unterhaltend, spannend usw. auch zugkräftig ist.»[36] Er hat das Gros der mittleren Schicht für sich und obendrein durch seinen Unterhaltungswert das Potenzial, auch «bei großen Teilen des Gewohnheitspublikums – unter Auslassung von dessen unteren Teilschichten» anzukommen.[37]

Eine solche Schichtenlehre setzt ökonomische Prosperität voraus, die 1957 auch gegeben war. Einzukalkulieren sind die Korrespondenzen zwischen Einkommensentwicklung und Geschmacksbildung. Höhere Kaufkraft lässt das Ge-

34 Vgl. Martin Osterland: *Gesellschaftsbilder in Filmen*, Stuttgart 1970, S. 55.

35 Dadek 1957, S. 132.

36 Ebd., S. 135.

37 Ebd., S. 136.

schmacksniveau ansteigen. Die untere Schicht sinkt, die mittlere expandiert. Soziologisch gesehen dominiert dann die von Helmut Schelsky apostrophierte «nivellierte Mittelstandsgesellschaft», die Lebensstil und soziale Normen bestimmt.

Ob die Filmemacher soziologische Literatur gelesen haben, ist nicht bekannt. Es war wohl auch nicht nötig, weil alle Teilnehmer am Teamworking dieser Gesellschaft zugehörten und deren Lebensstile und Normen verinnerlicht hatten.

Träger des Mittelstands sind die Angestellten und Beamten, wobei die Angestellten sich am filmfreudigsten zeigten. 46 % von ihnen gingen ein- bis zweimal monatlich ins Kino, 27 % sogar drei bis viermal (Beamte nur 12 %, Arbeiter 21 %). Über die Gründe der Cinephilie gerade unter den Angestellten machten sich die filmsoziologischen Pioniere der Universität Münster originelle Gedanken. Für den Angestellten, der sich zwischen Arbeiter und Beamten verortet, sei gerade diese Zwischenstellung eine «Quelle von Missstimmungen und Fehlentwicklungen». Er glaubt «etwas Besseres» zu sein, als er nach Einkommen und Einfluss tatsächlich ist, und diese «empfundene Diskrepanz von Vorstellung und Wirklichkeit» sucht ihren «Ausgleich im Filmerlebnis.»[38]

Es ist primär die Großstadt, die stimulierend auf den Kinobesuch wirkt. Obwohl die Konkurrenz mit anderen attraktiven Veranstaltungen groß ist, gehen dort 23 % drei bis viermal monatlich ins Kino (in Kleinstädten sind es nur 14 %). Der Kinogänger kompensiert die «Entfremdung und Vereinzelung» in den Großstädten, die «fehlende Gemeinschaft mit anderen».[39] Bei den Jugendlichen ist es der «ungestillte Erlebnishunger inmitten der großstädtischen Sinnesreize»[40], der sie vor die Leinwände scheucht.

In den kleineren Städten tritt die Vorliebe für den *deutschen* Film augenfällig hervor.[41] Dem ausländischen Film begegnet der Kleinstädter mit Skepsis und der Dorfbewohner mit völliger Ablehnung: «Die fremde Lebensweise, wie sie in diesen Filmen zum Ausdruck kommt, wird von den konservativen Dorfbewohnern als ungemäß empfunden.»[42]

Die Interpretation solcher soziologischer und demografischer Sachverhaltsdaten gerät leicht ins Anekdotische. Die unkritisch tradierte Annahme, in den 1950er-Jahren seien *alle*, quer durch die Bevölkerungsschichten hindurch, ins Kino gegangen, und das Massenmedium Film sei deshalb ein Spiegel der gesamten Gesellschaft, kann als widerlegt gelten. Das Kino erreichte zwar breitere Publikumsschichten als

38 Karl Gustmann: «Zusammensetzung und Verhalten des Filmtheaterpublikums in der Großstadt», in: Walter Hagemann (Hg.): *Filmstudien* III, Emsdetten 1957, S. 1–11; 9.

39 Ebd., S. 8.

40 Ebd., S. 10.

41 Helga Haftendorn: «Zusammensetzung und Verhalten des Filmtheaterpublikums in der Mittelstadt», ebd., S. 13–25; 20.

42 Werner Faber: «Filmbesuch und Filmbesucher im Dorf», ebd., S. 27–44; 42.

heute – soziologisch dominierte die Mittelschicht der kleinen Angestellten –, doch die meisten Kinobesucher waren Jugendliche und junge Erwachsene.[43]

Wer die deutsche Filmproduktion jener Jahre in Augenschein nimmt, dem drängt sich nicht unbedingt der Gedanke auf, sie richte sich vorrangig an Teens und Twens. Waren das die Zuschauer der Heimatfilme und Gesellschaftsmelodramen? Die Vernachlässigung des jungen Publikums, das ja gerade *nicht* zum Fernsehen abwanderte, mag zum Niedergang des deutschen Films beigetragen haben.

Hintergrund ist das große Misstrauen, mit dem die Jugendlichen allenthalben konfrontiert waren. Zu den zentralen Mythen, die in den 1950er-Jahren gepflegt wurden, gehörte die Mär, der Film sei ein Verführer der Jugend. Die angeblich wilde, unkontrollierte Kinosucht dieser Generation sei deshalb zu regulieren und zu kanalisieren und der Film generell unter Überwachung zu stellen (siehe Kapitel 5: Jugend in Gefahr).

Der unmündige Rezipient

Dieses Misstrauen erstreckte sich letztlich auf das gesamte Filmpublikum. Gängige Münze war die Unterstellung, der Film spreche die niederen Instinkte an und blende die Ratio aus, er sei ein

> Lebenssurrogat, bei dem der sonst auch im primitiven Menschen [...] höchst wache Verstand vor den Kinotüren gelassen wird. Es ist geradezu ein Kriterium dieses Filmgenusses, dass er in die Passivität des Besuchers hineinfließt wie süß kribbelnder Champagner. Der Spielfilm bereitet dem Normalmenschen unserer Zeit das wohlige Bad für seine sentimentalen, genusssüchtigen und auch brutalen Gefühle.[44]

43 «Nach einer Studie von 1961 gingen in der BRD 78 % der 16–17-Jährigen, 64 % der 18–24-Jährigen, 39 % der 25–34-Jährigen, aber nur 14 % der 55–65-Jährigen einmal bis dreimal im Monat ins Kino.» (Elizabeth Prommer: «Das Kinopublikum im Wandel», in: Patrick Glogner-Pilz / Patrick S. Föhl (Hg.): *Handbuch Kulturpublikum*, Wiesbaden 2016, S. 338)
Zu den kolportierten falschen Zahlen gehört auch die Behauptung, 70 % der Zuschauer seien Frauen. In Wirklichkeit lag das Geschlechterverhältnis bei 50:50.
Kurt Wortig, der ohne Beleg die 70 %-These vertritt (S. 15), hatte auch noch andere anekdotische «Erkenntnisse» parat: «Von dem durchschnittlichen Kinogänger wird der Schauwert eines Films höher notiert als sein Inhalt. Entscheidend für seine Besuchsveranlassung sind die Bilder im Foyer-Aushang und nicht die Inhaltsangabe des Bildstreifens. Auch das Milieu rangiert ganz wesentlich vor der Spielhandlung. Frauen bevorzugen luxuriöse Dekorationen, Szenen mit reicher modischer Ausstattung, Halbwüchsige in den Vororten der Industrie-Großstädte erkundigen sich an der Kasse nach der Quote der Film-Toten und machen von dieser Zahl ihren Besuch abhängig.» (Kurt Wortig: *Ihre Hoheit Lieschen Müller. Hof- und Hintergrundgespräche um Film und Fernsehen*, München-Icking 1961)

44 Fritz Kempe: *Der Film in der Jugend- und Erwachsenenbildung*, Seebruck 1952, S. 13.

Die Vorstellung einer unkritischen und passiven Rezipientenschaft, die den von der Leinwand ausgehenden Bedrohungen völlig hilf- und willenlos ausgesetzt ist, den impliziten Botschaften nichts entgegenzusetzen hat und Fiktion für Realität ausgibt, machte die Forderung, dieses Medium einer besonderen Kontrolle zu unterwerfen, unstrittig. Um eine staatliche Zensur zu umgehen (und überhaupt dieses hässliche Z-Wort zu vermeiden), konstituierte die Filmindustrie 1949 eine eigene Kontrollinstanz: die «Freiwillige Selbstkontrolle der Filmwirtschaft» (FSK). Die Bezeichnung ist mehrfach irreführend. Die Freiwilligkeit war faktisch nicht gegeben, weil ausnahmslos jeder (einheimische wie ausländische) Film vor seiner Erstaufführung diese Prüfinstanz durchlaufen musste. Die Filmwirtschaft kontrollierte auch nicht «selbst», sondern teilte sich den Prüfvorgang paritätisch mit der «öffentlichen Hand»: Politik (Kultusministerien der Länder), Kirchen, Jugendverbände. Die Zensurtradition aus Kaiserzeit, Weimarer Republik und Nationalsozialismus ist fortgeschrieben mit mehr oder weniger anderen Akzenten. Den demokratischen Neubeginn mit einem Umdenken in Zensurfragen zu verbinden, stand nicht zur Debatte. Wer den Rezipienten für unmündig hält und ihm keinen adäquaten Umgang mit der Suggestivwirkung von Filmen zutraut, dem ist die Vorstellung vom Bürger als Souverän fremd, dieser bedarf weiterhin der Lenkung durch obrigkeitliche Instanzen.

Zensurtradition, Nachkriegsmentalität, alliierte Vorgaben und zweifelhafte Gewissheiten über Film und Filmwirkung, fließen in den «Grundsätzen» der FSK schillernd ineinander:

> Kein Film soll Themen, Handlungen oder Situationen darstellen, die geeignet sind: a) das sittliche und religiöse Empfinden zu verletzen, insbesondere verrohend oder entsittlichend zu wirken; b) antidemokratische (nationalsozialistische, bolschewistische u. ä.), militaristische, imperialistische, nationalistische und rassenhetzerische Tendenzen zu fördern; c) die Beziehungen Deutschlands zu anderen Staaten zu gefährden, insbesondere deren Regierungen, amtliche Repräsentanten und Einrichtungen herabzusetzen; d) die verfassungsmäßigen und rechtsstaatlichen Grundsätze des deutschen Volkes in seiner Gesamtheit und in seinen Ländern zu gefährden oder herabzuwürdigen oder e) durch ausgesprochen propagandistische oder tendenziöse Beleuchtung geschichtliche Tatsachen zu verfälschen [...]. Entscheidend für die Anwendung dieser Bestimmung ist die Wirkung der unter a) bis e) genannten Darstellungen, nicht deren Inhalt oder die Darstellung als solche.[45]

Der letzte Satz setzt die Film*wirkung* zentral, der erste Satz enthält mit dem Attribut «geeignet» eine weitere Einschränkung. Es geht um Filme, die *geeignet* sind,

45 Zit. n. Jürgen Kniep: *«Keine Jugendfreigabe!» Filmzensur in Westdeutschland 1949–1990*, Göttingen 2010, S. 44 bzw. Gerrit Binz: *Filmzensur in der Demokratie*, Trier 2006, S. 334 f.

diese Wirkung zu entfalten, nicht um die Feststellung einer tatsächlichen Wirkung, da diese nicht a priori zu treffen ist, sondern die öffentliche Vorführung voraussetzt. Damit sind die folgenden Punkte in den Potenzialis gesetzt und, so vage und dehnbar, wie sie formuliert sind, dem Ermessen der Prüfer unterworfen. Während es beim oben genannten Einvernehmen der Filmwirtschaft mit dem Publikum um dessen «Geschmack» ging, hatten die Prüfer der FSK aus einer Position des Misstrauens über die Labilität bzw. Robustheit der Rezipienten gegenüber filmischen Einflüssen zu befinden. Der Ermessensspielraum hatte Vor- und Nachteile, jedenfalls kontrastierte er positiv mit dem detaillierten und stringenten Verbotskatalog des amerikanischen *Production Code* (der bei der Etablierung der Selbstkontrolle aber zumindest Modell stand).

Die Priorisierung von Sitte, Religion und Moral in Punkt (a) ist Programm, da der Verdacht, der Film habe schädlichen Einfluss auf Sitte und Moral (Stichwort «Schund und Schmutz») zu den film- und zensurgeschichtlichen Konstanten gehört, der in der frühen Bundesrepublik durch den Einfluss der Kirchen (insbesondere des rheinischen Katholizismus) auf Politik und Gesellschaft weiter erhärtet wurde. Die auffällige semantische Differenzierung von Verletzung des sittlichen Empfindens und entsittlichender Wirkung (übernommen aus dem Reichslichtspielgesetz von 1934) ist dahingehend definiert, dass eine Wirkung vorliegt, wenn ein Anreiz zur *Nachahmung* gegeben ist,[46] etwa wenn ein Film Prostitution und/oder Verbrechen/Gangstertum nicht nur zeigt, sondern dieses Leben als erstrebenswert darstellt (es sei denn, ein positives Gegengewicht ist vorhanden, dass diese Wirkung aufhebt).

Wenn die FSK im Wesentlichen eine Filiation der bisherigen Zensurgesetze aus Kaiserzeit, Weimarer Republik und NS-Staat war, so enthalten die Punkte (b), (d), (e) neue, «in der Filmzensurgeschichte noch nie dagewesene Prüftatbestände.»[47] Sie speisen sich aus den Erfahrungen des Nationalsozialismus und dem anhaltend hohen Programmanteil von Filmen aus dieser Zeit (Reprisen). In Punkt (c) erhielt 1955 die Rücksicht auf das Ansehen anderer Völker ein Komplement durch die «Herabwürdigung des *deutschen* Ansehens im Ausland». 1949 wäre eine solche Formulierung noch undenkbar gewesen. Sie ist Resultat des gestiegenen nationalen Selbstwertgefühls sowie Reaktion auf ausländische Filme, die als «antideutsche Hetze» eingestuft wurden (siehe Kapitel 3: Der «antideutsche Hetzfilm»). Dieser neu eingefügte Passus, den freilich schon das alte Reichslichtspielgesetz enthielt, ging auf eine Initiative des Auswärtigen Amts zurück.[48]

Die das FSK-Statut dominierende Trias von Staat, Religion, Moral ist nicht nur eine Aktualisierung der Zensurgeschichte. Sie verweist auf antimoderne Menta-

46 Ebd., S. 339, 347.

47 Ebd., S. 336.

48 Ebd., S. 375.

litätsstrukturen und autoritäre Denkmuster, die die Etablierung demokratischer Normen und Institutionen überformten. In der wirtschaftlichen und gesellschaftlichen Dynamik vertraute man auf die Bindekraft antimoderner Konzepte wie Familie, Religion, Moral, die schon im Kaiserreich als kompensierende, stabilisierende Faktoren gewirkt hatten.[49]

Zentrale Komponenten dieser Familien- und Moralstabilisierung waren die Homophobie und die Unantastbarkeit des § 175. Ein Film, der Homosexualität positiv darstellte und womöglich einen Anreiz zur Nachahmung enthielt, hatte nach Punkt (a) des FSK-Statuts «entsittlichende Wirkung» und war entweder zu verbieten oder zu verändern. Eine spektakuläre Disqualifizierung widerfuhr 1957 Veit Harlan mit dem Film DAS DRITTE GESCHLECHT, der in seiner ursprünglichen Fassung das Treiben des homosexuellen Kunsthändlers und seiner Clique aus jungen Männern zumindest nicht ablehnend darstellt, und das fragwürdige Handeln der Mutter, die ihren Sohn herausholen will, indem sie ihn mit einem Mädchen verkuppelt, zentral setzt. Während sie wegen Kuppelei ins Gefängnis muss, geht der homosexuelle Verführer straffrei aus. Die FSK monierte, der Film zeige «nicht das wahre Gesicht der Homosexualität», denn diese werde hier als «Heimstatt echter Bindungen» vermittelt, während doch «erfahrungsgemäß Homosexuelle weitgehend bindungslos» seien. Der Film werbe «um Verständnis für die angeblich natürliche Veranlagung der Homosexuellen», mache somit «Propaganda» für sie und agiere gegen den § 175.[50] Bevor der Film unter dem ausgrenzenden Titel ANDERS ALS DU UND ICH in die Kinos kommen konnte, mussten die Szenen, in denen die Homosexuellen sympathisch wirken, geschnitten und Dialoge umsynchronisiert werden. Das Happy End bestand nun in der Verhaftung des Kunsthändlers (was einen Nachdreh erforderte), wohingegen die Mutter durch eine Bewährungsstrafe dem Gefängnis entgeht.

Bei ausländischen Filmen lag das sittenstrenge Augenmerk vor allem auf solchen französischer und skandinavischer Provenienz, während die amerikanischen aufgrund des Production Code schon relativ keimfrei hier ankamen. Entstellende Eingriffe musste 1959 Louis Malles LES AMANTS über sich ergehen lassen. Die Ehe gehörte zu den sittlichen Lebensgrundlagen der Nachkriegsgesellschaft, ein gerechtfertigter oder gar verherrlichter Ehebruch war daher entsittlichend.[51] Eine Ehebruchgeschichte, die die Ehebrecherin nicht disqualifiziert, sondern in der sie als positive Heldin figuriert und die Rezipientinnen zur

49 Ulrich Herbert: «Liberalisierung als Lernprozess. Die Bundesrepublik in der deutschen Geschichte», in: Ders. (Hg.): *Wandlungsprozesse in Westdeutschland*, Göttingen 2002, S. 7–49; 39.

50 Binz 2006, S. 345 f. Die Formulierungen stammen aus der FSK-Prüfakte.
Es waren nicht die ersten Probleme Harlans mit der FSK. Sein Film VERRAT AN DEUTSCHLAND über den Spion Richard Sorge wurde wegen «prokommunistischer Tendenz» zunächst nicht zugelassen (*Filmpress*, 2, 1955).

51 Ebd., S. 350.

Identifikation einlädt, war inakzeptabel. Die FSK erzwang nicht nur den Schnitt aller explizit erotischen Szenen mit Jeanne Moreau, sondern die deutsche Fassung musste auch verschweigen, dass sie ein Kind hat (das sie im Original zugunsten ihres Geliebten verlässt) und mit veränderten Dialogen den betrogenen Ehemann negativer charakterisieren, um den Ehebruch halbwegs plausibel zu machen.[52]

Die nachträglich aufgenommene Sorge um das «Ansehen Deutschlands» in Punkt (c) signalisiert die ausufernde Funktion der Selbstkontrolle und das «übersteigerte Maß an Repräsentation des Staates.»[53] Inwiefern überhaupt Filme oder Teile daraus das Potenzial haben, die außenpolitischen Beziehungen zu gefährden, und wie oder wo dieses Potenzial aktiviert wird (in der Rezeption? Im Inland? Im Ausland?) und inwieweit die Beziehungen dann faktisch lädiert sind, blieb eine große Leerstelle, die vom Gutdünken der Prüfer zu füllen war. In dem Dokumentarfilm Die Diktatoren von Eugen Kogon (1961) sah die FSK in einer Sequenz, die die prunkvolle Hochzeit von Francos Tochter zeigt, eine Gefährdung der Beziehungen Deutschlands zu Spanien.[54]

Anspielungen auf nationalsozialistische Kontinuitäten in der Bundesrepublik provozierten eine hohe Zensurbereitschaft und ein weites Ausdehnen der FSK-Grundsätze. Ein Dialogsatz wie «Wenn ich einen Mercedes-Benz sehe, rieche ich den Gestank des Gasofens» (aus der Sartre-Verfilmung I sequestrati di Altona, 1962) war indiskutabel. Erschwerend kam hinzu, dass er sich «nicht abhebt vom ostzonalen Jargon kommunistischer Hetzparolen.»[55]

Konsens bestand darin, dem Publikum vorzuenthalten, wie kritisch das Ausland über Deutschland denkt, wie groß die Aversionen gegenüber den Deutschen vor allem in den ehemals besetzten Ländern noch waren. Die Dimensionen der dort verübten Verbrechen gehörten zum Tabu-Programm der Nachkriegszeit. Die Verletzung dieser Tabus durch ausländische Filme führte zu hysterischen Reaktionen bei den Rezipienten (vgl. Kapitel 3: Der «antideutsche Hetzfilm»).

Die Adressaten der staatstragenden Fürsorge der Filmwächter bekamen von den Eingriffen, Veränderungen, Verboten in der Regel nichts mit. Die FSK verschanzte sich höfisch-feudal im Wiesbadener Schloss Biebrich, agierte anonym, die Prüfergebnisse blieben geheim und gerieten nur durch Indiskretionen an

52 Zusätzlich enthält die Synchronisation gezielte Falschübersetzungen, die mit den Monita der FSK nicht zu erklären sind:
«je ne suis pas triste.» – «ich bin gar nicht müde.»
«pourquoi tu n'est pas triste? – «es ist besser, du gehst jetzt schlafen.»
«il mange du miel, des fruits et des œufs.» – «er nährt sich von Schweinebraten, harten Eiern und Rotwein.»

53 Dietrich Geißler: *Filmzensur in Nachkriegsdeutschland*, Göttingen 1986, S. 115.

54 Ebd.

55 FSK-Formulierung, Kniep 2010, S. 166, Geißler 1986, S. 118.

die Öffentlichkeit. Der Aufwand, der in die Filmkontrolle investiert wurde, war enorm und belegt den hohen Rang, den man Film, Filmwirkung und Rezeptionssteuerung zuerkannte: drei Ausschüsse mit einem nur mit Juristen besetzten Rechtsausschuss als letzter Instanz (der übrigens oft genug Filme frei gab, die die vorherigen Instanzen blockiert sehen wollten). Die ausführlichen Prüfakten indizieren ungeachtet der skandalösen Eingriffe eine akribische, intensiv abwägende Auseinandersetzung mit den jeweiligen Filmen (eine bilanzierende Gesamtdarstellung der FSK steht freilich noch aus).

Der Zusammenhang einer solchen Zensurinstanz mit der stagnierenden Kultur einer in die Moderne strebenden (bzw. hineingestoßenen) Gesellschaft ist evident. Die Markierung von Grenzen für zulässige Inhalte hat eine vorauseilende Anpassung an akzeptierte und herrschaftskonforme Muster zur Folge.[56] Es entsteht ein konventionelles, mentalitätsstabilisierendes Angebot an den Rezipienten mit entsprechenden künstlerischen Defiziten (vgl. Kapitel 6).[57]

Unterhaltung und Sozialismus

In der Sowjetischen Besatzungszone hatte die Umerziehungspolitik eine andere Dominante. Da nach östlicher Lesart der Kapitalismus für alles Verbrecherische verantwortlich war, fiel der Schuldvorwurf gegenüber den Befreiten relativ blass aus. Sie durften sich damit abfinden, nur Opfer des kapitalistischen Imperialismus gewesen zu sein, von individueller Schuld und Verantwortung waren sie folglich entlastet. Das Opfernarrativ wurde hier nicht «von unten» lanciert, sondern bequemerweise von der Besatzungsmacht selbst installiert. Die sowjetische Filmpolitik setzte daher nicht auf Schock- und KZ-Filme, aber auch nicht auf eine sofortige politische Ideologisierung, sondern versuchte es zunächst mit einem relativ liberalen «humanistischen Antifaschismus», um die «bürgerlichen Kreise» miteinzubeziehen und nicht zu verprellen.

Dieser undogmatische Geist bestimmte auch die Gründung der DEFA (1946). Deshalb hatte sie in ihrer Frühphase mit künstlerisch herausragenden Werken wie EHE IM SCHATTEN und AFFAIRE BLUM auch Publikumserfolge. Als nach Gründung der DDR die DEFA unter die Fuchtel der SED geriet, begann eine dramatische Talfahrt, weil Film nun ausschließlich Instrument der ideologischen Mobilisierung zu sein hatte – mit allein quantitativ drastischen Folgen: Während 1949 noch 12 Filme hergestellt wurden, waren es 1952 nur noch 6, weil alle Filmvorha-

56 Vgl. Stephan Buchloh: *«Pervers, jugendgefährdend, staatsfeindlich». Zensur in der Ära Adenauer*, Frankfurt a. M. / New York 2002, S. 248, Geißler 1986, S. 164.

57 Filmqualitäten hängen freilich nicht von einer strengen oder schwachen Zensur ab. Frankreich hatte eine rigide staatliche Filmzensur, aber bessere Filme, weil die moralischen und gesellschaftlichen Normvorstellungen andere waren.

ben, die nicht den Zielen der Partei entsprachen, abgeschmettert wurden. 6 Filme ergeben einen schütteren Spielplan. Damit lassen sich die Kinos nicht füllen.

Wie reagierten die Rezipienten auf diese Situation? Interessenlage und filmische Präferenzen unterschieden sich kaum von denen im Westen. Das Kino sollte Ablenkung, Unterhaltung, Amüsement bieten. In dieser Hinsicht war auch die westdeutsche Produktion in den ersten fünf Jahren defizitär (siehe Kapitel 6), doch waren hier genügend amerikanische, britische und französische Filme als Alternative vorhanden. Die russischen Filme jedoch, die die Kinos im Osten bespielen sollten, stießen nicht nur sprachlich auf Unverständnis, ihnen fehlte auch das Unterhaltungsmoment. Die Propaganda für das sozialistische Menschenbild ersetzte künstlerischen Anspruch durch Didaktik und Langeweile. Zu lachen gab es hier wenig.

Die ideologische Blockade verhinderte, die Perspektive der Zuschauer einzunehmen. Dann hätte man die anderen Ansprüche an Unterhaltung zur Kenntnis nehmen müssen: ein «naives, zweckfreies, spielerisches Erleben von Gratifikation» wie im Westen. Der Sozialismus – so die Theorie – würde diese Rezipientenhaltung überwinden.[58]

In der Praxis konnte davon keine Rede sein. Das Unterhaltungsdefizit blieb die gesamten 1950er-Jahre hindurch bestehen. Den Erwartungshorizont der Zuschauer präzisierte diese Stimme aus dem Publikum im Klartext:

> Warum werden denn nicht mehr Lustspielfilme hergestellt? Denken die Filmregisseure vielleicht, es gebe heute nichts zu lachen? Lieber Gott! Da sollten sie einmal in einen Großbetrieb gehen oder beim Betriebssport zusehen oder in einem Laden, wie dem wo ich arbeite. Da passieren so viele urkomische Geschichten, dass man drei Filme draus drehen könnte. Es ist nämlich nicht so, dass es nur in der hocheleganten Sechszimmerwohnung was zu lachen gäbe! Das wollen wir auch gar nicht gern sehen. Wenn man nur ein einziges gutes Kleid hat, ärgert es einen, wenn die Heldin im Film sich in fünf Minuten viermal umziehen kann. Denken Sie sich doch mal eine lustige Geschichte auf dem Dorf oder in einem Frisiersalon oder in einem Büro aus. (Aber nicht, dass der schicke Chef gleich wieder in seine noch schickere Tippeuse verliebt ist!) Grund zum Lachen, das sage ich ihnen noch einmal, gibt es auch heute noch. Oder besser gesagt: heute wieder.[59]

58 Wolfgang Mühl-Benninghaus: «Deutsch-deutsche Unterhaltung im Nachkriegsdeutschland», in: *Medien der 1950er Jahre (BRD und DDR), Augenblick*, 54/55, Marburg 2012, S. 145–154; 153.

59 Leserin, die sich als «Friseuse» vorstellt, in: *Neue Film-Welt*, 1, 1950.
Der markige Widerspruch seitens der «offiziellen» Linie kam postwendend: «Wir brauchen aber keine Filme, die uns zerstreuen, wir brauchen Filme, die die Menschen sammeln, die ihnen Kraft und Zuversicht für unseren nationalen Kampf um die Einheit unseres Vaterlandes und für den Erhalt des Friedens geben.» (Leser, in: *Neue Film-Welt*, 7, 1950)

Hier sind die Stofferwartungen prismatisch gebündelt. Das entscheidende Referenzsystem ist die alltägliche Arbeitswelt. Sie muss nicht erst komisch modelliert werden, sie ist schon mit Komik geladen. Der mondäne Gesellschaftsfilm mit seinen stereotypen Konstellationen ist zurückgewiesen, da die Schnittmengen mit dem Arbeiterleben gering sind.

Das Postulat «Realismus + Komik» konnte die DEFA nur ungenügend erfüllen, deshalb wurde es zum «ceterum censeo» der Rezipienten: «Wir erwarten von unserer DEFA, dass sie in großer Zahl realistische Filmlustspiele herstellt, unsere Werktätigen wollen auch einmal lachen und sich entspannen.»[60]

Doch die Kinogänger vermissten bei «ihrer» DEFA nicht nur den Humor, sondern auch die Liebe, d. h. eine Liebesgeschichte, die nicht als Beiwerk zum «neuen Menschentyp» erzählt wird, sondern um ihrer selbst willen. Eine «reine Liebe», die nicht sozialistisch dekliniert ist, konnte es im DDR-Film aber nicht mehr geben, weil, so eine parteiamtliche Mitteilung im Zentralorgan, «eine Liebe, abstrahiert von den gesellschaftlichen Verhältnissen, nicht existiert.»[61]

Für einen «sozialistischen Unterhaltungsfilm» (falls dies nicht schon eine contradictio in adiecto ist) galten ähnliche restriktive Vorgaben. Ein solcher könne nur «aus den Bedingungen unserer neuen Wirklichkeit entwickelt werden» und keinesfalls mit seinen auf die bürgerliche Ordnung bezogenen Konventionen «auf unsere Wirklichkeit aufgepfropft werden.»[62]

Die Unzufriedenheit stimulierte entsprechendes Zuschauerverhalten. Ein halbwegs attraktiver Spielplan ließ sich nur mit Importen aus der Bundesrepublik, Frankreich und Italien gestalten und – wie im Westen unter Hintanstellung ideologischer Skrupel – mit Reprisen aus der Ufa-Zeit (z. B. PARACELSUS, REMBRANDT, TITANIC[63], TRUXA, WASSER FÜR CANITOGA). Produktionen aus dem Westen führten fast immer zu ausverkauften Vorstellungen, während sowjetische und sonstige osteuropäische Filme oft vor leeren Rängen liefen, wenn nicht mit organisierten Besuchen von Schulen und Betrieben nachgeholfen wurde. 47,7 % aller Kinobesuche fielen 1952 auf alte und westdeutsche Filme. Der in diesem Jahr angelaufene Film DAS DOPPELTE LOTTCHEN hatte innerhalb von fünf Monaten 4,5 Mio. Besucher.[64] Für den Caterina-Valente-Film BONJOUR KATRIN bildeten

60 Leser, in: *Filmspiegel*, 9, 1954.

61 *Neues Deutschland*, 5.6.1953, zit. n. Heinz Kersten: *Das Filmwesen in der Sowjetischen Besatzungszone*, Bonn/Berlin ^{2}1963, S. 35.

62 Klaus Wischniewski, in: *Deutsche Filmkunst*, 4, 1958, S. 133.

63 Bei diesem Film ließ sich der Propagandawert aus der NS-Zeit mühelos recyceln: «Er ist eine Anklage gegen eine überlebte Gesellschaftsordnung. [...] Wir haben erkannt, wohin der Weg des Monopolkapitals führt, und kämpfen daher gegen diese profitgierige Schicht.» (Leser, ein «Schüler», in: *Neue Film-Welt*, 8, 1950)

64 Luise Poschmann: «Zwischen Unterhaltung und Systemkonflikt. Die Rezeption populärer Filme im Kino der DDR», in: Plaul u. a. (Hg.): *Kino in der DDR*, Baden-Baden 2022, S. 205–233; 216 f.

sich im August 1956 in Halle schon früh um halb fünf die ersten Schlangen vor der Kinokasse, in Rostock kam es zu Prügeleien um die Eintrittskarten.[65]

Das Dilemma wurde nicht nur vom Publikum beklagt, sondern auch auf DEFA- und Parteiebene registriert und problematisiert. Der Kern des Problems lag darin,

> dass wir aufgrund unserer neuen Gesellschaftsordnung auch zu einer neuen Form des Filmschaffens kommen mussten. Das ist vielen «alten» Filmbesuchern noch nicht zum Bewusstsein gekommen. [...] Mit der Entwicklung der neuen Filmkunst hat die Erziehung und Entwicklung von «neuen» Filmbesuchern nicht Schritt gehalten. Es ist schwer, sich von dem alten bewährten Film der Traumfabriken zu trennen und den Weg zum neuen fortschrittlichen Film zu finden.[66]

Wie auch auf anderen Feldern (z. B. der Kollektivierung der Landwirtschaft) kollidierte die «neue» Gesellschaftsordnung mit dem «alten» Menschen. Ein Versuch, den neuen Filmbesucher zu formen, war die Rezeptionslenkung der «fortschrittlichen Filme» durch die sogenannten «Filmaktivs», die für eine propagandistische Begleitung zu sorgen hatten (Werbung im Vorfeld der Aufführung in Betrieben, Schulen und Medien, Debatten, Diskussionen mit entsprechenden Deutungsvorgaben). Diese flankierenden Aktivitäten belegen die Relevanz des Mediums Film und seiner «richtigen» Rezeption innerhalb der Kulturpolitik. Aber alle Mühen der Steuerung waren vergebens, die Adressaten verhielten sich «widerborstig» und legten mit ihrer Renitenz die «Diskrepanz zwischen den kulturpolitischen Zielen und deren tatsächlicher Umsetzung beim Rezeptionsprozess» offen.[67]

Das anhaltende Dilemma, das die einheimische Produktion aufgrund der stringenten politischen und ideologischen Vorgaben nicht lösen konnte, mag dazu beigetragen haben, 1957 endlich den ersten amerikanischen Spielfilm zu importieren (siehe den Abschnitt «Hollywood goes to Trabi» in Kapitel 2). Die Unzufriedenheit im Volk bedurfte der Kanalisierung. Am Respekt vor der Macht der Bilder sowie der panem-et-circenses-Klausel zur Sicherung des Wohlverhaltens kam auch die «Fürsorgediktatur» DDR nicht vorbei.

Die eher spröde Beziehung der Rezipienten zu «ihrer» DEFA beruhte nicht nur auf der tendenziösen Ausrichtung, sondern auch auf Mängeln in der künstlerischen Gestaltung. Filme, die es verstanden, die Tendenz in einer «starken oder

65 Berichte in DDR-Zeitungen, vgl. Kersten 1963, S. 300.

66 «Volkskorrespondent» Werner Pfeifer, Chemnitz, in: *Neue Film-Welt*, 6, 1952.

67 Fernando Ramos Arenas: «Kino im Kollektiv. Filmrezeption und politische Kontrolle in der DDR der 1950er-Jahre», in: Birkner 2020, S. 273–293; 285.

unterhaltsamen Fabel wirkungsvoll in filmische Gestalt umzusetzen»[68], konnten beim Publikum durchaus mit Kredit rechnen (z. B. GENESUNG, BERLIN – ECKE SCHÖNHAUSER, VERWIRRUNG DER LIEBE).

Aber die intendierte «Umerziehung des Filmpublikums» im Sinne einer «Herausbildung eines neuen Filmpublikums», indem dessen «Bedürfnisse auf eine immer höhere Stufe» gehoben werden,[69] war dadurch nicht zu erreichen. Diese Strategie wollte das unverdrossen als «mood-management» praktizierte Selektionsverhalten der Rezipienten stilllegen. Stattdessen sollten die ideologisch konformen Filme sich eine zu ihnen passende Rezipientenschaft modellieren.

Das Scheitern einer solchen Filmpolitik wurde schließlich auch höheren Orts registriert. 1961 musste das Politbüro resignierend feststellen, dass der überwiegende Teil der DEFA-Produktion «ideologisch-künstlerisch nicht den Anforderungen seiner Zuschauer» entspreche, es sei «nicht massenwirksam und daher ökonomisch nicht vertretbar.»[70] Durch die Betonung der Wirksamkeit war der Fokus von der Ideologie-Produktion bzw. -Vermittlung auf die Rezipienten verlagert, denn, so die neue Einsicht, «Filme, die von den Zuschauern nicht akzeptiert werden, weil sie weder spannend, verständlich, noch reich gestaltet sind, haben ihren Zweck verfehlt und bedeuten Verschwendung von Zeit, Geld und Arbeitskraft.»[71]

Mit solchen Problemen waren die Filmproduzenten in der westdeutschen Konsumgesellschaft nicht konfrontiert, da sie ihre Ware prinzipiell an den Wünschen und der Akzeptanz der Zuschauer ausrichteten, denn eine Verschwendung von Zeit, Geld und Arbeitskraft konnte man sich im Kapitalismus erst recht nicht leisten. Weder musste hier ein neues Menschenbild propagiert, noch eine neue nationale Identität mittels Traditionssuche in der Geschichte legitimiert werden. Allein das Wirtschaftswunder war vollauf identitätsstiftend.

Auch für die Filmpolitik der Amerikaner in der Bundesrepublik waren die Hürden niedrig. Die erzieherischen Intentionen stießen auf eine günstige Disposition der Adressaten. Die Faszination, die von «Hollywood» ausging, reichte als Türöffner aus.

68 Kersten 1963, S. 297.

69 Dieter Wolf: «Der Publikumsgeschmack und seine reaktionäre Deutung», in: *Deutsche Filmkunst*, 8, 1958, S. 235.

70 Zit. n. Kersten 1963, S. 54.

71 Hans Rodenberg, in: *Neues Deutschland*, 16.5.1961, zit. n. Kersten 1963, S. 134.

2 Amerikanisierung mit Vorbehalten
Die Rezeption des Hollywood-Films

Türen in der geschlossenen Gesellschaft

Den Gründen für die weltweite Faszination des amerikanischen Kinos nachzugehen, ist hier nicht der Raum. Allein die imperial ausgreifende kapitalistische Filmindustrie zum wirkungsmächtigsten Faktor zu erklären, unterschlägt die Macht der Bilder. Kultur und Gesellschaft der Vereinigten Staaten beziehen ihre Stärke aus den vielfachen ethnischen Mischungen. Diese verleihen auch dem amerikanischen Film seine transkulturelle Anschlussfähigkeit jenseits von nationalen Ideologien. Die rekurrierenden, auf Wiedererkennung angelegten Erzählmuster sichern die globale Rezeption.

Selbst das Jahr 1933 bedeutete keinen Bruch mit der Anziehungskraft Hollywoods. Die Nazis akzeptierten die künstlerische, ökonomische und technische Dominanz des US-Films und seinen Modellcharakter für die deutsche Produktion. Staat, Gesellschaft und Kultur der USA kollidierten zwar schroff mit den ideologischen Normen des Nationalsozialismus, doch die Praxis des Kulturtransfers verlief, solange Frieden herrschte, relativ geräuschlos, unbehelligt von antiamerikanischer Propaganda. Im Gegenteil: Die NS-Filmpolitik favorisierte den «unpolitischen» Unterhaltungsfilm, um die Massen bei Laune zu halten, und die Hollywood-Produktionen fügten sich nahtlos ein «in das von der NS-Regierung propagierte innovationshungrige, zukunftsoptimistische Gesellschaftsklima.» Die «fröhliche Realitätsverweigerung des Hollywood-Amusements»[1] konver-

1 Markus Spieker: *Hollywood unterm Hakenkreuz*, Trier 1999, S. 104.

gierte mit dem vorherrschenden Unterhaltungs- und Ablenkungsparadigma der deutschen Filmproduktion: ein Erlebnisangebot, das der erwünschten Entpolitisierung des Alltags entgegenkam.

Die Auswahl an US-Filmen unterlief selbstverständlich einer Selektion durch Zensur und Kontigentierung. Nicht alles, was Unterhaltung versprach, durfte passieren, Laurel & Hardy: ja, Chaplin und die Marx-Brothers: nein. Bemerkenswert ist jedoch, dass gerade die genuin amerikanischen Genres beim Publikum erfolgreich waren: Musicals, Revue-Filme, Walt-Disney-Produktionen, Screwball-Comedies, Western – von den Hollywood-Niederlassungen in Europa mit aufwendigem Marketing beworben.[2]

Attraktiv waren nicht nur der fremde Stoff und das fremde Milieu, sondern überhaupt der unterschiedliche kulturelle Code, die andersartige, perfekte Aufmachung, das rasante Tempo dieser Filme. Besonders erfolgreich waren z. B. Grand Hotel, San Francisco, Mutiny on the Bounty, It Happened One Night (der einzige Capra-Film im Angebot!), Broadway Melody of 1936, Camille, Cleopatra, King Kong. Die Stars dieser Filme wie Greta Garbo, Jean Harlow, Clark Gable, Richard Taylor waren ebenso beliebt wie die deutschen Filmschauspieler.

Diese Hollywood-Produktionen öffneten Türen in einer weitgehend geschlossenen Gesellschaft: «Die Musicals und Komödien ermöglichten für viele junge Menschen eine erste Begegnung mit der von Nationalsozialisten als ‹Niggerei und jüdische Frivolität› verurteilten Jazz-und Swingmusik.»[3]

Amerika war das Signum für Modernität, und «modern» wollten auch die Nazis sein. Die Auswüchse der Massenzivilisation (Gangstertum, Rassenmischung etc.) wurden negativ registriert, die ökonomische Effizienz (z. B. die Fließbandtechnik des «Fordismus») aber bewundert. Die offiziöse Publizistik im NS-Staat lehnte die amerikanische Kultur als «zivilisatorischen Gegenpol zur abendländischen Kultur» zwar ab[4], doch war das kein Anlass für propagandistischen Alarmismus: «Gerade weil die Nationalsozialisten ihrem Selbstverständnis zufolge die ‹Auswüchse der liberalistischen Epoche› überwunden hatten, schien die Gefahr des kulturellen Amerikanismus in Deutschland gebannt»[5], das Bedrohungspotenzial war somit stark gemindert. Während in den 1920er-Jahren die Furcht vor Überfremdung und die anti-amerikanischen Töne wesentlich schriller waren, konstituierte sich mit der Stabilisierung der nationalsozialistischen Herrschaft in den 1930er-Jahren die deutsche Kultur als alleinige Orientierungsinstanz, doch ließ gerade diese gefestigte Position Seitenblicke zu.

2 Ebd., S. 115.

3 Hans Dieter Schäfer: *Das gespaltene Bewusstsein*, München/Wien 1981, S. 132.

4 Philipp Gassert: *Amerika im Dritten Reich*, Stuttgart 1997, S. 149.

5 Ebd., S. 232.

Die wohlwollende oder gar tolerante Haltung war mit Kriegsbeginn nahezu schlagartig beendet. Das kulturelle Prestige Amerikas wurde nun als prekärer Faktor definiert. Der Anti-Amerikanismus nahm neben dem Antibolschewismus eine propagandistische Spitzenposition ein, mit dem Ziel, den amerikanischen Mythos zu unterminieren und die Kulturlosigkeit dieser Zivilisation herauszustellen.[6]

Für die Präsenz des Hollywood-Films im «Dritten Reich» hatte dieser Paradigmenwechsel drastische Folgen: Ab 1939 ging die Einfuhr von US-Produktionen merklich zurück, von 1941 an war überhaupt kein amerikanischer Film mehr im Kino zu sehen.

Ob und wie sich der offizielle anti-amerikanistische Diskurs mit der Einstellung der Bevölkerung zu Amerika während des Krieges deckte, ist eine andere Frage. Zweifellos schürten die Bombenangriffe den Hass auf Briten und Amerikaner, doch je schneller Deutschland auf die Katastrophe zusteuerte, umso mehr wurden die USA wieder zum Hoffnungsträger: «Dies lag weniger an einer besonderen Aufgeschlossenheit gegenüber den Amerikanern, als an der Furcht vor den Sowjets.»[7] Bei Kriegsende den Amerikanern und nicht den Russen in die Hände zu fallen, schien bessere Überlebenschancen zu bieten. Diese Überlebensgarantie war 1945 der entscheidende Parameter in der Einstellung zur USA, nicht die ideologisch motivierte Kulturkritik.

Die amerikanischen Soldaten stießen deshalb zumeist nicht auf eine feindselige Bevölkerung, sondern auf eine, die, da die alte versagt hatte, nach einer neuen Autorität verlangte, die Sicherheit, Ordnung und Versorgung garantieren sollte.[8] Aber auch im menschlichen Bereich war man bereit, die Gemeinsamkeiten ans Licht zu heben.[9]

6 Ebd., S. 233.

7 Ebd., S, 367.

8 Harold Hurwitz: *Die politische Kultur der Bevölkerung und der Neubeginn konservativer Politik. Demokratie und Antikommunismus in Berlin nach 1945*, Bd. 1, Köln 1983, S. 95.

9 Dazu die Tagebuchnotiz einer 19-Jährigen vom 28.4.1945: «Wir haben jetzt manchmal Besuch von amerikanischen Soldaten, die sehr nett und höflich sind und dankbar für ein paar gemeinsame Stunden. Man sieht in ihnen so gar nicht die Feinde, weil sie uns Deutschen in vielem so schrecklich ähnlich sind.» (Zit. n. Alexander v. Plato / Almut Leh: *Ein unglaublicher Frühling*, Bonn 2011, S. 298)
Seltsamerweise galt dies auch umgekehrt: «Wie sehr die ursprüngliche, nicht übertünchte deutsche Art, zu leben und zu arbeiten, den amerikanischen Frontsoldaten zusagte, ergaben laufende Befragungen der in die Vereinigten Staaten zur Entlassung gelangenden Heimkehrer aus Europa. Es zeigt sich zur allgemeinen Überraschung, dass die Heimkehrer in ihrer überwiegenden Mehrheit die deutsche Art der englischen, französischen und italienischen vorzogen. ‹They are next to us› – ‹Sie stehen uns am nächsten› war eine der geläufigsten Antworten, die die Examinatoren zu lesen bekamen.» (Klaus-Jörg Ruhl: *Die Besatzer und die Deutschen. Amerikanische Zone 1945–1948*, Düsseldorf 1980, S. 97)
Ein solcher Befund bedarf freilich der Differenzierung. US-Soldaten, die ein deutsches KZ befreit hatten und dort unvorbereitet auf Tausende von Menschen trafen, die in einem himmelschreienden Zustand waren, kam ein «They are next to us» wohl kaum über die Lippen.

Die Erwartungen an die «neuen Herren» waren also hoch, auch auf kulturellem Gebiet. Nach mehrjähriger erzwungener Abstinenz von englischsprachiger Kultur war die Neugier auf das Vorenthaltene groß.

Hollywood unter Ruinen

Die auf den Film gerichteten Erwartungen wurden zunächst nur mit einer Produktion voll und ganz erfüllt: Die Wiederaufführung von Chaplins GOLD RUSH (in einer 1942 von Chaplin selbst besorgten Tonfassung) führte 1945/46 zu einem Massenansturm auf die Kinos. Dass ausgerechnet Hungern und Frieren hier eine subtile Komik stimulierte, passte zum Zeithintergrund. Doch das Filmprogramm *Illustrierte Film-Bühne* las in ihrer vierten Nummer noch eine andere adressatenspezifische Botschaft heraus:

> Charlies Verkörperung eines vom Unglück verfolgten Menschen, seine Liebe zum Leben, seine Liebe zur Gerechtigkeit, sein ewig freundliches Dulden, macht ihn zum Symbol des einfachen Menschen, der gegen die Tücken des Lebens und der Menschen kämpft und der siegen wird, wenn er sich selbst und den Gesetzen seines guten Herzens treu bleibt.[10]

Die verfolgte Unschuld, das Dulden und Kämpfen gegen erlittene Unbill scheinen ihn vor allem zum Symbol für die geistige Verfasstheit der Nachkriegsdeutschen zu machen. Von einer generellen Chaplin-Renaissance kann gleichwohl keine Rede sein. Der aktuellere Film THE GREAT DICTATOR (1940) blieb den Kinogängern vorenthalten (deutsche Erstaufführung: 1958). Die Lachstürme, die der GOLDRAUSCH hervorrief, wären hier ausgeblieben, denn die Hitlerei als Farce vorzuführen, dazu war es noch zu früh.[11] Jenen Popanz, dem das Publikum zwölf Jahre nachgelaufen war, derart in seiner Lächerlichkeit entzaubert zu sehen, hätte den Eindruck erweckt, sie selbst seien das Objekt der Komik (spätestens bei der «Shtonk»-Rede wären alle wutentbrannt aus dem Saal gestürmt). Man wollte als Nazi- und Kriegsopfer bemitleidet werden, aber nicht über sich selber lachen. Doch auch aus Reeducation-Sicht war der Film ungeeignet, weil er ein zu harm-

10 *IFB*, 4, 1946.

11 «(Der Film) mag glänzend sein für die Länder, die alles nur aus der Ferne miterlebten, die ihn wie einen Kriminalroman am gemütlichen Kamin sehen, aber für uns, die wir selbst in diesem Hexensabbat mittanzen mussten, die wir die ungeheure Gefährlichkeit kannten, für die Hitler und Konsorten keine unzurechnungsfähige Irren, sondern Maschinen der eiskalten Berechnung waren, für uns kann dieser Film keine Reinigung aus stickiger Luft bedeuten, wir können einfach nicht darüber lachen, wenigstens jetzt noch nicht.» (Leserin, in: *Der Ruf*, 13, 1947)

loses Bild vom Faschismus zeichnet. Das gilt ebenso für Lubitschs To Be or Not To Be (1942, deutsche Erstaufführung: 1960).

Das Chaplin-Beispiel macht augenfällig, in welch völlig anderem Kontext Film und Kino während der Besatzungszeit standen. Die Sieger bestimmten jetzt die Filmpolitik und entschieden, was die Besiegten zu sehen bekommen sollten. Die Nazis hatten den Film nicht nur als Propagandamedium, sondern vor allem als Unterhaltungsseditativ privilegiert. Diesen exponierten Status hatte der Film auch bei den Siegermächten, denn seit den 1930er-Jahren, erst recht seit dem Zweiten Weltkrieg dominierte der Film nahezu weltweit, nicht nur wegen seiner Ablenkungs- und Unterhaltungsfunktion. Den Bewegtbildern wurde auch eine besondere Wirkmächtigkeit unterstellt. Mit Film könne man Verhalten, Werthaltungen, Einstellungen beeinflussen und ändern, auf jeden Fall aber kollektive Gefühle hervorrufen. Da er an die breite Masse adressiert war, war er das Erfolg versprechende Vehikel für die Reeducation-Zwecke der West-Alliierten, d. h. Demokratisierung, Propagierung der westlichen Werte, Abbau der alten Feindbilder, Vertrautmachen mit Kultur und Gesellschaft der neuen Herrscher und nicht zuletzt – durch Dokumentationen – Konfrontation mit den NS-Verbrechen, wovon man sich einen heilsamen Schock erhoffte oder gar ein Schuldbekenntnis (siehe Kapitel 1).

Die amerikanische Zone profilierte sich mit einem besonderen Umerziehungseifer, der sich auch auf das Personal der Filmbranche erstreckte. Vor der Wiederverwendung stand ein ideologischer Check-up, der sich zur Tribunalisierung in Gestalt von «Spruchkammern» ausweitete. Der Glaube, die Deutschen mit bürokratischen und juristischen Maßnahmen wieder zu demokratiekompatiblen Menschen zu machen, war insofern naiv, als er die tiefgehende ideologische Infiltrierung der Bevölkerung unterschätzte. Allein die im Volksmund kursierenden Begriffe wie «Fragebogen», «Persilschein», «Braunschweiger» und vor allem das Unwort «Entnazifizierung» verliehen dem bitter ernst Gemeinten kabarettistische Konturen (wobei nicht auszuschließen ist, dass in Einzelfällen die individuelle Konfrontation mit der eigenen Vergangenheit zu kritischer Selbstbefragung führte).

Das Unterhaltungsangebot im Kino mit pädagogischen Intentionen zu befrachten, errichtet Rezeptionshürden. Nach Belehrung und Erziehung war dem aus den Ruinen in den halbwegs hergerichteten Vorführsaal strömenden Publikum nicht zumute. Das Postulat einer Demokratisierung durch Film lässt sich nicht mit Lehrfilmen über Demokratie umsetzen, sondern mit fiktionalen Narrationen, die ein demokratisches Weltbild aufblenden.[12] Um Einstellungs- und Ver-

12 «Hollywood Films were brought to Germany not because they conveyed some particular idea about democracy, but because Germans could study them as artifacts of a free-market, putitavely democratic worldview.» (Jennifer Fay: *Theaters of Occupation*, Minneapolis 2008, S. xx)

haltensänderungen zu erreichen, ist ein umsichtiges Vorgehen effektvoller als der Gebots- und Verbotshammer. Schließlich ging es nicht um Äußerlichkeiten, sondern um Transformationen, die den persönlichen Habitus tangierten.

Die Alliierten reagierten pragmatisch. Sie erkannten schnell, dass die Spielfilme im Hauptprogramm, die Komödien, Krimis, Historienfilme und Literaturverfilmungen auch ohne explizite Appelle und Botschaften für die konkrete Nachkriegssituation funktionalisierbar waren. Indem sie beim Publikum positive Emotionen freisetzten, stimulierten sie eine wohlwollende Stimmung zugunsten der Nationen, die ihnen dieses Vergnügen bereiteten. Denn es speiste sich ja aus Einblicken in die Kultur und das Alltagsleben des ehemaligen Feindes. Wenn man sich darin einfühlen oder darüber lachen konnte, mussten die Gemeinsamkeiten größer sein als die Differenzen. Die gute Stimmung, die die Unterhaltungsfilme der Besatzer verbreiteten, das positive Erlebnis, das sie vermittelten, lenkten die Sympathien in ihre Richtung. Dieser Effekt war – zumindest in der Anfangsphase – insofern von Bedeutung, als die Sieger nicht wussten, wie die Besiegten auf ihr Filmangebot reagieren würden. Akzeptieren sie es oder schlagen sie es hoffärtig in den Wind? Das Konzept der Sympathielenkung musste erst den Praxistest bestehen.

Das Niveau des Spielfilm-Repertoires war eher niedrig: SEVEN SWEETHEARTS, IT STARTED WITH EVE, MADAME CURIE, THE ADVENTURES OF MARK TWAIN. Doch ermöglichten «gerade die belanglosen Filme eine unkomplizierte Begegnung mit der Kultur der Anderen, niedrigschwellig und auf einer intuitiven Ebene: gefühlsmäßig und spontan», was einen «egalisierenden Effekt» zur Folge hatte: «Im Kino stellte sich im Trivialen Gleichheit her, Besatzer und Besetzte begegneten sich auf Augenhöhe.»[13]

Selbst dieser unverfängliche Erstkontakt ohne Hintergedanken bedurfte 1945 noch einer Rezeptionsanleitung, um den Argwohn, tendenziöse Filmkost serviert zu bekommen, zu zerstreuen:

> Das ist wohl der markanteste Unterschied zwischen den Filmen deutscher Produktion des vergangenen Jahrzehnts und den ton- und bildbewegten amerikanischen Streifen, die nun in unseren Lichtspielhäusern laufen: Dass nicht Tendenz der Hauptzweck, sondern entspannende Unterhaltung Sinn des Films ist. So muss man sich erst daran gewöhnen, dass diese Filme nicht fordern, sondern geben wollen. Und wenn man die ersten viertel Stunden zwischen Befremdung und Interesse geschwankt hat, fängt die Sache an, Spaß zu machen und schließlich findet man, dass der Besuch solcher Filme gleichsam ein Ausflug in das Märchen ist.[14]

13 Ina Merkel: *Kapitulation im Kino. Zur Kultur der Besatzung im Jahr 1945*, Berlin 2016, S. 285.

14 *Marburger Presse*, 30.10.1945, zit. n. Benno Hafeneger / Wolfram Schäfer (Hg.): *Marburg in den Nachkriegsjahren*, Marburg 1998, S. 361.

Völlig ungetrübt war das Einvernehmen ohnehin nicht, denn anspruchslos darf man sich das Publikum nicht vorstellen. Die Deutschen waren, zumindest in den Städten, erfahrene Kinogänger und an gehobene UFA-Tradition gewohnt, auch die eben angesprochenen Tendenzfilme waren aufwendig und mit Schauwerten inszeniert. Von Hollywood hatte man schon etwas mehr erwartet. Da sich das Niveau in den 1940er-Jahren nicht wesentlich verbesserte, wurde auch Kritik laut. Die Gleichförmigkeit der Handlungen, die Gefühlsindustrie, die Märchenhaftigkeit und Unwahrscheinlichkeit gerieten ins Visier. Der deutsche Kulturdünkel war 1945 keineswegs verschwunden, im Gegenteil: Er kompensierte die Niederlage.[15] Mit Kitsch ließ sich zwar die Gegenwartstristesse sublimieren, doch die mangelnde Referenz zur Not-und-Elend-Realität außerhalb des Kinos wurde negativ registriert. Der zuweilen exponierte Luxus in den Hollywood-Produkten kollidierte mit dem kargen Alltag der Zuschauer und provozierte entsprechende Affektreaktionen. Billy Wilders THE LOST WEEKEND war einer der wenigen Filme erster Kategorie, jedoch wies er keinerlei Übereinstimmungen mit dem deutschen Nachkriegsalltag auf:

> Dass das Publikum gerade in die erregendsten Szenen hinein lachte, kann nur als Beweis dafür gelten, dass diese von der Paramount servierte Kost dem deutschen Kinobesucher solange nichts wird bedeuten können, als seine Lebensbedingungen mit denen auf der Leinwand in so krassem Widerspruch stehen.[16]

Der Hollywood-Film war mit seinem Unterhaltungsanspruch attraktiv, löste aber Renitenz aus, wenn die Diskrepanz zwischen den verhandelten Problemen auf der Leinwand und den eigenen existenziellen Erfahrungen zu augenfällig war. Ein neues Weltbild auf der Leinwand aufzublenden ist das eine, es auf fest eingeschriebene Mentalitätsstrukturen und fortdauernde negative Stereotypen prallen zu lassen, ist das andere. Selbst ein Film wie THE BEST YEARS OF OUR LIVES, in dem es um die Integration von Kriegsheimkehrern geht, ließ sich nicht mit dem deutschen Erwartungshorizont harmonisieren:

> Es bleibt zuviel fremde Lebenssubstanz, die mit unserer Problematik keine Verbindung einzugehen vermag. Der ganze Film läuft nicht nur an unseren

15 Wenn amerikanische Kultur sich anmaßte, Gleichwertigkeit mit der deutschen zu behaupten, war die Provokation perfekt. Das George-Gershwin-Biopic RHAPSODY IN BLUE nahm den Deutschen den letzten Strohhalm im Untergang, die kulturelle Überlegenheit: «Beethoven und Schubert in einem Atem mit Gershwin zu nennen ist mehr als eine Geschmacklosigkeit; das ist eine Unverschämtheit. Das Premierenpublikum verließ teilweise vor Schluss lärmend den Saal. Jazz mit Seelenschmalz und falschem Lorbeerkranz ist wirklich zu viel. [...] Warum schickt uns Hollywood nur Filme in dritter oder, wie RHAPSODIE IN BLAU sechster Qualität?» (Harry Wilde, in: *Echo der Woche*, 10.4.1948)

16 *Berliner Palette, 19, 1948.*

> Augen glatt vorüber. Schau aus einer anderen, einer fremden Welt. In Europas verwüsteten Fluren bescheint die Sonne nicht so sehr Sieger als einfach Überlebende und es beschleicht uns weniger Neid als fast ein wenig Stolz dabei, dass unser Verzeichnis der wirklich lebenswichtigen Dinge so klein geworden ist.[17]

Die deutschen Soldaten kehrten als gedemütigte Besiegte vom Horror der Schlachtfelder in eine zerstörte Heimat zurück, in eine aus allen Fugen geratene Gesellschaft, in der jeder ums nackte Überleben kämpfte. Die amerikanischen Soldaten bei William Wyler kommen als stolze Sieger heim – wenn auch psychisch und physisch lädiert – in eine intakte Heimat, in der alles beim Alten geblieben ist, die vom Krieg nichts weiß. In diese heile, «normale» Welt müssen sie sich wieder integrieren – ein zur deutschen Situation diametral entgegengesetztes Konfliktmodell, dessen Lösung folglich nicht zur Identifikation einlud. Gerade die ähnliche Thematik (Kriegsheimkehrer) zeigt die Diskrepanzen auf.

Der amerikanische Unterhaltungsfilm – auch der sozialkritische – war produziert für eine Gesellschaft in Frieden, Freiheit und Wohlstand, in der das Leben in geregelten Bahnen verlief. Diese Filme prallten in Deutschland auf ein Publikum, das eine epochale Erschütterung erlebte und dem fast alle Seinsgewissheiten abhandengekommen waren, man langweilte sich im Kino zwar nicht, denn auch der unverstandene Film hatte seine Gebrauchs- und Schauwerte, seine Stars. Aber es schlich sich doch ein Unbehagen ein, weil den Adressaten bewusst wurde, dass der Film nicht für sie gedreht worden war.

Drei Jahre Erfahrung mit amerikanischen Filmen hatten die geweckten Erwartungen gründlich unterlaufen und allenthalben notierte man negative Bilanzen dieser ersten Phase des transatlantischen Filmkontakts. Die registrierte künstlerische Sterilität disqualifizierte die US-Produktion als Modell für die eigene, vor allem wegen ihres Schematismus und ihrer Klischees. Trotz der Stars fehle es an der «unerlässlichen künstlerischen Befruchtung», das Nachkriegs-Europa sei mit «seichter Dutzendware» und «Tingel-Tangel-Themen» nicht mehr zu beeindrucken. Die amerikanischen Streifen ziehen beim europäischen (also nicht nur deutschen) Filmtheaterpublikum «unerlebt an dem Beschauer vorüber, ohne ihm irgendetwas gesagt zu haben», weil sie «von ganz anderen Menschen mit ganz anderen Ansichten und Gepflogenheiten gedreht wurden.»[18] Produk-

17 W. Lg., *Berliner Zeitung*, zit. n. *Theaterdienst*, 29, 1947. Andere Rezipienten hingegen hatten die Reeducation-Dosis geschluckt: «Hier im Alltag des Heimkehrers zeigt es sich, dass Demokratie nicht propagiert, sondern gelebt werden muss, und dass in ihr alle Menschen nicht nur gleich frei sind, sondern auch den gleichen Wert zu beanspruchen haben.» (A. P. Eismann, in: *Die Welt*, 5.6.1948) Bei solch gegensätzlichen Kritiken ist die unterschiedliche Rezeptionssituation im beginnenden Kalten Krieg zu berücksichtigen: Die *Berliner Zeitung* erschien im Osten, *Die Welt* im Westen.

18 H. B.: «Das Erwachen des europäischen Films», in: *Film-Echo*, 3, 1948.

tions- und Rezeptionsideologie fielen also disparat auseinander, und diese Diskrepanz verhinderte eine erfolgreiche Decodierungsarbeit seitens des deutschen Publikums.

Die Neue Welt in der Alten

Die professionellen Beobachter der Kulturszene registrierten die Dissonanzen und Disharmonien, die sich bei der Lektüre ausländischer Filme einschlichen. Diese prekären Elemente der Rezeption resultierten aus einem veränderten Kinoerlebnis im Vergleich zur Vorkriegszeit. Das Publikum war skeptischer geworden. Die Begegnung mit den Traumbildern und Illusionen auf der Leinwand ist nicht mehr so unbefangen und enthusiastisch wie ehedem. Das Tragische einer Spielhandlung gerät schnell ins Lächerliche, wenn man selbst in wenigen Jahren reale Tragödien im Überfluss erlebt hat. Das Komische in den Lustspielen erscheint nun als «dumm, laff und etwas langweilig.» So hieß es im ersten Jahrgang der demokratisch-christlichen Zeitschrift *Frankfurter Hefte*, verbunden mit einer Warnung vor den Wirkungen des amerikanischen Gesellschaftsfilms, weil dieser kontraproduktive Einstellungen befördern könnte:

> Die Wirkungen ausländischer Gesellschaftsfilme auf das deutsche Publikum von heute sind zweischneidig und etwas gefährlich. Der prunkende Luxus, der dort aus allen Wänden und Gewändern quillt, treibt die Armut und Hoffnungslosigkeit ins Bewusstsein; die märchenhafte Eleganz fremder Filmschauspielerinnen und die in Großaufnahme sichtbaren Zigarren der Schauspieler lösen naturgemäß hämisches Verwundern aus und erinnern bitter an die eigene Not. Diese Sichtbarkeiten führen zu Vergleichen, die nicht ins eigene Gewissen zurückführen, sondern sich zu Radikalismen anstauen oder jene Moralismen auslösen, die den Schwarzen Markt ethisch fundieren.[19]

Ein Aufsatz im nächsten Heft dieser Zeitschrift drehte den Spieß um und verortete die Rezeptionsprobleme im mangelnden Einfühlungsvermögen des Publikums, dem ein «kleinbürgerlicher, unlebendiger Traditionalismus» zugrunde liegt, weshalb die Leute einen «Marika-Rökk-Kitsch» einem fremden Film vorziehen. Die letzten zwölf Jahre hätten das Publikum offenbar «apathisch» gemacht, sodass es nicht mehr fähig sei, sich durch den Anblick von Fremdem anregen zu lassen. Der Autor notiert die Unterschiede zwischen amerikanischem und deutschem Film, will diese Divergenzen aber nicht als Hürden oder gar Gefahr verstanden wissen, sondern fordert zur Aneignung auf:

19 Hermann Kadow: «Kino von innen und außen», in: *Frankfurter Hefte*, 1, 1946, H. 5, S. 6–8; 7.

> Die eigentlich menschlichen Fragen nach Glück und Unglück, Schuld und Sühne, Zeit und Ewigkeit stehen viel mehr im Vordergrund des amerikanischen Films als etwa des deutschen und nicht nur des deutschen Films der letzten zwölf Jahre. [...] Im engen Zusammenhang mit diesem Realismus, der den Menschen als leibliches und seelisches Wesen zugleich mit ungeheuren Möglichkeiten und in engen Grenzen sieht, steht Reichtum an Phantasie. (Und das ist betrüblicherweise gerade der Vorzug, der sehr viele Kinobesucher zu dem platten Urteil «So ein närrischer Schmarren» verführt. Das deutsche Publikum ist es nicht gewöhnt, mit absichtsvoller Selbstverständlichkeit vor «Unmögliches» gestellt zu werden; es ist nicht gewöhnt, dass die Phantastik einer Filmhandlung seine eigene Phantasie anregen und auf neue, oft schöne Wege bringen will.)[20]

Dann kommt er auf den entscheidenden Punkt zu sprechen, den zentralen Reeducation-Faktor dieser Filme: die demokratischen Strukturen des amerikanischen Alltagslebens, der andere Umgang der Amerikaner miteinander in der Familie (die Selbstständigkeit der Frau, die nicht-autoritäre Erziehung der Kinder) und am Arbeitsplatz (die flachen Hierarchien). Diese Aspekte dürften für die deutschen Adressaten tatsächlich die leicht sperrige Alterität ausgemacht haben:

> Natürlich wird da idealisiert, aber es kommt ja darauf an, dass man überhaupt ein Ideal hat. Jedenfalls tut es gut zu sehen, wie da Vorgesetzte und Untergebene, sozial hochgestellte und einfache Leute, Mann und Frau, Eltern und Kinder (DER JUNGE EDISON) miteinander umgehen, wie da gleichermaßen auf die Würde des Menschen und auf seine Unzulänglichkeit geachtet wird.[21]

Damit ist die Hauptlektion formuliert, die die Sieger mit ihren Filmen in den deutschen Kinos ausgeben wollten: Demokratisierung von unten. Es ist an den Deutschen, die Alltagskultur der «Besatzungsmacht» kennenzulernen: «Es ist unsere Sache, als erste um Verständnis und Kenntnis der anderen uns zu mühen; der amerikanische Film ist ein für sehr viele gangbarer Weg zu diesem Ziel.»[22]

Auf solche implizite Lektionen musste freilich immer wieder explizit hingewiesen werden. Didaktisch instruierte Filmlektüre förderte eher das Missvergnügen und stieß schon deshalb an Grenzen, weil sich der visuelle Diskurs nicht so schlicht auf faktische Aussagen reduzieren und in konkrete Erkenntnisse ausmünzen lässt.

20 Friedrich Horacker: «Amerikanische Filme», ebd., H. 6, S. 92–95; 94.

21 Ebd.

22 Ebd., S. 95.

Die Rezeption von Filmen aus der «heilen» Neuen Welt in der ruinierten, aber sich schnell regenerierenden «Alten» blieb auch in den 1950er-Jahren eine ambivalente Veranstaltung, zumal nun die deutschen Produktionen wieder den Spielplan dominierten, und der US-Film sich in diesem Konkurrenz- und Vergleichskontext situieren musste. Politische Lernziele hatten kommerziellen Interessen zu weichen. Nun schickte Hollywood auch seine Spitzenfilme über den Teich, und das Publikum musste sich nicht mehr mit Thomas Edison und Marie Curie herumschlagen, sondern konnte sich an Scarlett O'Hara und Rhett Butler ergötzen (Januar 1953: deutsche Erstaufführung von VOM WINDE VERWEHT), die wiederum mit Dr. Holl und Sissi konkurrierten.

Der oben zitierte Appell an das Publikum, das Fantastische zu akzeptieren, war erforderlich, weil die deutschen Kinogeher realismusaffin auf eine referenzielle Lektüre eingestellt waren. Der Einbruch des Unwahrscheinlichen und Irrealen wirkte identifikationshemmend. Eine Geschichte wie DR. JEKYLL AND MR. HYDE entsprach folglich nicht dem Geschmackshorizont und löste negative Reaktionen aus: «Verlegenes Kichern» angesichts der fantastischen Bilder auf Spencer Tracys Gesicht, am Schluss des Films: «Flucht zu den Türen. Manche schimpften. Auch mit dem Maßstab der Wissenschaft wollte einer dem Film zu Leibe. ‹Unverständlich›.» Und auch hier die Verwunderung des Kritikers: «Fehlt dem deutschen Kinogänger von heute das Einfühlungsvermögen in eine fantastische, hintergründige, symbolische Welt?»[23]

Das defizitäre «Einfühlungsvermögen» in Filmhandlungen, die gegen Kausalität und Logik verstoßen und mit der Wirklichkeitserfahrung der Rezipienten nicht verträglich sind, lässt sich auf die Lebenssituation der unmittelbaren Nachkriegszeit zurückführen: ein entzaubertes Dasein, fokussiert auf das nackte Überleben, zurückgeworfen auf das Materielle und Realien wie Nahrung, Wohnung und Kohlen. Die Folge war eine Programmierung auf sachliche Nüchternheit und eine Intoleranz gegenüber der «Außerkraftsetzung geltender mimetischer Parameter».[24] In der späteren Prosperitätsphase des «Wirtschaftswunders» schwächte sich diese Intoleranz wieder ab.

Bestätigt wird das Fantasie-Defizit durch den umgekehrten Fall. Wenn in einem Genre, das sich durch unrealistische Abenteuer definiert, unerwartet der Realismus einbricht, war die Reaktion ebenfalls ablehnend, weil die Erwartungen brüskiert wurden, wie etwa im Western HIGH NOON: «Wenn aus der Kolportage, aus dem märchenhaften Abenteuergenre der Wildwestfilm ein durchaus realistischer Streifen wird, stürzen die Himmel mancher Kinogänger zusammen, wird Verwirrung ausgelöst, ironisches Lachen war hier befremdende Reaktion.»[25]

23 Roger, in: *Berliner Filmblätter*, 11, 1949.

24 Renate Lachmann, *Erzählte Phantastik*, Frankfurt a. M. 2002, S. 42.

25 S-F, in: *Die Neue Zeit*, 16.1.1953.

Vollends entgleiste die Rezeption bei Filmen, die es wagten, die Fiktionsebene zu durchbrechen, um mit der Demontage der Illusionsstiftung einen Verfremdungseffekt herzustellen. Die Thornton-Wilder-Verfilmung OUR TOWN war ein solcher Tabubruch, dass mancherorts die Leinwand attackiert und der Kassenraum demoliert wurde.[26] Herausgerissen aus der «Transportation», dem Versunkensein in die Narration, und aus der «Imagery», der Bilderwelt (z.B. durch demonstrativ ausgestellte Kulissen), reagiert der Rezipient mit aggressiver Abwehr.

Ist das Aufblenden einer anderen Alltags- und Familiensoziologie jedoch schlüssig in die Narration integriert, bleibt beim Rezipienten die Transportation stabil und hält auch kleineren Irritationen stand. Vor allem wenn die Familienkonstellationen Herz und Gemüt ansprachen, ließ sich ein Anschluss an die deutsche Produktion herstellen und das sonst vorherrschende Fremdheitsgefühl war überwunden. OUR VERY OWN z.B. war aus dieser Perspektive ein (Coming-of-age-)Film, in dem «Hollywood sein Herz entdeckt zu haben scheint. Seiner Mentalität nach hätte er in Deutschland entstanden sein können.»[27] Noch drastischer fiel der Kontrast zum sonstigen US-Familienbild bei CHEAPER BY THE DOZEN aus dem gleichen Jahr aus. Hier war «einmal etwas Sauberes über Ehe, Familie und Kinder zu sehen, nach so viel Leichtfertigkeit und Schmutz.»[28]

Ob sich trotz der Mentalitätsdivergenzen Effekte im Sinne der Demokratisierung und Reeducation beim Adressaten zeigten, bleibt strittig. Im Nachdenken über das Gesehene oder in der Anschlusskommunikation konnten entsprechende Reflexionen durchaus stattfinden. Zustimmung oder Ablehnung ist dabei sekundär, entscheidend ist, dass alternative Gesellschaftsbilder überhaupt registriert wurden.

Impulse der Leidenschaft

Das gilt erst recht für Filme, die aus deutscher Perspektive gesellschaftliche und sittliche Tabus durchbrachen und das konventionelle Soziogramm des Gesellschaftsfilms, wie er in der deutschen Produktion vorherrschte, konterkarierten. Anstoß erregte vor allem die totale Umkehrung der Geschlechterrollen: autonome Frauen, die sich aktiv ins Zentrum stellen, zielstrebig oder gar skrupellos ihre Karriere verfolgen und dabei keinen «Mann an ihrer Seite» haben, sondern von wechselnden Liebhabern flankiert sind. MILDRED PIERCE z.B. löste Angst und Schrecken aus:

26 *Der neue Film*, 2, 1948.

27 Rudolf Krause, in: *Der neue Film*, 16, 1951.

28 Karl Sabel, in: *Der neue Film*, 54, 1951.

> Wir bekommen es nahezu mit der Angst zu tun, wenn es in Amerika als Selbstverständlichkeit gelten sollte, menschliche Konflikte so nüchtern, ja brutal zu lösen wie MILDRED PIERCE es vorführt. Was den US-Bürgern alltäglich sein mag, bleibt dem deutschen Publikum unverständlich. Es weiß weder, wo es weinen, noch wo es lachen soll. Am besten gefällt ihm eine Negerin mit dem klingenden Namen Butterfly McQueen! Bei ihr spürt es Herz, ihre hohe Fistelstimme ahmt es sofort getreulich nach. MILDRED PIERCE aber, von Kopf bis Fuß intellektuell, geht am deutschen Publikum vorbei.[29]

Antipathien und Sympathien sind hier durch die Oppositionen Kälte vs. Wärme und Intellekt vs. Herz geregelt. Die vom deutschen Titel SOLANGE EIN HERZ SCHLÄGT fälschlich suggerierte Sentimentalität ist an eine winzige Nebenrolle delegiert: eine Klischeefigur in der für Schwarze vorgesehenen Funktion als Domestiken bzw. komische Person.

1950 waren in den deutschen Kinos eine Fülle angsteinflößender Frauen zu verkraften. Sie mussten nicht unbedingt Verbrechen begehen, es genügte, wenn sie das Heft selbst in die Hand nahmen und selbstbewusst bis dominant auftraten: DOUBLE INDEMNITY (der deutsche Titel FRAU OHNE GEWISSEN liefert die Rezeptionsanweisung), THE LADY FROM SHANGHAI,[30] THE ACCUSED (eine Frau tötet aus Notwehr ihren Vergewaltiger) und I WAS A MALE WAR BRIDE, letzteres eine beißende Satire auf Patriarchentum und Männchengehabe, hierzulande aber als zynischer Kommentar zum Geschlechterkampf zurückgewiesen:

> [Der Film] stößt aber ab durch die beispiellose Direktheit und den Mangel an Achtung unter den Geschlechtern. Eine Liebe wie in einer elektrischen Schaltanlage gehört nicht auf eine deutsche Leinwand. Wir haben vielmehr nötig, in der Steigerung der eigenen und der Anerkennung fremder Werte gefördert zu werden. Die MÄNNLICHE KRIEGSBRAUT reicht mit hartem Lachen ein Stück des erotischen Amerikanismus, den wir so genau nie kennen lernen wollten.[31]

29 hesto, in: *Illustrierte Filmwoche*, 24, 1950.

30 «Bei der Premiere gab es Beifall, als Orson Welles in Großaufnahme erklärte: ‹Ich bin ein Vollidiot!› Das war vom Publikum natürlich nicht nett und ungerecht, kennzeichnet aber schlagend die Enttäuschung der Zuschauer, die auf Grund des Titels und der Hauptdarsteller etwas Besonderes im guten Sinn erwarteten.» (Hans-Dietrich Weiss, in: *Filmblätter*, 29, 1950)

31 *NZ am Montag*, zit. n. *Theaterdienst*, 15, 1950. Es gab auch positive Rezensionen: «Erstaunlich bleibt die Sicherheit, mit der die Nachkriegsstimmung in Deutschland getroffen wurde. Den Deutschen selbst gelang bisher kein so treffender Nachkriegsfilm wie den Amerikanern. Technisch ist er – einschließlich Fotografie und Musik – sauber und exakt.» (Hans-Dietrich Weiss, in: *Filmblätter*, 15, 1950) Selbst der katholische *Filmdienst* gab Entwarnung: «Trotz des in manchen Punkten etwas heiklen Themas ist der Film, der Freude, Vergnügen und Erholung bietet, moralisch unbedenklich.» (*Filmdienst*, 11, 1950) Er bescheinigte auch der FRAU OHNE GEWIS-

In Verkennung der satirischen Absicht missbilligt der Kritiker das mechanische Ingangsetzen und damit die Versachlichung einer erotischen Beziehung. Die ironisch-nüchterne Betrachtung eines, wenn er der Norm entspricht, emotional gesteuerten Vorgangs lehnt der nach Herz und Wärme trachtende Beobachter ab und identifiziert das Abgelehnte gleichzeitig als amerikanisches Paradigma, das sich vom deutschen schroff absetzt. Eine Abfolge gespielter Sexualwitze führt, wenn der Rezipient sie nicht komisch, sondern ernst nimmt, zur Disqualifikation.

Mittlerweile hatten die Kinogänger aber genügend Alternativen im Spielplan, um den schreckenerregenden Frauen und dubiosen erotischen Konstellationen zu entgehen: Der Kassenschlager des Jahres 1950 war Hans Deppes SCHWARZWALDMÄDEL.

Erotik auf der Leinwand war in den nur vermeintlich prüden 1950er-Jahren zwar nicht verpönt, doch nur innerhalb genauer Normvorstellungen gestattet. Verletzungen dieser Norm führten zu den bekannten Skandalen DIE SÜNDERIN und DAS MÄDCHEN ROSEMARIE und noch 1964 DAS SCHWEIGEN. Die nirgends explizit ausformulierte Norm orientierte sich annähernd an diesen Maximen:

> Zur rechten Behandlung der Erotik gehören Maß und Takt. Und insofern auch moralische Gesinnung, als sie nachweist, dass Impulse der Leidenschaft und geistige Zucht zusammengehören, eine sinnvolle Lebenshaltung zu verbürgen.[32]

Während in den FSK-Grundsätzen diffus von «sittlichem Empfinden» und «entsittlichender Wirkung» die Rede ist, ist hier die Skala um die Kategorien Moral, Zucht und Sinnstiftung erweitert, was den Spielraum für die Akzeptanz von Sexualität und Erotik weiter reduziert. Anlass für entsprechende Missbilligung lieferte zumeist der ausländische Film, vornehmlich französischer, italienischer und schwedischer Herkunft. Dort wirkte oft gerade die erotische Spannung konfliktstiftend.[33] Davon war der deutsche Film meist frei. Selbst die komische Relativierung der Geschlechterrollen durch Crossdressing setzte die Klamotte voraus – Männer in Frauenkleidern: FANFAREN DER LIEBE, CHARLEYS TANTE, Frauen in Männerkleidern: VIKTOR UND VIKTORIA, GUSTAV ADOLFS PAGE, wobei die unterschiedlichen Funktionen zu beachten sind.[34] Der US-Film

SEN eine «anständige äußere Gestaltung», weshalb «der Streifen für reife Erwachsene zu keinen Bedenken Anlass» gibt (ebd.).

32 Theo Fürstenau, in: *Filmforum*, 11, 1957.

33 Vgl. Kniep 2010, S. 158.

34 «Das Crossdressing markiert die Degradierung des Mannes. Die Verkleidung der Frau ermöglicht den sozialen Aufstieg.» (Silke Arnold-de Simine / Christine Mielke: *Charleys Tanten und Astas Enkel. 100 Jahre Crossdressing in der deutschen Filmkomödie*, Trier 2012, S. 167)

ging damit wesentlich souveräner um, weshalb z. B. Some Like It Hot (der auf Fanfaren der Liebe zurückging) bei Teilen des Publikums unter Immoralismusverdacht stand. So wurde die Meinung vertreten, wer ein «einigermaßen gesundes Empfinden» habe, würde sich von «diesem Schund angewidert abwenden». Der Film entlarve sich in seinem Kern «als ein ganz übles, schmieriges Produkt».[35] Zu dieser extremen Position gab es postwendend Widerspruch: «Wer diesen Film sah und sich nicht köstlich darüber amüsierte, hat keinen Sinn für Humor.»[36]

Bei Filmen mit einer erotischen oder sinnlichen Dominante überlagerten diese Aspekte in der Zuschauerwahrnehmung alle anderen, auch die ästhetischen und künstlerischen. Als 1950 der Klassiker Ekstase von Gustav Machaty wiederaufgeführt wurde, war ein teilweise prekäres Rezeptionsverhalten die Folge (es kam zu Tumulten zwischen Empörten und Genießern, die die Polizei auf den Plan riefen), was einen Kritiker zur grimmigen Abrechnung mit dem Publikumsniveau veranlasste.[37]

Zurück zu Hollywood, denn trotz einschlägiger französischer und schwedischer Filme, war es Amerika, dem das Image einer sexuell freizügigen, triebgesteuerten Gesellschaft anhaftete. Zur Beglaubigung war kein Kinobesuch notwendig, das von erotischen Avancen und Libertinage geprägte Verhalten der GIs gegenüber den deutschen «Fräulein» (und umgekehrt) war Anschauungsmaterial genug. Der Kinsey-Report (deutsch 1954/55) lieferte dann die wissenschaftliche Verifizierung, indem er akribisch das Sexualverhalten der Amerikaner ausleuchtete, das eine breite deutsche Leserschaft nun genüsslich studierte.

Das Thema Sexualität war so mit Amerika verbunden, dass der Umgang damit «gleichermaßen Ausdruck der Akzeptanz wie der Abwehr kultureller Einflüsse aus den USA»[38] war. Während die Sittlichkeitsverfechter in den Kategorien «Verfall und Verlust» dachten, war bei Kinsey Sexualität «semantisch neu besetzt», nämlich als «Fortschritt und Aufklärung».[39]

35 Leser, in: *Film-Journal*, 22, 1959.

36 Leserin, in: *Film-Journal*, 24, 1959.

37 «Wer von Ekstase nur Pikanterie und handgreifliche Erotik erwartet, wird nicht auf seine Kosten kommen. Die deutsche Neu-Aufführung im Frankfurter Scala-Theater hat mit ihren Skandal-Szenen, bei denen schließlich das Überfall-Kommando eingreifen musste, gezeigt, dass man dem deutschen Publikum heute leider nicht mehr unvorbereitet mit Kunst kommen kann. Wozu 1935 noch SA abkommandiert werden musste, haben 1950 durch Überfütterung an Reißern in ihrem Geschmack verdorbene Halbwüchsige und eine filmunverständige Presse schon von alleine besorgt. Im normalen Tagesprogramm wird der Film wohl nur in Großstädten und auch hier nur nach entsprechender Publikums-Vorbereitung gezeigt werden können.» (Ulrich Seelmann-Eggebert, in: *Der neue Film*, 45, 1950)

38 Sybille Steinbacher: *Wie der Sex nach Deutschland kam*, München 2011, S. 11.

39 Ebd., S. 354.

Wenn gegenüber Hollywood das Moralbanner geflaggt wurde, war dies nicht zuletzt Demonstration einer vermeintlichen ethischen Überlegenheit, womit sich die Kriegsniederlage wenigstens auf diesem Feld kompensieren ließ.[40]

Dem von interessierten Kreisen und Pressure-Groups (v. a. der katholischen Kirche) lancierten Kampf um Sitte und Moral, Zucht und Ordnung, gegen «Schmutz und Schund» fehlte freilich die positive Resonanz in der Gesellschaft, weil er sich mit längst aufgebrauchten Denkmustern aus der Kaiserzeit selbst diskreditierte. Die Mehrheit dachte und handelte nicht nach solchen Vorgaben. Die Kluft zwischen Theorie und Praxis war zu groß. In der Nachkriegszeit lockerten sich die Sitten. «Die von Krieg, Zusammenbruchsanarchie und Männerversagen erzwungene Unabhängigkeit der Frauen führte zu einem Schub erotischer Aktivitäten»[41], verbunden mit Begleiterscheinungen wie Prostitution, Geschlechtskrankheiten, Abtreibungen, uneheliche Kinder. Der künstlich aufgetürmte Moral-Überbau und das tatsächliche Sexualverhalten waren nicht zu koordinieren. Wenn auch die Sittenwächter immer wieder das Medium Film als Hort der Amoral inkriminierten, war der Einfluss auf die Adressaten gering. Die Faszination der amoralischen Welt war stärker. In jedem Fall aber standen die Zensurversuche in Sachen Erotik in einer eklatanten Disproportion zur faktischen Demoralisierung der Nachkriegsgesellschaft, die der schieren Not der Umstände geschuldet war.[42]

40 Das zeigt sich gut am favorisierten Hassobjekt der konservativen Kritik: Rita Hayworth. Zur LADY VON SHANGHAI hieß es: «Der an Rita Hayworth vergeudete Sex-Kult ist unterernährt, selten wurde weniger in einem Film ‹entblößt›, es sei denn Ritas beklemmende Talentarmut. Sie ist eine der vielen Nullen der neuen Frauengeneration in Hollywood, die nur durch die Macht des make-up und der Hollywood-Hochdrucks-Massage zu Stars emporfabriziert werden.» (Ernst Jäger, in: *Die neue Filmwoche*, 31, 1948)
Eingehender beleuchtet wurde ihre Titelrolle in der Somerset-Maugham-Verfilmung MISS SADIE THOMPSON: «Die Hayworth singt und tanzt allein, einziges Weib, inmitten einer Rotte Soldaten. Sie singt, rittlings auf einem Stuhl sitzend, das himbeerrote Tüllkleid hochgestreift und spargelschlanke Beine zeigend, singt in dieser stöhnenden Manier, die in Tönen Wollust vorgibt und im Text mit Kinderreimen wetteifert. Und sie tanzt, nicht graziös genug, um obszön zu wirken, nur plump ihre beträchtlichen Wölbungen offerierend und mit dem krampfigen Lächeln, das ganz nahe an der Schreckgrimasse sitzt, da es die Folgen solcher Offerte zu bannen versucht. […] Eine merkwürdige psychologische Situation tut sich da, eingehüllt ins Angebot purer Unterhaltung auf: das Weib, als bürgerliche Ehefrau – und daneben der strahlende Simpel, der es blindlings verehrt. Das Nebeneinander solcher Idole lässt mehr von einem erbitterten Machtkampf der Geschlechter ahnen, als es die mit Technicolorbrühe übergossene, mit Bibel, Freud, Adler und Jung agierende infantile Geschichte ahnen lässt, zu der Somerset Maughams Novelle den Vorwand gibt.» (Helene Rahms, in: *FAZ*, 20.9.1954, zit. n. Fischl 2019, S. 178)

41 Jähner 2019, S. 169.

42 «Die öffentliche Moral wird heute von so vielen tiefer greifenden Missständen untergraben, dass es fast absurd erscheint, einigen Szenen erotischer Libertinage im Film überhaupt noch Bedeutung beizumessen. Kinderreiche Familien, in einem Zimmer vegetierend, müssen halbwüchsige Jungen und Mädchen in einem Bett zusammenschlafen lassen. Heimatlose junge

Negative Rezeptionserlebnisse konnten jedoch Filme auslösen, die durch Häufung von Grausamkeiten Furcht und Schrecken hervorriefen, die Katharsis dann aber ausblieb. Als 1948 William Dieterles Victor-Hugo-Verfilmung THE HUNCHBACK OF NOTRE-DAME (1939) in die deutschen Kinos kam, wandte sich das Publikum mit Grausen ab, obwohl – oder vielmehr: weil – es Schaudererregendes in der Realität mehr als genug selbst erlebt hatte. Man sah nicht die stilistischen Referenzen an den deutschen Stummfilm, sondern – vor allem in den Folterszenen – «Orgien masochistischer Komplexe», die eine «grobe Geschmacklosigkeit»[43] ergaben, und «einige Nervenschwache, die den visuellen Zumutungen nicht gewachsen waren»[44], verließen frühzeitig den Saal. «Uns», argumentierte die Kritik, brauche man das Gruseln nicht zu lehren, denn «wir haben es bereits gelernt, wir sind erstklassige Fachleute im Gruseln, man braucht uns nicht mehr zu zeigen, was eine glühende Harke ist.»[45]

Die Rezeption ausländischer Filme im deutschen Kontext setzte peinlich berührende Konnotationen zu Grausamkeiten der jüngsten Vergangenheit frei, die im Herstellungsland nicht intendiert waren. In THE SPIRAL STAIRCASE sah ein Kritiker im Tatmotiv des Verbrechers, der alle unvollkommenen Geschöpfe ausmerzen will, eine «Parallelität zu den Opfern von Hadamar».[46]

Auch in Komödien, die «über Leichen» gingen, drängten sich diese verstörenden Elemente in den Vordergrund. Englische Filme mit britischem «schwarzen» Humor hatten schnell ein prekäres Prestige, doch selbst Chaplin, über dessen GOLD RUSH man sich 1945 köstlich amüsiert hatte, stieß mit MONSIEUR VERDOUX auf Mentalitätsschranken:

> Männer verkommen scharenweise auf dem Schwarzen Markt. Jugendliche, bei Razzien aufgegriffen, werden Wochen und Monate mit Berufsverbrechern zusammengesperrt. Mütter verkuppeln ihre Töchter an Soldaten der Besatzungsmächte, um an den Geschenken partizipieren zu können. Bauern beuten schamlos den Hunger der Städter aus und häufen Aussteuern für die nächsten fünf Generationen ihrer Töchter an, während hunderttausende von Flüchtlingen kaum ein heiles Hemd auf dem Leibe haben – und hier läuft kein Jünglingsverein Sturm, um für einen gerechten Ausgleich Sorge zu tragen. [...] Betrachtet man die Lage realistisch, so muss man erkennen, dass von den sittlichen Geboten des Christentums diejenigen, die der Geschlechterliebe Schranken setzen, im Augenblick die allergeringste Aktualität besitzen. Ein Volk, das seit Jahren Hunger leidet, braucht offensichtlich nicht vom Sinnestaumel zurückgerissen zu werden. [...] Wenn es Menschen gibt, die einen Unterrock als eine Heimsuchung der Phantasie empfinden, so steht es ihnen frei, das Kino zu verlassen. Es steht ihnen aber nicht frei, anderen, die der Unterrock kalt lässt, ihre eigene Anfälligkeit zu unterstellen.» (Erwin Goelz: «Willkürliche Filmzensur», in: *Film-Revue*, 5/6, 1948)

43 Rudolf Mühlfenzl, in: *Der Ruf*, 11, 1948.

44 Dora Fehling, in: *Telegraf*, 4.2.1948.

45 *SZ*, zit. n. *Neue Film-Welt*, 6, 1948.

46 Walter Panofsky, in: *Der neue Film*, 7, 1948. Hadamar war eine der Mordstätten im Rahmen der sogenannten «Euthanasie». Dass 1948 dieser Ortsname stellvertretend für die Tötung von psychisch Kranken schon weit verbreitet war, darf bezweifelt werden.

> In einem Land, wo Kinder von fünf Jahren an im Kino die haarsträubendsten Vorgänge als tägliche Kost genießen, die den Bewohner anderer seelischer und geographischer Breiten das Blut in den Adern gefrieren lässt, ist dieser Film zweifellos keine Sensation. Psychologie und Kriminalistik sind die magischen Flammen, in welchen die rationalistische Denkungsart der Amerikaner wie ein Falter kreist. Dass er sich nicht daran verbrennt, liegt wieder im Wesen des Rationalismus, der sich sein Korrektiv am Ende selber schafft, die Grenzen für Aufnahmefähigkeit und Miterleben selbst erkennt und setzt.
>
> Darum ist dieser Film zu klug, zu spielerisch, zu witzig, um vom Publikum verstanden zu werden. Das liebt noch immer, sich von einem Mord aufregen zu lassen, ohne das Bewusstsein einer Illusion zu verlieren. In diesem Film wird ihm aber jede Illusion genommen.[47]

In dieser (diesmal österreichischen) Kritik sind die neuralgischen Punkte besetzt, die bei der Rezeption amerikanischer Filme die entscheidenden Alteritätserfahrungen markieren. Das US-Publikum verarbeitet das Sensationelle, Reißerische mühelos, weil es (a) daran gewöhnt ist und (b) es in die rationalistische Denkstruktur der Amerikaner eingebettet ist. Der spielerisch-intellektuelle Witz in einem solchen Genre, das hierzulande nur als klassische, illusionäre Krimi-Handlung auf Zustimmung stößt, bleibt vom hiesigen Zuschauer unbegriffen, weil ihm der sachlich-nüchterne Realismus als Verständnisgrundlage fehlt und er stattdessen – so darf wohl ergänzt werden – in romantisch-idealistischen Kategorien befangen ist.

Wenn diese Opposition gilt, erklärt sich damit die Ablehnung von Thriller, Western und Gangsterfilm und die auffällige Präferenz für den harmonizistischen Heimatfilm. Bestätigung erfährt dieser Zusammenhang durch den Misserfolg von Peter Lorres deutschem Nachkriegsfilm Der Verlorene (1951): ein zwanghaft mordender Arzt als Hauptfigur, dessen Taten obendrein ursächlich mit den NS-Verbrechen verknüpft sind und damit die Schuldfrage aufwerfen.

Kino der Kontraste

Die als fremd empfundenen Mentalitätselemente treten vollends zutage durch den oft ironischen Modus des amerikanischen Realismus. Der spielerische Umgang mit der Realität und damit auch mit der rationalistischen Einstellung kollidierte mit der hiesigen Rezeptionsdisposition für widergespiegelte Wirklichkeit – Divergenzen, die ein Mentalitätskenner pointiert formulierte:

47 Franz Hrastnick, in: *Plan*, 5, 1947.

> Während in Deutschland der vergangenen Jahre das Kameraauge starr die Stuckfassade der längst wacklig gewordenen Wirklichkeit anglotzen musste, blinzelt man jenseits des Ozeans mit ironischem Augenzwinkern hinter die Kulissen aller Realität. Die Plattform unseres – vielfach leider immer noch sehr platt geformten – Denkens wird schiefgestellt und die Ratio selbst kommt ins Rutschen.[48]

Dieser Befund unterschiedlicher Realitätsauffassung und -gestaltung musste nicht zwingend zu einer Ablehnung der Hollywood-Produktionen führen. Gerade in der Bereitschaft zu Selbstironie und Selbstkritik der Amerikaner konnte auch eine Qualitätszuschreibung liegen. Die harte, kritische Auseinandersetzung mit der eigenen Gesellschaft und ihren Auswüchsen war der deutschen Kulturproduktion der Nachkriegszeit fremd: in der Literatur allenfalls bei Wolfgang Koeppen und Heinrich Böll nachweisbar, im deutschen Film eine völlige Leerstelle.

Im Kino konnte man aber über die souveräne Eigenkritik der Amerikaner staunen, die auf der «robusten Gesundheit»[49] ihrer Gesellschaft basiert und ihnen erlaubt, «die eigene schmutzige Wäsche vor aller Öffentlichkeit auszubreiten.»[50] Filme, die wegen ihrer Sozialkritik oder des Anpackens heißer Eisen und der Härte in der Darstellung Respekt oder sogar Bewunderung auslösten, waren z.B. A Streetcar Named Desire, The Lost Weekend[51], Ace in the Hole, Lost Boundaries, Executive Suit, Knock on Any Door, Grapes of Wrath, On the Waterfront – und besonders From Here to Eternity:

> Eines muss man den Amerikanern lassen: Sie haben es bis heute nicht verlernt, Filme zu machen, vor denen einem der Atem stockt. Filme, aus denen uns unbarmherzig grell die nackte Wirklichkeit anstarrt, ohne dass wir von ihr auch nur eine Sekunde den Blick abwenden könnten. Hart, wie gehämmert sind die Gesichter. Ungewohnt locker bewegen sich diese Gestalten. Alles wirkt so, als könnte es eben nur so und gar nicht anders sein. Von dieser Art männlich, unerbittlich, zugleich menschlich erregend, ist auch Columbias Spitzenfilm Verdammt in alle Ewigkeit.[52]

48 Ulrich Seelmann-Eggebert: «Der amerikanische Film», in: *Die Quelle*, 2, 1948, S. 79–88; 87.

49 «Die souveräne Eigenkritik, die Zinnemanns Verdammt in alle Ewigkeit auszeichnet, ist noch nie unsere Stärke gewesen. Außerdem sind wir, geschunden, gestoßen und wundgerieben, auch nicht mehr von der robusten Gesundheit der Amerikaner, die durch schwärzeste Schatten hindurch immer ein optimistisches Licht entdecken.» (Kanonikus, in: *Film-Revue*, 10, 1954)

50 *Film-Revue*, 21, 1954. Anlass war hier On the Waterfront.

51 «Das als Traumfabrik verschriene Hollywood ist sogar bereit, hässliche und beklagenswerte Erscheinungen des amerikanischen Lebens ohne entschuldigende Beschönigungen deutlich aufzuzeigen.» (A.P. Eismann, in: *Die Welt*, 13.5.1948)

52 Hannes Schmidt, in: *Filmwoche*, 7, 1954.

Der Vergleich mit der in dieser Hinsicht defizitären deutschen Filmproduktion führte sogar zu der das gängige Klischee umkehrenden Einschätzung, dass «der deutsche Film künstlich, das US-Kino hingegen stilvoll und authentisch»[53] sei.

Nicht nur die Kritiker, auch Teile der Kinogänger widersprachen dem Traumfabrik- und Illusionsmaschinen-Syndrom, indem sie dem Hollywood-Film mehr Wirklichkeits- und Lebensnähe zubilligten als der deutschen Produktion: «Ich bin froh über die amerikanischen Filme. Sie sind lebensnäher als die deutschen, mutiger und konsequenter bei psychologisch interessanten Themen, unbeschwerter, geschmackvoller, dem naiven Schaubedürfnis nachgebender im Unterhaltungsgenre.»[54] Selbst der Western konnte gegenüber dem Heimatfilm punkten, weil dort die «Dialoge wirklichkeitsnäher» sind, und die «scheinbar unwichtigste Randfigur in einem Wildwestfilm lebt.»[55]

Es sind individuelle Varianten der Rezeption, die ein vielfältiges Meinungsbild widerspiegeln und daher keine generalisierende Aussagen über *den* Filmgeschmack zulassen. Wenn es um die Frage der Privilegierung des amerikanischen oder deutschen Films geht, sind obendrein lokale Spezifizierungen erforderlich, die aber ihrerseits nur Momentaufnahmen sind. Zwischen München und Hamburg ist keine einheitliche Interessenlage vorauszusetzen, wie die folgenden Wasserstandsmeldungen belegen:

> Die Abkehr vom amerikanischen Film ist in Bayern allgemein zu beobachten. Besonders in Oberbayern und Schwaben gibt es weite Gebiete, in denen der Verleih nur deutsche oder österreichische Filme unterbringen kann. Auch in Niederbayern, das noch letzten Sommer ausgesprochen wildwestfreudig war, ist in diese Entwicklung eingeschwenkt. Der Wildwestfilm beschränkt sich immer mehr auf Spezialtheater in den wenigen Großstädten.[56]

In Hamburg dagegen:

> Die Erstaufführungs-Einspielergebnisse des amerikanischen übertreffen die des deutschen Films etwa um das Vierfache. Im Lager der Nachspieler sieht es nicht viel anders aus.[57]

Solche Rezeptionsdifferenzen, die letztlich nur den Stand von 1951 wiedergeben, sind mit den gängigen Nord-Süd-Stereotypen vermutlich nicht plausibel zu ma-

53 Fischl 2019, S. 264.
54 Leser, in: *Film-Revue*, 13, 1954.
55 Leser, in: *Film-Revue*, 23, 1953.
56 *Film-Echo*, 14, 1951, S. 296.
57 *Film-Echo*, 15, 1951, S. 326.

chen (Hamburg: weltoffen, Bayern: heimataffin). Aber warum war Niederbayern 1950 wildwestfreudig und 1951 nicht mehr? Der Rezeptionsforschung eröffnen sich immer neue, ungeahnte Felder …

Wer in einen deutschen Film ging, ob in Hamburg oder Landshut, wusste jedenfalls, was ihn erwartete: konfektionierte Unterhaltungsware im ungebrochen tradierten Ufa-Stil, mit auf Identifikation ausgelegten Konflikteröffnungen und -lösungen, die, selbst wenn sie weltfremd waren, mit gleichsinnigem Einverständnis der Zuschauer rechnen konnten. Die Bilderflut aus Hollywood hingegen konfrontierte mit einer Fülle von Kontrasten, einer Kopräsenz des Widersprüchlichen oft in einem einzigen Film, desorientierende Konstellationen, die mit dem deutschen Denkmuster nicht so ohne Weiteres zu ordnen waren und deshalb einen höheren Rezeptionsaufwand erforderten. Das Übersteigerte, Grelle, Schrille, Gewalttätige, Abstoßende, die extremen Charaktere, die zynische Sachlichkeit unterminierten die biederen, begrenzten Welten von Briefträger Müller und Dr. Holl.

Diese evidente Alterität des US-Films führte jedoch nicht zu einer kollektiven Abwehr, denn die Ausweitung der Realitätsbezirke generierte neue Erfahrungshorizonte und Sinnesreize. Selbst in kritisch-distanzierten Positionen schimmert das Faszinosum durch:

> Der amerikanische Film schwankt zwischen den Polen: hier freundlicher Optimismus à la Readers Digest, dort gewaltige Polemik und Rebellion gegen Konformismus oder Puritanismus, hier Schablonen-Situationen, rosaroter Illusionismus und Happyend, dort die im gewissen Sinne genau so unechten Exhibitionismen und Sadismen eines Billy Wilder oder Mankiewicz. Hollywood bietet alles: krasse Wirklichkeit und sentimentaler Traum, exzentrisches Genie und Konfektion, Sadismus und Rührseligkeit, Orson Welles und Cecil B. de Mille. Natürlich, die Wahrheit kommt zu kurz. […] Selbst die Besten, Wyler und Benedek, Kazan und Capra, Cukor und Minnelli, haben oft kein Gefühl für das Normale, für das Schlichte oder Individuelle.[58]

Gerade die Vielfalt der Normverletzungen und Grenzüberschreitungen weist dem amerikanischen Film Qualitäten zu, die der deutsche Film nicht hat, z. B. die Lizenz zur Frivolität, über die sich nur die professionellen Empörer ereiferten, das breite Publikum aber den sinnlichen Stimulans zu schätzen wusste.

58 Heinz Böhmler: «Stichworte zu einer filmischen Genealogie», in: *Film Bild Ton*, 11, 1956, S. 22 f. Eine Alternative sieht der Autor in den französischen Regisseuren Becker und Bresson sowie im italienischen Neorealismus mit seinem Blick für die kleinen Dinge.

Amerikaniserung in Etappen

Grundsätzlich ist Amerikanisierung nicht als einseitiger Transfer in die Zielgesellschaft zu verstehen, sondern setzt die Adaptionsbereitschaft der Rezipienten voraus. Es ist ein «selektiver Prozess der Aneignung und Annahme von Amerikanismen», eine «aktive Auswahl», die mit «Akzeptanz, Adaption, auch Ablehnung» einhergeht[59] und sich mit einheimischen Traditionen vermischt. Die Politik der Westbindung öffnete dem amerikanischen Einfluss die Türen.

Im Kino verlief dieser Vorgang nicht so geradlinig, wie es vielleicht scheinen mag. Das Vorhaben der amerikanischen Filmpolitik, den Deutschen demokratisches Denken beizubringen, bei den nazistisch Sozialisierten einen Mentalitätswandel zu stimulieren, sie wohlwollend auf amerikanische Alltagskultur einzustimmen und damit die NS-Propaganda über die USA zu dementieren, ist nur als längerer und schwieriger Prozess zu begreifen.

Die intendierte Verwestlichung der Besiegten durch die Sieger ließ sich nicht als schlichter Kulturtransfer vom Sender zum Empfänger umsetzen, weil sie mit Werte- und Einstellungsänderungen verbunden war und ihr tief sitzende antiwestliche Vorurteile und Mentalitätsmuster im Weg standen (z. B. die Annahme einer kulturellen Inferiorität Amerikas). Problematisch war auch die unterschiedliche Demokratiegeschichte. Es bedurfte eines «umstrittenen, langfristigen Akkulturationsvorgangs.»[60] Das Kino erwies sich für diesen Prozess dennoch als idealer Ausgangspunkt, denn Filmbilder als Unterhaltungsware können von vornherein mit einer breiten Akzeptanz beim Adressaten rechnen.

Das war in der sowjetischen Besatzungszone nicht anders. Wie man Unterhaltungsfilme als weiche Form der Kulturpropaganda einsetzt, machte zuerst die russische Administration vor, doch waren die Hürden für eine Akzeptanz des *russian way of life* wesentlich höher. Die Zielsetzung war außerdem eine diametral entgegengesetzte: nicht Rückkehr zur bürgerlichen Zivilgesellschaft, sondern Durchsetzung des sozialistischen Experiments und Entbürgerlichung.

Dissonanzen und Widersprüche bei dieser Filmpolitik gab es auf beiden Seiten. Keine der alliierten Mächte war in der Lage, den deutschen Unterhaltungsfilm aus der NS-Zeit vom Spielplan zu nehmen. Naiv als «unpolitisch» eingestuft, standen diese «Reprisen» in angespannter Koexistenz mit den Filmen der Sieger. Selbst in der französischen Zone, die das qualitativ attraktivste Filmangebot hatte, war die Lage nicht anders.[61]

59 Philipp Gassert: «Was meint Amerikanisierung?», in: *Merkur*, 54, 2000, S. 785–796; 794.

60 Jarausch 2004, S. 138.

61 Das zeigt das folgende Stimmungsbild aus dem Rheinland: «Nach wie vor besteht eine Distanz – um nicht zu sagen eine ablehnende Haltung – dem französischen Film gegenüber. Das kleinstädtische Publikum zeigt sich fremden Inhalten sehr wenig aufgeschlossen. [...] Auch unter der Jugend (Backfischen) ist keinerlei Tendenz festzustellen, sich mit den Namen fran-

Wenn politische Positionen die kulturellen Interessen steuern, sind kontroverse Tendenzen die Folge. Die amerikanischen Filme, die der befreite Deutsche zu sehen bekam, waren nicht zur Bekehrung des ehemaligen Feindes gedreht worden, liefen nun aber mit dieser – wenn auch nicht offiziell ausgerufenen – Mission in den notdürftig hergerichteten Kinos. Sie hatten somit eine «transnationale Verschiebung»[62] zu überstehen und eine didaktische Bürde zu tragen.

Die gelieferte Ware gehörte nicht zur ersten Kategorie, die Stoffe passten nicht zur Wirklichkeit außerhalb der Leinwand, waren vom Publikum nicht zu aktualisieren. Es musste genügen, wenn die Adressaten der Reeducation-Lektionen sie überhaupt besuchten. Sie kamen zwar in Scharen, aber meist nicht wegen eines bestimmten Films, sondern weil sie generell in die Kinos strömten, um sich ablenken zu lassen (das ging notfalls auch mit einem sowjetischen Kolchose-Film) oder auch nur, weil dort geheizt war.

Nach dieser holprigen Anfangsphase begann die zweite Etappe des Filmkontakts mit der Währungsreform. Jetzt erst war für Hollywood hier ein Markt vorhanden (vorher durften die Einnahmen nicht nach USA zurückfließen, sondern mussten in Deutschland reinvestiert werden). Nun dominierten die kommerziellen Interessen den politischen Auftrag. Attraktive Ware über den Teich zu schicken, hieß nicht mehr «Perlen vor die Säue werfen», sondern versprach ein Geschäft. Doch gerade der Niveauanstieg unter kommerziellen Gesichtspunkten spülte den American Way of Life in seiner ganzen Fülle, mit seinen Verheißungen, Widersprüchen, anderen Lebensentwürfen und gelegentlichen Schockerlebnissen in die Kinos.

Die deutschen Rezipienten waren nun eher bereit, sich auf die fiktional vermittelten Emotionen aus der Neuen Welt einzulassen und Identifikation herzustellen. Zur Erleichterung dieses Vorgangs rollte ihnen die Synchronisation den Teppich aus, nicht zuletzt, weil diese Instanz die Lizenz hatte, das allzu Verstörende zu camouflieren. Sie war die zentrale Stütze bei der transnationalen Verschiebung (siehe Kapitel 4).

Der filmische Import aus den USA stieß zwar zuweilen weiterhin auf Renitenz, doch je ferner die öden Nachkriegsjahre zurücklagen, desto weniger konnte oder

zösischer Filmkünstler näher vertraut zu machen. [...] Die Kinobesucher sind offenkundig unlustig und reserviert. Dagegen springt die Besucherkurve unverzüglich in Rekordhöhe, wenn ein deutscher Film gezeigt wird, und mag er eine noch so ‹alte Platte› sein. So erzielte DISKRETION – EHRENSACHE aus dem Jahre 1938 in der Schauburg [Neuwied, T.B.] Spitzenbesuch: ständig ausverkauft bei täglich drei Vorstellungen. [...] An den französischen Filmen wird seitens des Publikums immer wieder die zu dunkle Lichtwirkung bemängelt. Dass es sich hierbei in den meisten Fällen nicht um einen Kopienschaden, sondern vielmehr um einen für die französische Filmkunst typischen, mystisch-dunklen Ausleuchtungsstil handelt, wird diesem provinziellen Kinopublikum niemals zu verdeutlichen sein.» (*Der neue Film*, 4, 1948)

62 Merkel 2016, S. 236.

wollte sich die breite Masse der Faszination des Neuen entziehen. Die Westbindung fand nicht nur in der Politik statt, sondern auch im Kino. Wenn damit der politische Kontext, in dem sich die Rezeption der amerikanischen Filme situiert, aufgerufen ist, darf ein weiterer Aspekt nicht verschwiegen werden: Das Unterhaltungsangebot aus den USA enthielt für die Deutschen die äußerst attraktive Offerte, «ihre Vergangenheit ignorieren zu dürfen, sofern sie sich dem Neuen öffneten.»[63] Zugespitzt: Akzeptanz der amerikanischen Mentalität gegen Verdrängung der NS-Verbrechen.

Mit der Aufgeschlossenheit für neue Diskurse waren die alten nicht suspendiert. Das zeigt die unangefochtene, als Regression zu deutende Beliebtheit der deutschen Filmproduktion mit ihrem innovationsresistenten Klassizismus. Im Kino spielte der US-Film weiterhin die zweite Geige.

Phase 3 ist mit dem Durchbruch der ökonomischen, technischen und kulturellen Moderne markiert. Auf all diesen Feldern waren die USA der Alten Welt um Längen voraus und hatten schon immer «Antworten auf die Frage, was mit den neuen Bedingungen, Möglichkeiten und Herausforderungen anzufangen sei.»[64] Aus ehedem konkurrierenden Weltbildern wurde immer mehr ein Gleichlauf.

Der Amerikanisierungsprozess in der zweiten Hälfte der 1950er-Jahre erhielt seine Impulse nicht nur aus dem Kino, sondern auch aus der populären Musik und der sich damit etablierenden Freizeitindustrie. Der Anstoß für diese zweite Welle kam von unten, die Protagonisten dieser entscheidenden, weil die nächsten Jahrzehnte bestimmenden Etappe waren die von Nationalsozialismus und Krieg unbelasteten Jugendlichen, die in der Nachkriegsgesellschaft permanent von einem paternalistischen Misstrauen umstellt waren und für die Amerika nun zur Chiffre für Freiheit und Lebensraum wurde[65] (siehe Kapitel 5).

Späte Begegnung: Hollywood goes to Trabi

Der Abschnitt über die Rezeption des amerikanischen Films in der frühen DDR muss notwendigerweise knapp ausfallen. Bis 1957 lief kein US-Film in den Kinos des Ostens. Vor dem Mauerbau konnten zumindest die Berliner dieses Defizit umgehen. Zusätzlich zum West-Berliner Filmangebot etablierten sich unmittel-

63 Anselm Doering-Manteuffel: «Dimensionen von Amerikanisierung in der deutschen Gesellschaft», in: *Archiv für Sozialgeschichte*, 35, 1995, S. 1–34; 18.

64 Kaspar Maase: «‹Amerikanisierung der Gesellschaft›. Nationalisierende Deutung von Globalisierungsprozessen», in: Konrad Jarausch, Hannes Siegrist (Hg.): *Amerikanisierung und Sowjetisierung in Deutschland 1945–1970*, Frankfurt a. M. / New York 1997, S. 219–241; 236.

65 Vgl. Axel Schildt: «Zur so genannten Amerikanisierung der frühen Bundesrepublik – einige Differenzierungen», in: Lars Koch (Hg.): *Modernisierung als Amerikanisierung?*, Bielefeld 2006, S. 23–44.

bar hinter der Sektorengrenze sogenannte «Grenzkinos», die in Sondervorstellungen für die Ostberliner bei verbilligtem Eintritt vorwiegend amerikanische B-Filme zeigten (Western, Gangster-, Abenteuerfilme).

Welche Filme in den Kinos der DDR zu sehen waren, richtete sich nicht nach Gewinn- und Verlustkalkulationen der Verleiher – es gab überhaupt nur einen Verleih, den «Progress Film-Vertrieb» –, Auswahl und Einsatz war an eine rein politische Instanz delegiert, die «Hauptverwaltung Film» des Kulturministeriums. Ganz ohne ökonomische Kriterien ging es doch nicht: West-Importe mussten gekauft und in Devisen bezahlt werden.

Fremdsprachige Filme sortierten sich nach solchen aus «sozialistischen Bruderländern» bzw. des westlichen, «kapitalistischen» und «imperialistischen» Auslands. Der sozialistische Aufbau der Gesellschaft nach sowjetischem Muster etablierte die Sowjetunion auch als kulturelle Orientierungsinstanz. Entsprechend einseitig war zunächst das Angebot fremdsprachiger Filme. In der Zeit der SBZ (1945–49) bestand es ausschließlich aus russischen Filmen. An dieser Dominanz änderte sich nach Gründung der DDR nichts. Das Publikum hielt sich allerdings zurück, es war sogar von einem «stillen Boykott» sowjetischer Filme die Rede, einer «öffentlichen Kritik» an der russischen Überfremdung der Kinospielpläne.[66] Nächstbedeutender Filmlieferant war die Tschechoslowakei mit ca. 10–18 Filmen pro Jahr, Ungarn und Polen blieben mit je 2–4 Filmen marginal.[67]

Vom westlichen Ausland dominierten in den 1950er-Jahren Frankreich und Italien. Zum französischen Angebot gehörten z. B. La chartreuse de Parme, Clochemerle, Fanfan la tulipe (Gérard Philipe war einer der beliebtesten Stars). Die italienische Auswahl enthielt Anni difficili, Ladri di biciclette und Umberto D. Abgesehen von den Fahrraddieben blieb der eigentliche Neorealismus ausgesperrt, weil dieser mit dem sozialistischen Realismus kollidierte. Der kritische Realismus, wie ihn die Italiener verstanden, zeige den Menschen in Opposition zum Staat und dies sei «unvereinbar mit unserer neuen Wirklichkeit», denn in der sozialistischen Gesellschaft gehöre der Staat den Menschen.[68] Von Rossellini z. B. war bis 1969 nichts zu sehen.

Für den Hauptklassenfeind jedoch, die kapitalistisch-imperialistische USA mit ihrer zersetzenden trivialen Massenkultur öffnete sich ein Türchen. Vor 1957 war kein einziger Hollywood-Spielfilm im DDR-Kino zu sehen.[69] Dann entdeckte

66 *Filmpress*, 11, 1949.

67 Zu diesen und folgenden Angaben vgl. *Ausländische Spiel- und abendfüllende Dokumentarfilme in den Kinos der SBZ/DDR 1945–1966*, Zusammenstellung und Redaktion: Günter Schulz, Berlin 2001.

68 Alexander Abusch, in: *Deutsche Filmkunst*, 9, 1958, S. 268.

69 Aus US-Produktion gab es lediglich Chaplin-Kurzfilme im Vorprogramm sowie 1955 den Dokumentarfilm Salz der Erde von Herbert Biberman.

man, dass in «diesem unverdaulichen Eintopf», den der bedauernswerte «westdeutsche Normalverbraucher in seinem Eckkino hinunterschlingen» muss, «sehr wohl auch die Würze guter Gerichte zu genießen ist.»[70] Die Wahl fiel auf MARTY von Delbert Mann, der am 11.10.1957 in einer DEFA-Synchronisation Premiere hatte. Die DDR-Filmexperten sahen darin den «Prototyp eines Filmes der ‹Unabhängigen›, die wieder den ‹naturalistisch angehauchten, sozialkritischen Film› entdeckten. Dieser Film war in der Flut von konfektionierter Traumfabrikation ein neuer Ton.»[71] «Er lässt die Leute sagen, was sie denken, und er zeigt, wie sie es sagen. Er schaut den Leuten ins Gesicht, und diese Gesichter in ihrer ungeschminkten Natürlichkeit sind schön. Dieser Film liebt die Menschen, und darum muss man ihn lieben.»[72] Vier Wochen später kam UND NICHT ALS EIN FREMDER von Stanley Kramer hinzu.

Der Bann war damit noch nicht gebrochen. Erst 1960 lief als nächster der Zirkusfilm TRAPEZ[73], 1962 der Van-Gogh-Film EIN LEBEN IN LEIDENSCHAFT. Von da an lässt sich eine kontinuierliche Präsentation von Hollywood-Filmen erkennen, die als «gesellschaftskritisch», «humanistisch», «fortschrittlich» oder wenigstens «realistisch» eingestuft wurden, z.B. 1963 u.a. DAS APPARTEMENT, DIE GLORREICHEN SIEBEN, URTEIL VON NÜRNBERG, 1964: ZEUGIN DER ANKLAGE, DER SCHATZ DER SIERRA MADRE, 1965: DIE ZWÖLF GESCHWORENEN, WER DEN WIND SÄT, 12 UHR MITTAGS, 1966: DER MANN MIT DEM GOLDENEN ARM, SPARTACUS, WER DIE NACHTIGALL STÖRT. Alle genannten Titel liefen in der übernommenen West-Synchronisation. Das den BRD-Bearbeitungen entgegengebrachte Vertrauen ist immerhin bemerkenswert, zumal eine eigene DEFA-Synchronisation meistens preiswerter war, weil dann keine Devisen fällig wurden. Freilich kamen die US-Filme, die in der Bundesrepublik einen chirurgischen Eingriff über sich ergehen lassen mussten, in der DDR gar nicht erst auf den Spielplan: kein Hitchcock, kein CASABLANCA, keine AFRICAN QUEEN.

Von der Deutungsmacht filmischer Narrative war man im Osten ebenso überzeugt wie im Westen. Die rigide Spielplanpolitik in der DDR richtete sich an eine homogene, hochgradig ideologisierte Gesellschaft. Westliche Filme, die nicht auf Eindeutigkeit angelegt waren, sondern breite Interpretationsspielräume enthielten oder gar Rätselcharakter hatten, stießen auf aggressive Abgrenzung. Das Projekt «Hollywood goes to Trabi» war so gesehen ein Hindernislauf.

Den «River-Kwai-Marsch» pfiff man auch in der DDR, den Film aber durfte offenbar nur Karl-Eduard von Schnitzler sehen:

70 Jürgen Hardt, in: *Deutsche Filmkunst*, 11, 1957, S. 342.

71 Horst Knietzsch, in: *Filmspiegel*, 21, 1957, S. 3.

72 Jürgen Hardt, in: *Deutsche Filmkunst*, 11, 1957, S. 343.

73 «ein guter Unterhaltungsfilm [...], der besonders eindrucksvoll die harte Arbeit der Artisten zeigt» (Ders., ebd., 8, 1960, S. 283).

> Die historische, gesellschaftliche, moralische Unwahrheit, eingehüllt in den glänzenden Mantel künstlerischer Perfektion, mit der Absicht, den Wahnsinn schmackhaft zu machen, indem man ihn zwar als Wahnsinn, aber als unausweichlich hinzustellen versucht – das ist DIE BRÜCKE AM KWAI.
>
> Die zuständigen Organe in der Deutschen Demokratischen Republik schützen die Bevölkerung vor derartigem Gift in Zuckerguss und können auch seine indirekte Propagierung durch einen musikalischen Reißer nicht dulden.[74]

Die Rhetorik des Kalten Krieges hielt sich nicht auf Dauer. In den 1960er-Jahren begaben sich die «zuständigen Organe» zeitweise ins Abklingbecken. Vollends in den 1970er-Jahren stieg die Zahl der Hollywood-Importe, weil mit dem «New American Cinema» Filme zur Auswahl standen, die inneramerikanische Konflikte aufblenden bzw. – in der DDR-Diktion – sich «von bürgerlichen-demokratischen Positionen aus, kritisch mit dem imperialistischen Staat, mit Erscheinungen der bürgerlichen Gesellschaft auseinandersetzen»[75] (z. B. ALL THE PRESIDENT'S MEN, CABARET, CHINATOWN, ONE FLEW OVER THE CUCKOO'S NEST). Bei den Adressaten der ausgewählten «kritischen» Filme galt weiterhin das Unterhaltungsprimat. Das Regime verachtete den westlichen Kapitalismus, nutzte aber die Filme dieser Produktion, «um die eigenen Bürger optimal zu unterhalten». Das Risiko einer «systematischen Programmierung von Filmen an den Zuschauerinteressen vorbei», verbunden mit einer entsprechenden Unzufriedenheit in der Bevölkerung, war zu groß.[76]

Zurück zur Nachkriegsgesellschaft in den beiden deutschen Staaten. Ein rezeptionsgeschichtlicher Ost-West-Vergleich ergibt die größte Übereinstimmung in den Publikumsinteressen – das gleiche Verlangen nach Unterhaltung – und die größten Differenzen in der Adaptierung der Kultur der jeweiligen Besatzungsmächte, also «Amerikanisierung» im Westen und «Sowjetisierung» im Osten. Das Image der westlichen Besatzungsmächte in der Bundesrepublik wurde immer positiver, bis hin zur Identifizierung unter dem Einfluss der Populärkultur (Film, Musik, Mode, Lifestyle). Dieser Prozess fand in der DDR nicht statt, das Prestige der russischen Besatzer blieb trotz der «Brudervolk»-Rhetorik prekär, von einem vergleichbaren Einfluss russischer Populärkultur kann keine Rede sein, stattdessen hatte das «nationale Erbe» der deutschen Kultur einen ungleich höheren Referenzwert: «Im Ostblock kam es nie zu einem ‹Äquivalent› der westli-

74 Karl-Eduard von Schnitzler, in: *Sonntag*, 11, 1958.

75 Heinz Niemann, in: *Film und Fernsehen*, 7, 1975, S. 32.

76 Joseph Garncarz: «Ein Votum für Filme aus dem Westen. Das Kino der DDR und sein Publikum 1978–1987», in: Plaul 2022, S. 89–120; 108.

chen Zivilisation. […] Die kommunistische Ideologie stellte zu keinem Zeitpunkt die Grundsubstanz des Nationalen in Frage.»[77] Diese grundlegende Differenz prägte den Ost-West-Gegensatz nachhaltiger als die politische Systemkonkurrenz – mit Folgen bis in die Gegenwart.

77 Thomas Lindenberger: «Neue Heimat im Kalten Krieg – Potemkinsche Dörfer der DEFA im Friedenskampf», in: Moshe Zuckermann (Hg.): *Medien – Politik – Geschichte*, Göttingen 2003, S. 102–124; 105.

3 Der «antideutsche Hetzfilm»

Die große Illusion

Der Nationalsozialismus ist in all seinen Facetten – Strukturen, Täter, Opfer – hinreichend durchleuchtet. Über den Führerstaat und seine willige Gefolgschaft gibt es kaum noch gravierende Forschungsdefizite. Die aktive und passive, direkte und indirekte Beteiligung der Bevölkerung an Vernichtungskrieg und Genozid ist zwar nicht erschöpfend, aber doch mit gesicherten Erkenntnissen belegt.

Bewusstseinslage, Denkstrukturen und Mentalität der Nachkriegsdeutschen hingegen sind bislang nur in Umrissen durchschaubar. Die eigenmächtige Umwidmung von glühenden Hitleranhängern zu schuldlosen Nazi- und Kriegsopfern ist nicht nur aus der Rückschau atemberaubend. Auch die einrückenden Alliierten waren seinerzeit fassungslos, nirgends auf einen überzeugten Nationalsozialisten zu stoßen.

Es besteht jedoch wenig Anlass, aus der sicheren Distanz eines Menschenalters höhnisch die damalige Unbelehrbarkeit und Verdrängungsakrobatik vorzuführen. Zu glauben, heute könne man selbstzufrieden auf eine Erfolgsgeschichte der Aufarbeitung von Nationalsozialismus und Shoah zurückblicken, ist eine Illusion, die den damaligen Selbsttäuschungen gefährlich nahekommt.[1] Es dauerte bis 1979, als eine amerikanische Fernsehserie (HOLOCAUST) im Land der Täter eine kollektive emotionale Erschütterung auslöste, die freilich nicht lange anhielt und letztlich in einer kühlen Gedenkroutine aufging. Weitere Etappen von natio-

1 Vgl. Samuel Salzborn: *Kollektive Unschuld. Die Abwehr der Shoah im deutschen Erinnern*, Berlin/Leipzig 2020.

nalen Affekt-Eruptionen, wie etwa die Weizsäcker-Rede zum Kriegsende (1985) oder die Wehrmachtsausstellung (1995) zeigen überdeutlich, dass die Aufarbeitung der Geschichte nie in der Tiefe der Gesellschaft angekommen ist.

In die Mentalität der aus der Barbarei entlassenen und sich langsam wieder in die Zivilisation vortastenden Deutschen lassen sich zumindest einige Erkenntnis-Schneisen schlagen. Wenn die Suche nach überzeugten Nazis 1945 vergeblich war, so ist dies möglicherweise nicht nur auf Tarnung und Verleugnung zurückzuführen. SS und Gestapo hatten in den letzten Kriegsmonaten einen eskalierenden Terror nach innen, gegen die eigene «Volksgemeinschaft» entfesselt. Die Taktik der verbrannten Erde (z. B. Evakuierung, Plünderung und Verminung aufgegebener deutscher Städte), die Hinrichtung noch in den letzten Stunden von vermeintlichen «Volksverrätern» oder Bürgermeistern, die ihr Dorf kampflos übergeben wollten, brachten auch die bislang ideologisch Überzeugten zur Abkehr. Da der Terror sich nun gegen sie richtete, konnten die einstigen Parteigänger sich selbst als Opfer fühlen.[2] Dadurch und durch das Abstreiten jeglicher Verantwortung, somit einer massiven Schuldabwehr, entstand ein «kollektiver Opfermythos».[3]

Diese «Selbstviktimisierung» blockierte die Auseinandersetzung mit den NS-Verbrechen und ermöglichte die Integration der ehedem überzeugten Nationalsozialisten in die Gesellschaft, führte sogar zu einer vehementen Unterstützung verurteilter Kriegsverbrecher und NS-Täter.[4] Die Forderung nach deren sofortiger Freilassung war kein Schweigen über die Verbrechen, sondern ein offenes Dementieren. Der Ruf nach Amnestie war eine Frage der nationalen Ehre und blockierte jede Einsicht in den verbrecherischen Charakter des NS-Regimes. Das Festhalten am Konzept der «Volksgemeinschaft» war der «Kitt, der die bundesrepublikanische Gesellschaft in ihrer Gründungsphase zusammenhielt.»[5]

Zu dieser «sozialpsychischen Selbststabilisierung» gehörte auch die schrille Abwehr der vermeintlichen «Kollektivschuldthese», obwohl die Alliierten einen solchen kollektiven Schuldvorwurf nirgends offiziell erhoben. Das amerikanische Entnazifizierungsprogramm fokussierte ja gerade die individuelle Schuld, nicht die kollektive. Die Erfindung der Kollektivschuld aber war ein willkommener Vorwand, sich ungerecht behandelt zu fühlen.[6]

Die Deutschen waren auch lange nach 1945 nicht in der Lage, den Verlust ihrer humanen Orientierung und ihre nazistische Vorformung (Ralph Giordano)

2 Jähner 2019, S. 385.

3 Salzborn 2020, S. 30.

4 Frei 1999, S. 16.

5 Aleida Assmann / Ute Frevert: *Geschichtsvergessenheit – Geschichtsversessenheit. Vom Umgang mit deutscher Vergangenheit nach 1945*, Stuttgart 1999, S. 141.

6 Norbert Frei: *1945 und wir*, München 2005, S. 154.

zu korrigieren. Das bestätigen erschreckende Ergebnisse von Umfragen. 1946 stimmten in der amerikanischen Besatzungszone 37 % der Behauptung zu, die Vernichtung von Juden, Polen und anderen «Nicht-Ariern» sei für die Sicherheit Deutschlands notwendig gewesen. 1955 antworteten auf die Frage, ob Hitler ohne den Krieg der größte deutsche Staatsmann gewesen wäre, nur 36 % mit Nein.[7]

Wenn die Alliierten glaubten, mühelos Weltbilder austauschen zu können, unterschätzten sie, dass die Enthumanisierung und vor allem der Antisemitismus nicht erst 1933 einsetzten, sondern spätestens seit dem 19. Jahrhundert zum bürgerlichen Kanon gehörten: die Verachtung für das Schwache, die Verherrlichung von Stärke und kriegerischen Tugenden.[8] Die *longue durée* dieser mentalen Verkrüppelungen war nach 1945 allerdings kein Hindernis für die geräuschlose Anpassung an demokratische Strukturen, weil auch die Fixiertheit auf Autoritäten zu den elementaren Bestandteilen dieses Denksystems gehörte. Die Deutschen gehorchten den jeweils Herrschenden, nun eben den neuen Machthabern. Die Fähigkeit zu trauern, um den bekannten Mitscherlich-Titel zu variieren, war für diesen Prozess gar nicht notwendig.

Die Entnazifizierung in den Köpfen scheiterte, weil sie eines inneren Impulses bedurft hätte. Es gab aber nur das Dekret der Sieger. Das innere Bedürfnis war nicht vorhanden, weil man sich dem Nationalsozialismus und seinen Taten nicht (mehr) zugehörig fühlte. Die äußere Demokratisierung war erfolgreich, weil die Systemtransformation einen Mentalitätswandel nicht zwingend erforderte, ebenso wenig wie eine tiefer gehende Reflexion. Die Anpassung an die neuen Verhältnisse war ein langsamer, kaum greifbarer Prozess, in dem die alten Überzeugungen und Wissensbestände mitgeschleppt und nur allmählich abgeschliffen wurden.[9]

Begünstigt wurde dieser Vorgang durch äußere Faktoren. Die Bevölkerung der Bundesrepublik konnte weiter ungestört die überkommenen Denkfiguren tradieren, weil der ideologische Ost-West-Konflikt dem westdeutschen Teilstaat eine machtpolitische Rolle zuwies. Die Folge war eine Rehabilitierung des alten Überlegenheitssyndroms, das sich nun gegen «den Osten» richtete.

Spätestens 1954 mit dem Gewinn der Fußball-WM schien die Rückkehr in die zivilisierte Völker-Familie beglaubigt («Wir sind wieder wer»). Dass sowohl dieses Ereignis («*Wunder* von Bern») als auch der ökonomische Aufschwung («Wirtschafts*wunder*») als Mirakel ausgerufen wurden, zeigt die freudige Überraschung über sich selbst, die man nun ungetrübt genießen wollte.

7 Felix Ph. Lutz: «Empirisches Datenmaterial zum historisch-politischen Bewusstsein», in: Bundeszentrale für politische Bildung: *Bundesrepublik Deutschland. Geschichte – Bewusstsein*, Bonn 1989, S. 150–169; 155 f.

8 Vgl. Norbert Elias: *Studien über die Deutschen*, Frankfurt a. M. 1992.

9 Schwelling 2001, S. 201.

Je mehr die Westdeutschen zu einer bürgerlichen Existenz zurückkehrten, die aus Normalität und Kontinuität bestand, desto weiter schien sich die verbrecherische Vergangenheit von den eigenen Erfahrungen zu entfernen. Sie wurde als «Produkt einer anderen Erinnerung, nämlich derjenigen der Sieger, apostrophiert.»[10]

Wer sich der Erkenntnis der Vergangenheit verweigert, hat Probleme, die Gegenwart richtig einzuschätzen. Es mangelt ihm an Empathie, um das Deutschlandbild jener Länder zu verstehen, die das barbarische deutsche Besatzungsregime zu erdulden hatten, sich aber nun gefälligst verständigen und versöhnen sollten. Diese illusionäre Erwartungshaltung registriert die Filme, in denen sich die deutschen Soldaten so gar nicht menschlich edel und als selbst geschundene Opfer verhalten, als «deutschfeindlich», was eine unbeschwerte Rezeption ausschließt. Die 1955 einsetzende deutsche Kriegsfilmproduktion bedient diese Illusion, indem sie zwischen dem aufrechten, unpolitischen, tapfer seine Pflicht tuenden Soldaten und den niederträchtigen Nazi-Offizieren unterscheidet.

Der Abstieg vom Herrenvolk zum Paria und die Diskreditierung aller Omnipotenz-Ideologien gehörten nicht zum realistischen Erkenntnishorizont. Man hatte den Krieg verloren (das war keine neue Erfahrung) und wollte nun so nachsichtig behandelt werden, wie man Verlierer in zivilisierten Gesellschaften behandelt. Dass dies kein «normaler» Krieg war, sondern ein beispielloser Vernichtungsfeldzug, der bei den betroffenen Nationen Hass- und Rachegefühle oder zumindest nachhaltige Ressentiments generieren musste, blieb außerhalb der Wahrnehmung. Verbrechen kämen in jedem Krieg vor, auf beiden Seiten – so lautete die gängige Beschwichtigungsformel. Dieses Denkmuster wurde von der Politik unter Adenauer insofern gefördert, als die Integration der alten Nazis Vorrang hatte vor ihrer Bestrafung. Ein Gespür für die Schwere und die Singularität der Verbrechen wurde somit blockiert.

Verbieten, verbiegen, verschieben

Nur vor diesem Hintergrund der Fehleinschätzungen und Illusionen ist die vehemente Renitenz gegenüber bestimmten Filmen aus der Produktion der alliierten Länder zu verstehen. Wenn dort Krieg, Wehrmacht, Gestapo, SS und/oder sonstige «Nazis» in der aus Sicht der Kriegsgewinner selbstverständlichen Feind-Konstellation mit entsprechenden Polaritäten vorkamen, bedeutete dies für das Publikum der Verlierer eine ungeheure Provokation, weil es sich mit Störungen und Bedrohungen seiner Rechtfertigungsnarrative und Schuldabwehrstrategien konfrontiert sah. Jedenfalls besetzten solche Filmfiguren – und sei es nur in der Ne-

10 Herbert 2014, S. 667.

benhandlung – neuralgische Punkte, die zur Klassifizierung als «antideutsch» führten.

Dies rief die einschlägigen Selektions- und Bearbeitungsinstanzen auf den Plan – Verleih, FSK, Synchronbetriebe –, die als Reaktion auf einen als problematisch eingestuften Film im wesentlichen drei Möglichkeiten hatten: a) ihn überhaupt nicht ins Programm zu nehmen, b) ihn zu «bearbeiten», d.h. eine deutsche Fassung herzustellen, die publikumskompatibel war und c) eine deutsche Erstaufführung um mehrere Jahre zu verschieben, bis sich das Erregungspotenzial abgeschwächt hat.

Überhaupt nicht in die Kinos kamen z.B. The Seventh Cross, Confessions of a Nazi Spy, Odette, La verte moisson, 13 Rue Madeleine, The Stranger, A Foreign Affair, The Devil Makes Three, Verboten!

Die größte Gruppe besteht aus den bearbeiteten deutschen Fassungen, die von leichten Retuschen bis zur vollständigen Modifizierung der Handlung reichten. Hierher gehören z.B. Berlin Express, Casablanca, Notorious, To Catch a Thief, The Young Lions, Conspiracy of the Hearts, Betrayed, Rouges' Regiment, Leon Morin, prêtre.

Von einer Verschiebung der deutschen Erstaufführung (was eine Bearbeitung nicht ausschloss) waren u.a. betroffen: Roma – Città aperta (1945 / DE 1961), Mrs. Miniver (1942/1960), Mortal Storm (1940/1957), The Great Dictator (1940/1958), To Be or Not to Be (1942/1960), Hangmen Also Die (1942/1958), Twelve O'Clock High (1949/1958), Battleground (1949/1958), The Search (1948/1961), Gentleman's Agreement (1947/1963), The African Queen (1951/1958), Stalag 17 (1953/1960), The Juggler (1953/1960) und The Joe Louis story (1953/1957). Dieser Boxerfilm erhielt Startverbot, weil man beim Kampf von Joe Louis gegen Max Schmeling eine einseitige Darstellung erblickte und Protestaktionen der deutschen Bevölkerung befürchtete.[11] Vier Jahre später kam er mit dem Titel Der braune Bomber in die Kinos.

Über die konkrete Rezeption dieser Filme, also Reaktionen des Publikums auf «antideutsche» Tendenzen, lassen sich keine pauschalen Aussagen machen. Was hier auf einhellige Ablehnung stieß, konnte dort mit Akzeptanz rechnen. Das verdeutlicht ein Beispiel aus den 1940er-Jahren, René Clements Les Maudits / Das Boot der Verdammten (Nazis setzen sich 1945 im U-Boot nach Südamerika ab):

> In München kam es anlässlich der Aufführung des Meisterwerks von René Clement […] zu Zwischenfällen. ‹Wir sind keine Mörder› riefen Unverbesserliche, die sich mit der dargestellten Clique von Supernazis offenbar identifizierten. Während der Film im britischen Sektor noch immer verboten ist, soll

11 *Star-Revue*, 11, 1954.

es im amerikanischen Sektor Theaterbesitzer geben, die sich «aus nationalen Gründen» weigern, ihn vorzuführen.[12]

Dies ist ein wahrhaft internationaler Film geworden, ein Film in allen Sprachen, der kaum synchronisiert zu werden braucht. Wohltuend empfindet der Deutsche die Ausschaltung von Hass und Hetze in der Schilderung deutscher Typen. Immer überzeugt der dokumentarische Charakter dieses Filmstreifens, der nach seiner deutschen Uraufführung in Berlin ein überwältigendes Echo fand.[13]

In den 1950er-Jahren verhärteten sich die Fronten. Je mehr sich die Bundesrepublik konsolidierte und sich wirtschaftlich wie politisch in den Westen integrierte (1955 volle Souveränität und NATO-Beitritt), desto allergischer war die Reaktion auf unangenehme Konfrontationen mit der Vergangenheit, vollends auf eine erzwungene Erinnerung von außen. Für den nunmehr respektierten Partner auf der internationalen Bühne kam die Behelligung mit schurkischen Nazis im ausländischen Film einer Aktualisierung des Schuldkomplex-Traumas gleich. Dies lässt sich wiederum weniger an konkreten Publikumsreaktionen ablesen, als vielmehr am enormen Eifer der Filmwirtschaft, diese Konfrontation erst gar nicht stattfinden zu lassen oder wenigstens das unterstellte provokatorische Potenzial abzumildern. Die Sorgfalt und bis ins Detail gehende Akribie, die man in diesen Vorgang investierte, zeigen die gesellschaftliche Relevanz der Problematik. Da es sich aber nicht um staatliche Interventionen handelt, sondern um solche der Filmwirtschaft liegt das Motiv primär in geschäftlichen Erwägungen: Ohne installierte Filter ist der Kassenerfolg gefährdet.

Schärfste Waffe im Abwehrkampf war die Einstufung als «völkerverhetzend», denn dann verstieß ein Film gegen die FSK-Statuten, was entsprechende Sanktionen zur Folge hatte.

12 *Berliner Filmblätter*, 15, 1949.

13 *Film-Illustrierte*, 22, 1949.
Dieses unterschiedliche Rezeptionsverhalten bestätigt der *Telegraf*:
«Angesichts dieses Films, der ja nicht nur ein künstlerisches, sondern auch ein moralisches Ereignis ist, scheinen die Berliner eine weltoffene Urbanität zu bezeugen, die sich deutlich abhebt von jenem nationalistischen Provinzlertum, das in München, als der Film in seiner ungekürzten Fassung gezeigt wurde, Zwischenfälle hervorrief und in Stuttgart zu einer Protestresolution führte, die den humanistischen Geist des im Goethejahr stehenden Deutschland in einer Weise kompromittiert hat, die für jeden normal Empfindenden tief beschämend ist.» (Th. G. Brückner, in: *Telegraf*, 12.8.1949, zit. n. Hanisch 2004, S. 32)
Dagegen nun wiederum Ludwigshafen: «Die von zahlreichen zustimmenden Zwischenrufen begleitete Aufnahme, die er bei seiner Erstaufführung in Ludwigshafen fand, hat wohl bewiesen, dass gegen die Vorführung so grandios gestalteter, politischer Aufklärungsfilme, auch wenn sie kritische deutsche Probleme behandeln, keine Bedenken am Platze sind.» (Ulrich Seelmann-Eggebert, in: *Der neue Film*, 14, 1948)

Das markanteste Exempel wurde 1950 an ROMA – CITTA APERTA statuiert mit einer Begründung, die die Korrelation von nationalem Aufstieg der Bundesrepublik und Erinnerungsabwehr beglaubigt:

> Der 1945 hergestellte Film zeigt die historische Wahrheit, wenn auch z. T. in Episoden überdreht. Es wäre noch zur Zeit der Nürnberger Prozesse durchaus möglich gewesen, ihn hier zu zeigen. Heute jedoch, in einer neuen europäischen Situation, müssen von seiner öffentlichen Vorführung [...] völkerverhetzende Wirkungen befürchtet werden, die im Interesse einer allgemeinen, besonders einer europäischen Völkerverständigung unbedingt zu vermeiden sind. Sie könnten insbesondere zu einer empfindlichen Störung des Verhältnisses zwischen Deutschland und Italien führen, deren Auswirkungen nicht übersehbar wären und daher auch im Interesse des Herstellungslandes nicht verantwortet werden können.[14]

Gegen die Vorführung in Filmclubs gab es keine Bedenken, weil – so die Annahme – deren an Filmkunst und -ästhetik interessierte Klientel im Rezeptionsverhalten andere Schwerpunkte setzt und sich von politischen Inhalten weniger beeinflussen lässt.[15] Der breiten Masse jedoch, die nicht wegen Rossellini und Neorealismus ins Kino geht, ist die «historische Wahrheit» nicht mehr zumutbar. Diese Wahrheit ist zwar unstrittig, aber als Störfaktor identifiziert. Das entspricht genau dem im Alltag praktizierten Umgang mit der Vergangenheit: die Faktizität der Verbrechen nicht bestreiten, aber ihre Thematisierung verhindern, um das wiederholte Aufblenden der Schande zu vermeiden. Objekt der Brüskierung sind hier aber nicht nur die Kinobesucher, sondern obendrein, wenn nicht gar primär die «nationalen Interessen». Offen bleibt, wer hier wen verhetzt: Deutschland Italien oder Italien Deutschland? Die im «Wir meinen es ja nur gut»-Modus vorgetragene Sorge impliziert die Forderung, Italien habe in seinen Filmen die Wahrheit zu unterdrücken, weil sich dort sonst das Negativ-Bild der Deutschen stabilisiert und hier die Deutschen sich vom Blick in den ihnen vorgehaltenen Spiegel ver-

14 FSK-Archiv, zit. n. Kniep 2010, S. 164.

15 Aber auch in diesen Kreisen sah man sich als Objekt einer Hass-Attacke: «Ein Beispiel aus diesem Lehrfilm eines verabscheuungswürdigen Pseudorealismus: Alle Italiener sind Antifaschisten. Alle italienischen Kinder (Dreikäsehoch-Format) sind Heldenkinder, Rossellini-Jungen-Quexe sozusagen, die ungestört deutsche Öltanks in die Luft sprengen. Von den Deutschen kommen überhaupt nur eine Handvoll auf die Bildfläche, aber Rossellini erweckt dadurch mit Absicht den Eindruck: so sind alle Deutschen [...]. Immerhin mag er aber einem sicher nicht unbegründeten Herzensbedürfnis des Auslands in den ersten Nachkriegsjahren entgegengekommen sein, wodurch seine Hassorgien zwar verständlich, aber nie gerechtfertigt werden können.» (Leser, Vertreter des Filmclubs München, in: *Film-Revue*, 1, 1951) Mit «Jungen-Quexe» ist eine Analogie zum nationalsozialistischen Propagandafilm insinuiert (HITLERJUNGE QUEX).

letzt, verhetzt oder jedenfalls narzisstisch gekränkt fühlen. Dies hätte dann unangenehme Folgen für Italien – der letzte Satz kommt einer Drohung nahe.

Die Identifizierung solcher Filme als Unruhestifter resultiert auch aus dem geringen Wissen über das Wüten und Morden der Deutschen in den besetzten westlichen Ländern (Italien, Griechenland, Frankreich, Belgien, Holland). Es ging deshalb nicht zuletzt um Verhindern von Aufklärung. Die Dokumentationen über deutsche Verbrechen aus der Nachkriegszeit waren aus den Vorprogrammen der Kinos längst verschwunden und durch harmlose «Kulturfilme» ersetzt.

Unübersehbar ist das Misstrauen gegenüber dem Publikum, das auch zehn Jahre später noch vorhanden war. 1960 war das Gefährdungspotenzial des Rossellini-Films zwar so weit reduziert, dass er freigegeben werden konnte, jedoch nur mit dieser Behauptung im Vorspann: «Der Film richtet sich nicht gegen das deutsche Volk, er klagt nicht den deutschen Soldaten an.»

Ebenfalls 1960 kam nach siebenjähriger Sperre STALAG 17 in die Kinos, aber auch dieser war flankiert von einem distanzierenden Paratext, der klingt, als sei er an einen Kindergarten adressiert: «Damals war alles anders. Es war eine andere Zeit, und es war eine andere Welt, in der das geschah.»

Über die Filme, die wegen angeblicher deutschfeindlicher Tendenzen vom Spielplan ausgeschlossen waren, berichteten die Filmzeitschriften gleichwohl. Die Empörung richtete sich gegen das diffamierende Bild, das den Zuschauern in Frankreich oder England von «uns» vorgesetzt wird. Über den britischen Film ODETTE, der die Geschichte der englischen Agentin Odette Sanson erzählt, die im besetzten Frankreich agiert, von der Gestapo gefoltert wird und im KZ Ravensbrück landet, hieß es:

> Es wimmelt von Gestapo-Agenten und SS-Offizieren, als ob Deutschlands Bevölkerung sich nur aus diesen zusammengesetzt hätte. Doch nicht genug damit. Auch Konzentrationslager dürfen nicht fehlen. So veranschaulichen denn Abstecher in die KZ's Ravensbrück, Auschwitz, Dachau und Buchenwald dem ausländischen Kinobesucher (denn in Deutschland und Österreich wird ODETTE nicht gezeigt), wie gegen die englische Agentin vorgegangen wird. [...] Welche Rolle Deutschland gespielt hat, ist uns durchaus bekannt, aber es trägt herzlich wenig zur Völkerverständigung bei, wenn das Ausland, eine Konjunkturwelle ausnutzend, in jedem Deutschen den Nur-Verbrecher sieht und ihn als solchen im Film anprangert. Tendenzfilme in Ehren, aber es gibt noch andere Tendenzen als die rein politischen.[16]

Hier sind gleichsam kondensiert die inkriminierten Aspekte versammelt: Die Identifizierung von Gestapo und SS mit «den Deutschen», die Konzentrationsla-

16 Manfred Richter, in: *Deutsche Film-Illustrierte*, 27, 1950.

ger als besonders schwerer Affront, der Anspruch, Partner der Völkerverständigung sein zu wollen statt Angeklagter und die Unterstellung, dergleichen zu zeigen, sei nicht aufklärerisches Bedürfnis (man wisse über die Rolle Deutschlands ohnehin Bescheid), sondern nur eine «Konjunkturwelle».

Unterstützung erhielt diese Position von einer Zuschauerin, die den Film offenbar im Ausland sah (Bewohner der Grenzregionen gingen auch in Frankreich, Belgien und Holland ins Kino: eine willkommene Programmerweiterung) und trotz (oder wegen?) der erfolgten Erschütterung den Schlussstrich forderte:

> Besonders ODETTE hat mich als Deutsche sehr erschüttert, da gerade in diesem Film [...] die ganze Grausamkeit der Nazis und Gestapo in Frankreich sowie in Gefangenenlagern und Konzentrationslagern (Ravensbrück) gezeigt wird. Wozu das alles? Entweder wissen es die Menschen oder sie wissen es nicht. Wozu dies immer wieder ans Licht zerren? Kann es nicht der Vergangenheit angehören? Hilft das etwa zu einer endlichen Befriedung Europas wie Sie sagen?[17]

Wie tief der Stachel saß, zeigt die Causa AFRICAN QUEEN, weil hier nicht die jüngste Vergangenheit ins Zwielicht gerückt ist und deshalb eigentlich Gelassenheit zu erwarten gewesen wäre. Das Gegenteil war der Fall. Der Film von John Huston spielt 1914 in Deutsch-Ostafrika, die Bösen sind hier nicht Hitlers Soldaten, sondern Kaiser Wilhelms Kolonialarmee. Katharine Hepburn als Missionarin eines Dorfs, das die Deutschen zerstören, überredet Humphrey Bogart, ein deutsches Kanonenboot mit selbst gebauten Torpedos zu versenken. Als der Film auf dem Festival in Locarno lief, gaben die anwesenden deutschen Kritiker schon Voralarm wegen «Deutschfeindlichkeit». Die übelste Attacke kam jedoch aus einer ganz anderen Richtung. Die Oscar-Nominierung von Hepburn, Bogart und Huston 1952 nahm der Komponist Bert Reisfeld, ein aus Österreich stammender Emigrant jüdischer Herkunft, der sich für deutsche Filmzeitschriften als Hollywood-Korrespondent betätigte, zum Anlass für eine Schmähkritik:

> Heute, sieben Jahre nach Kriegsende, zu einer Zeit, wo Deutschland seine Streitkräfte mit denen der übrigen Nationen Europas und Amerikas unter NATO vereint dem gemeinsamen Feind Kommunismus entgegenstellen soll, kommt ein Film des Wegs, der bis in den ersten Weltkrieg unter Nichtbeachtung historischer Tatsachen zurückgreift, um Deutschland in idiotischer Weise zu beschmieren und in den Kot zu zerren. [...]
>
> Humphrey Bogart und Katharine Hepburn, die zwei hässlichsten Menschen, die jemals auf der Leinwand erschienen, wurden in dieser ‹Nomina-

17 *Film-Revue*, 10, 1951.

> tion› Größen wie Fredric March, Kirk Douglas, Vivien Leigh und Jane Wyman gleichgestellt. John Huston, der Regisseur und sein Drehbuch erhielten eine «Nomination», obwohl die Regie läppisch und das Drehbuch ein stupides Konglomerat von Wildwest und Kitschroman ist.[18]

Was einen jüdischen Emigranten veranlasst, Anleihen beim Goebbels-Jargon zu nehmen, muss hier in Unkenntnis der näheren Umstände unerörtert bleiben. Signifikant ist der Zusammenhang mit dem geplanten NATO-Beitritt der Bundesrepublik. Der rekurrente Rekurs auf die wiedergewonnene politische Reputation als Bündnispartner arrangiert eine Situation, in der ein deutschfeindlicher Film das Hochgefühl der nationalen Relevanz empfindlich mindert.[19] Einen harmlosen Abenteuerfilm auf der gleichen Ebene wie den NATO-Beitritt zu behandeln, bläst ihn zur Haupt- und Staatsaktion auf, und diese Maßstab-Verzerrung indiziert die hochgradige Verstörung der Rezipienten.

Doch war dies nur der erste Akt im Drama. Die FSK gab den Film erwartungsgemäß nicht frei. Daraufhin ließ Produzent Sam Spiegel – auch er ein jüdischer Emigrant aus Österreich, der sich vom Vorwurf, einen deutschfeindlichen Film realisiert zu haben, getroffen fühlte – eine neue Originalfassung (!) herstellen, die die alte ersetzte. Es gibt von African Queen somit zwei Originalfassungen: «Die heute international zirkulierende Originalfassung des Films ist also bereits das Ergebnis einer ideologischen Variation, die die Produktionsgesellschaft des Films, die ‹Horizon Picture› nach den Vorstellungen der [...] FSK vorgenommen hat.»[20] Für den endgültigen deutschen Start 1958 ist auch diese Fassung auf Druck der FSK nochmals variiert worden. In mehreren Sequenzen sind die Deutschen eliminiert oder die Motive ihrer Handlungen (z.B. beim Überfall auf das Dorf oder der «Gerichtsverhandlung» auf dem Schiff) «entschärft» bzw. entbrutalisiert. Statt «the Germans» heißt es oft schlicht «die Soldaten», und wenn Katharine Hepburn «These Germans!» seufzt, darf ihre Synchronsprecherin Edith Schneider nur «der Krieg ist grausam» sagen.

18 Bert Reisfeld, in: *Film*, 7, 1952.

19 In die gleiche Kerbe hieben auch andere Kritiker: «Es gehört zu dem vielen Unverständlichen und Ungereimten in der westlichen Welt, dass im Jahre 1952, im Zeichen der atlantischen Verteidigungsgemeinschaft, für die man doch die Deutschen mit aller Kraft gewinnen möchte, noch ein solcher Film möglich ist.» (Josef Schmitz van Vorst, in: *FAZ*, 26.11.1952)
Auch ein Jahr später – der Film war hier immer noch nicht zu sehen – hielt die Empörung unvermindert an: «Dieser Film ist völkerverhetzend, unwahrhaftig, unanständig und eine Beleidigung der Deutschen, denn die deutschen Kolonialsoldaten des ersten Weltkriegs waren nicht samt und sonders Brandstifter und niederträchtige Henker, wie es in dem Film behauptet wird.» (*Filmpress*, 26, 1953)

20 Joseph Garncarz: *Filmfassungen. Eine Theorie signifikanter Filmvariation*, Frankfurt a.M. u.a. 1992, S. 107.

Hass und Versöhnung

Auf der Rezeptionsebene entfachten vor allem zwei Filme einen Sturm der Entrüstung: Betrayed (1954, DE 1957) und Conspiracy of the Hearts (1960).

Verraten zeigt Lana Turner als holländische Kollaborateurin, die sich als Untergrundagentin rehabilitieren muss. In einer Szene erschießen die Deutschen auf dem Marktplatz von Delft holländische Geiseln. Schon vor der verspäteten deutschen Uraufführung berichtete die Zeitschrift *Film-Revue* über einen neuen «antideutschen Hetzfilm». Als der Regisseur Gottfried Reinhardt 1956 nach Deutschland kam, um Vor Sonnenuntergang zu drehen, wunderte sich das Blatt über diese Rückkehr, «hat er doch in Hollywood Betrayed gedreht, einen Film, den man dem deutschen Kinopublikum begreiflicherweise vorenthielt.»[21] Damit ist eine Kopräsenz von Deutschfeindlichkeit, Emigration und Remigration arrangiert, was Reinhardt zu einer Replik veranlasste.[22] Als der Film zwei Jahre später doch noch in den deutschen Kinos anlief, gingen auf der Leserbriefseite die Wogen der Erregung hoch:

> Hier wird nicht nur dem Deutschen, der sich noch einen Rest von nationaler Würde bewahrt hat, die Narrenkappe aufgesetzt, sondern auch dem gesunden Menschenverstand. […] Grober Unfug, der dazu führt, dass auch Millionen Menschen in aller Welt Klein-Moritz-Vorstellungen von Krieg und Spionage in sich sammeln und, nicht zu vergessen, neuen Hass gegen die Deutschen.[23]

21 *Film-Revue*, 4, 1956.

22 «Sowohl die ‹Helden› als auch die ‹Bösewichte› (also die ‹Verräter›) sind Holländer. Allerdings liefert der Hintergrund die Nazibesatzung, deren Härte, wie wir alle wissen, ein wenn auch nicht unbedingt schmeichelhaftes, so doch authentisches Kapitel der Geschichte geworden ist. Dieses filmisch zu gestalten, kann doch wohl nicht ‹deutschfeindlich› genannt werden, es sei denn, der sich getroffen Fühlende identifiziert sich mit den Nazis. […] Wenn der Film also, was Deutschland anbelangt, eine Tendenz aufweist, dann wäre sie eine nazifeindliche. Und dieser Punkt bringt mich schließlich zu dem geäußerten Erstaunen ihres Mitarbeiters darüber, dass ich nach einer 23jährigen Abwesenheit wieder nach Deutschland gekommen bin, um Vor Sonnenuntergang zu inszenieren. Es besteht nämlich […] in der Tat eine Beziehung zwischen Betrayed und meiner Abreise und Rückkunft. Im Jahre 1933 kehrte ich von einer Studienreise nach Amerika nicht zurück, weil die Nazis in Deutschland an die Macht gekommen waren. Jetzt komme ich nach Deutschland zurück auf einen kurzen Besuch, weil sie wieder weg sind. Ist das wirklich so erstaunlich?» (*Film-Revue*, 10, 1956)
Die Redaktion entschuldigte sich zwar für eine nicht intendierte persönliche Verletzung, hielt aber daran fest, dass im Ausland nicht zwischen Deutschen und Nazis differenziert würde: «[…] sind wir der Meinung, dass Filme mit Anti-Nazi-Tendenz, die jetzt noch im Ausland hergestellt werden, beim Publikum draußen insofern eine unheilvolle Wirkung haben, als dort allzuleicht ‹Nazis› und ‹Deutsche› von der Masse der Kinobesucher immer noch gleichgesetzt werden, was für die in der Entwicklung begriffene Anbahnung normaler Beziehungen zwischen den Völkern abträglich ist.» (ebd.)

23 Leser, in: *Film-Revue*, 2, 1958.

> Ich bin 20 Jahre alt und habe den Krieg glücklicherweise noch nicht bewusst erlebt. Wenn ich mich aber auf die in VERRATEN geschilderten «Tatsachen» und Darstellungen verlassen sollte, dann könnte ich mein Vaterland verachten – so gemein, verräterisch und gewissenlos werden die Deutschen gezeigt.[24]

Einer hielt dagegen – mit einer Meinung, die ihn im Umfeld der anderen Äußerungen als Dissidenten ausweist:

> Ich sehe den positiven Wert dieses Films in seiner klaren, kompromisslosen Parteinahme gegen den Eroberungskrieg Hitlers. Ähnliche betrübliche Vorkommnisse wie im Film haben sich in den besetzten Gebieten x-mal ereignet.[25]

Bei VERSCHWÖRUNG DER HERZEN kam «erschwerend» hinzu, dass Lilli Palmer, also eine deutsche Emigrantin, die Hauptrolle in einem als antideutsch eingestuften Film übernommen hat, zudem spielte der Emigrant Albert Lieven den deutschen Oberst. Als Äbtissin im besetzten Italien rettet die Palmer mit zwei anderen Nonnen jüdische Kinder aus einem Lager. Als die Nonnen vor einem Exekutionskommando stehen, erschießen die Italiener stattdessen die Deutschen.

Als VERSCHWÖRUNG DER HERZEN in England gedreht wurde, witterte die *Film-Revue* eine Verschwörung gegen die Deutschen und äußerte – wenngleich nicht undifferenziert – ihre Ablehnung.[26] Sie erbat von Lilli Palmer und Albert Lieven eine Stellungnahme. Beide reagierten prompt. Die Palmer konnte sich erfolgreich «verteidigen», indem sie erklärte, sie habe dazu beigetragen, dass die «ethische Balance», was Deutschland betrifft, günstiger ausfällt. Die Äbtissin sollte ursprünglich eine Italienerin sein, sie, Palmer, habe aber darauf gedrungen, diese Figur in eine Deutsche zu verwandeln, die nun jüdische Kinder rettet.[27] Albert Lieven hingegen, der auf der Unterscheidung zwischen Nazis und Deutschen bestand, goss mit dieser Differenzierung und dem Insistieren auf der Wahrheit und dem Erinnern aus Sicht der Deutschen Öl ins Feuer:

> [...] Was der Nazimus dem deutschen Volk, dem deutschen Ansehen und dem deutschen Ruf angetan hat, sollte niemand, der Deutschland gern

24 Leserin, in: *Film-Revue*, 5, 1958.

25 Leser, in: *Film-Revue*, 6, 1958.

26 «Für uns erhebt sich die Frage, ob der Film noch fünfzehn Jahre nach Kriegsende unablässig den Hass gegen die Deutschen predigen muss. Sie ist nicht so einfach zu beantworten, wie sie gestellt ist, denn diejenigen Menschen, die unter den Verbrechen des von Hitler angezettelten Krieges und seines Vernichtungsfeldzuges gegen die Juden gelitten haben, werden sie anders beantworten als wir, die wir dabei sind, eine Schuld abzutragen.» (*Film-Revue*, 23, 1959)

27 *Film-Revue*, 24, 1959.

> hat, vergessen. [...] Ich glaube nicht, dass man damit eine Schuld abträgt, dass man sie vergisst. [...] Weder unser Film noch ich wollten «Hass gegen Deutschland predigen oder wachhalten» oder «böse Gefühle gegen Deutschland aufrühren und nähren». – wir wollen ehrlich sein, weil wir erwachsene Menschen sind, weil wir «einfache und fundamentale Wahrheiten» kennen und schätzen – nämlich Nächstenliebe und Ehrlichkeit. [...] Es ist einer der Filme, der die Dinge nicht durch «rosarotgefärbte» Brillen betrachtet, der nichts verklärt und nichts versüßlicht – er ist ein Film, der wahr und wahrhaftig ist und niemand weh tut, der ein Gewissen hat.[28]

Die Redaktion spielte daraufhin Palmer gegen Lieven aus:

> Wenn gerade Frau Palmer sich aus toleranter Seelenhaltung praktisch für einen ethischen Ausgleich zugunsten der Deutschen in ihrem Film eingesetzt hat, so wiegt das moralisch weitaus schwerer als jede patriotische Beteuerung.[29]

Damit war eine erbitterte Debatte losgetreten, die sich über mehrere Wochen hinzog, ohne dass die Beteiligten den Film gesehen hätten (deutsche Erstaufführung war erst im Juli 1960). Um das Missvergnügen perfekt zu machen, kam in Frankreich (und nur dort) der Film La verte moisson zur Aufführung: französische Schüler im Widerstand, die von den Deutschen gefoltert werden.[30]

Zur Einordnung der Leserzuschriften ist darauf hinzuweisen, dass 1959/60 das Kinopublikum überwiegend aus der Generation bestand, die NS-Zeit und Krieg nur als Kind erlebt hat und auf Schuldvorwürfe – seien sie eingebildet oder real – möglicherweise anders reagierte als die «Täter»-Generation von 1945.

> Ist der Verlust der Heimat, von nächsten Angehörigen und schließlich der Einigkeit unseres Volkes, kein «Schuldabtragen»? [...] Ohne überheblich zu werden, kann ich doch sagen, dass man den Deutschen einigen Geist zuspricht. Warum traut man uns diesen Geist in diesem Punkt, dass wir aus den schweren Verfehlungen unserer Väter lernen wollen, nicht zu?[31]

28 Ebd., 26, 1959.

29 Harald Gloth, ebd.

30 «Welche Gefühle werden die Franzosen von heute beherrschen, wenn sie in dem Film Die grüne Ernte diese Szene sehen, in der ein Skelett mit einem deutschen Stahlhelm von französischen Schülern aus Protest gegen die ‹Boches› an die Laterne geknüpft wird. [...] Der Stahlhelm gehört einem von Gymnasiasten ermordeten deutschen Kradfahrer.» (*Film-Revue*, 2, 1960)

31 Leser, in: *Film-Revue*, 2, 1960.

> Man versucht, uns moralisch niederzuhalten, indem immer noch einmal der Hammer niedersaust. Ihr seid böse – mehr noch, ihr seid das Böse an sich! [...] Weiß Gott, in unserem Namen wurde gesündigt, und wir schämen uns dessen, solange wir innerlich einen deutschen Namen tragen! Aber wir sind das Volk, und die Verbrecher gehören nicht zu unserem Volk.[32]

Scham und Schuld sind in diesen Beiträgen rekurrente Parameter, auch das Bewusstsein, dass dieser Krieg verbrecherisch war, gehörte mittlerweile zum Erkenntnishorizont. Von «Verdrängen» kann also keine Rede sein. Aus dieser allgemeinen Akzeptanz leitet sich die Forderung ab, von weiteren Konfrontationen mit den Verbrechen verschont zu werden, zumal die Verantwortung an volksfremde Elemente delegiert ist. Wenn etwas verdrängt wurde, dann die Tatsache, dass die Verbrechen aus der Mitte der Gesellschaft heraus initiiert wurden. Die Irritationen speisen sich ferner aus einem demonstrativen Nicht-Wissen-Wollen, einer Erkenntnis-Abwehr statt nach mehr Informationen und Details zu fragen.

Gleichzeitig ist über die ehemaligen Gegner ein Versöhnungsdiktat verhängt. Wird diese Versöhnung verweigert – und diese Filme werden als Indiz der Verweigerung gelesen – bleibt man brüskiert und in der «nationalen Würde» gekränkt zurück. Die eingestandene Schuld ist mittlerweile gebüßt (eigene Opfer, deutsche Teilung etc.) oder durch eigene Leistung sogar kompensiert: «Ist es der Neid, dass wir durch Fleiß und Arbeit wieder hochgekommen sind?»[33] Dem Bekenntnis zu den Taten folgt kein Bekenntnis als Täter. Der Angeklagte spricht sich selbst frei, weil die eigentlichen Täter gar nicht zum Volk gehören, und erhebt sich nun seinerseits zum Kläger. Die Anklage lautet nun auf «Schüren von Hass» und «Versöhnungboykott».[34] Die narzisstische Kränkung besteht in der langen, fünfzehnjährigen Diskriminierung trotz individueller Schuldlosigkeit, «das Böse ist externalisiert; es wird draußen gesucht und trifft einen von außen.»[35]

32 Leser, ebd.
Die Redaktion beendete die Debatte mit einem bedenkenswerten Vorschlag: «Mit derartigen ‹antinazistischen› Spielfilmen ist dem Gedanken der Humanität, wie wir glauben, also weniger gedient. Dagegen sollte ein seriöses Werk wie der französische Dokumentarfilm NACHT UND NEBEL, der über Hitlers KZ's Auskunft gibt, längst als Anschauungsmaterial in allen deutschen Schulen gezeigt werden.» (Harald Gloth, *Film-Revue*, 5, 1960)

33 Leserin, in: *Film-Revue*, 4, 1960.

34 Dieser Vorwurf richtete sich nicht nur gegen die von Deutschland besetzten Länder, sondern auch gegen Israel: «Etwas seltsam berührt hat mich dieser Tage eine kurze Zeitungsnotiz, die von Demonstrationen in jüdischen Kinos in Tel Aviv berichtete, weil dort deutsche Filme aufgeführt werden sollten. Wir alle kennen die Vergangenheit und mühen uns seit Jahren ehrlichen Herzens um Vertrauen und Wiedergutmachung. Wie befremdet steht man vor dieser Mauer der Unversöhnlichkeit, vor diesem Boykott des guten Willens. Gerade der Filmaustausch wäre meines Erachtens ein gutes Mittel zur Beseitigung von Ressentiments.» (Leser, in: *Film-Revue*, 1, 1959)

35 Alexander und Margarete Mitscherlich: *Die Unfähigkeit zu trauern*, München 1977, S. 60.

An dieser Stelle tun sich potenzielle Alternativen auf. Hätten diese Filme statt aggressive Abwehr auszulösen auch Anstoß für eine kritische Selbstbefragung sein können? Hätten sie vielleicht zur Einsicht führen können, dass die Deutschen selbst erst die Voraussetzung für Versöhnung schaffen müssen, indem sie das Leid, das sie über ihre Nachbarn brachten, an sich heranlassen? Etwas mehr Demut statt Hochmut? Ganz aus der Welt waren diese Möglichkeiten nicht, aber nur eine einzige Leserin traf zielsicher ins Herz der Dinge:

> Ich glaube, wenn wir mehr Mut hätten – und das Einsehen! – unserer Vergangenheit ins Auge zu sehen, würden solche Filme im Ausland gar nicht gedreht werden.[36]

Mit dieser Einsicht in die defizitäre Aufarbeitung der Vergangenheit ist eine untypische Position besetzt, denn für die allermeisten bedeuteten die besonders inkriminierten Filme BETRAYED und CONSPIRACY OF THE HEARTS am Ende des Jahrzehnts im Kampf gegen die Kollektivschuld einen Rückschlag. Möglicherweise war der Ausschlag auf der Empörungsskala deshalb so hoch. Im Laufe der 1950er-Jahre gab es nämlich insofern eine gewisse Entlastung, als die einseitig negative Darstellung der Deutschen im amerikanischen und englischen Film (v.a. im Kriegs- und Agentengenre) einem differenzierten Deutschlandbild wich, bis hin zu deutschen Hauptfiguren als positive Helden.[37] Dieser Wandel ist als Reaktion auf die neue politische Konstellation mit der Bundesrepublik als Verbündeten zu deuten. Aus der Perspektive der Produzenten dominierten kommerzielle Interessen hinsichtlich des deutschen Marktes.

Auch außerhalb des Kinos sind positive Veränderungen im Deutschlandbild der ehemaligen Kriegsgegner in der Bundesrepublik aufmerksam und mit Genugtuung registriert worden. Als 1953 Carl Zuckmayers Stück *Des Teufels General* in London mit großem Erfolg aufgeführt wurde (Trevor Howard spielte die Titelrolle), hieß es:

> Jetzt erst, acht Jahre nach Kriegsende, zeigt England durch seine Begeisterung für dieses Stück, dass der Wall von Hass und Antipathie gegenüber dem ehe-

36 *Film-Revue*, 26, 1959.
Auch die Forderungen nach Vergessen und Schlussstrich blieben nicht unwidersprochen: «Außerdem sind die grausigen Verbrechen der Nazizeit doch auch ohne diesen Film in der ganzen Welt bekannt und die, die damals im KZ waren und es überlebt haben, werden es sowieso nie vergessen, und es darf auch nicht vergessen werden, auch von den Menschen von 1959 nicht, damit so etwas nie wieder vorkommt. Und dazu kann gerade ein eindrucksvoller Film mehr beitragen als edle Worte.» (ebd.)

37 Vgl. Inken Heeb: *Deutschlandbilder im amerikanischen Spielfilm 1946 bis 1993,* Stuttgart 1997, S. 44.

> maligen Gegner durchbrochen ist und dass immer mehr Verständnis für historische Notwendigkeiten und die darin enthaltenen Tragödien erwächst.[38]

Vorbereitend für diese Wandlung war in dieser Perspektive die zunehmende Wertschätzung von Feldmarschall Rommel in England, und diese objektive Sichtweise sei

> ein Beweis für den ‹common sense› und den Sinn für Fairness im englischen Volk. Das Schicksal des Mannes, dessen tragisch umwitterte Persönlichkeit in Haltung und Leistung seine siegreichen Gegenspieler weit in den Schatten stellte, war der erste Anstoß für die englische Öffentlichkeit, von einem verallgemeinernden Hassurteil gegenüber Deutschland abzurücken. So wurde der Boden für das Verständnis einer Tragödie vorbereitet, wie sie Zuckmayers Schauspiel *Des Teufels General* zugrunde liegt.[39]

Damit ist wieder der Bogen zum Kino geschlagen, denn der Rommel-Film THE DESERT FOX markierte 1951 den Wendepunkt in der filmischen Darstellung der Deutschen. Es folgten u.a. DECISION BEFORE DAWN, SO LITTLE TIME, THE SEA CHASE, THE ENEMY BELOW, THE ONE THAT GOT AWAY (mit Hardy Krüger als Franz von Werra, der die Engländer an der Nase herum führt) und THE YOUNG LIONS. Diese Veränderung registrierte auch die Kritik. Sie freute sich besonders, wenn der deutsche Held von einem amerikanischen oder englischen Star verkörpert wurde: James Mason als Rommel, Marius Goring als deutscher Besatzungsoffizier in Belgien (SO LITTLE TIME), Marlon Brando (obendrein blondiert) in DIE JUNGEN LÖWEN, Peter Finch in THE BATTLE OF THE RIVER PLATE[40] und John Wayne als deutscher Frachterkapitän in DER SEEFUCHS. Zu diesem Film bemerkte ein Kritiker gar, hier sei die «Revision eines voreiligen Kollektivschuldverdachtes exemplifiziert.»[41]

Freilich sahen auch die Kritiker immer nur die deutschen Fassungen. Wenn diese Filme doch anstößige Szenen enthielten, die die Freude über das revidierte Deutschlandbild trüben konnten, wurden sie nämlich herausgeschnitten. Bei den YOUNG LIONS blieb dies nicht unbemerkt, weil ein Zuschauer die Originalfassung im Nachbarland gesehen hatte:

> In Holland aber wird eine Fassung gezeigt, deren Tendenz einwandfrei deutschfeindlich ist. Dreizehn Jahre nach Kriegsschluss leben auf der Lein-

38 *Star-Revue*, 24, 1953.

39 Ebd.

40 «Bemerkenswert [...] ist die Fairness, mit der die Ballettfilmer Powell & Pressburger einen Gegner von einst mannhaft und sympathisch durch Peter Finch darstellen lassen.» (Kr, in: *Abend*, 8.6.1957)

41 Robert Held, in: *FAZ*, 12.12.1955, zit. n. Fischl 2019, S. 237.

> wand Ressentiments und grobe Verallgemeinerungen wieder auf. In einer Szene z. B. gibt der deutsche Oberleutnant den Befehl, verwundete alliierte Gefangene mit Maschinenpistolen wie räudige Hunde niederzuschießen. Und ein deutscher Offizier zieht seine Pistole wie auf dem Schießstand, um einen taumelnden Schwerverletzten regelrecht abzuknallen. Und Genickschüsse werden auch gezeigt! Mitglieder des Afrikakorps gebärden sich wie die Banditen und Schwerverbrecher, aber nicht wie Soldaten. Ich bin ehrlich erschüttert über diesen gemeinen Film und traute mich beim Verlassen des Kinos nicht, auch nur ein Wort deutsch zu sprechen.[42]

Die Erschütterung gilt nicht den deutschen Kriegsverbrechen, sondern der «Gemeinheit» des Films diese zu zeigen. Die tief sitzende Scham lässt sich auch hier nicht verbergen, stimuliert ist sie nicht durch die schrecklichen Taten, sondern durch ihre öffentliche Zurschaustellung. Das ist ein generelles Phänomen, das auch bei den *atrocity films* 1945 zutage getreten war (siehe Kapitel 1): Das Schamgefühl verstärkt sich (oder wird überhaupt erst hervorgerufen), wenn die begangene Untat vor aller Augen sichtbar ist.[43]

Zu Beginn der 1960er-Jahre war es Italien, das mit Filmen wie I SEQUESTRATI DI ALTONA und LE QUATTRO GIORNATE DI NAPOLI einer antideutschen «Flutwelle» und damit einer versöhnungsfeindlichen Haltung bezichtigt wurde. Anlässlich der italienischen Uraufführung des Neapel-Films, der den Aufstand der Bewohner gegen die deutschen Besatzer schildert, leitartikelte die *Film-Revue*:

> Der Film bringt in nicht mehr überbietbarer Deutlichkeit und Grausamkeit Schandtaten deutscher Soldaten aus dem Herbst 1943, als die neapolitanische Bevölkerung gegen die Besatzung aufstand. *Film-Revue* will gar nicht erst die Frage der umstrittenen Authentizität dieser Filmszenen erörtern. Jeder Deutsche weiß, dass in deutschem Namen Scheußlichkeiten geschahen, die aus dem Buch der Geschichte nicht auszuradieren sind. Hier aber geht etwas vor, dem die Aufmerksamkeit jedes Europäers gehört: Jenseits der Alpen wird systematisch daran gearbeitet, zwischen dem italienischen und dem deutschen Volk Unstimmigkeiten zu schaffen.[44]

Damit waren die entsprechenden Reaktionen der Leser provoziert, die den Film noch gar nicht gesehen hatten, aber eine «antideutsche Flutwelle, die uns von Ita-

42 Leser, in: *Star-Revue*, 11, 1958.

43 «Während sich Schuldgefühle allmählich und auch ohne konkreten Anlass entwickeln können, stellt sich Scham durch einen plötzlichen Perspektivenwechsel ein, etwa wenn man den Blick anderer auf sich spürt» (Weckel 2012, S. 16).

44 *Film-Revue*, 26, 1962.

lien her zu überschwemmen droht», monierten und Italien generell das Recht auf Kritik an Deutschland absprachen, schließlich sei der «Faschismus bekanntlich eine italienische Erfindung.»[45] Diesen Aspekt vertiefte die Redaktion, indem sie bumerangartig Italien eine «unbewältigte Vergangenheit» unterstellte, die sich zu einem «Komplex aufgestaut» hat, der sich heute in «primitiven Machwerken» entlädt.[46]

Doch trotz dieser Invektiven, die ja schon Tradition hatten, markiert der Neapel-Film einen Wendepunkt. Er ist nicht zuletzt dadurch markiert, wie die FSK, der der Film im April 1963 zur Prüfung vorlag, mit dem angeblichen «Machwerk» umging. Die Medienkampagne im Nacken (es war nicht nur die *Film-Revue*), beschäftigte der Arbeitsausschuss ein Großaufgebot an Experten (Wehrmachtsoffiziere als Zeitzeugen, Historiker, Vertreter der Bundesministerien) und verweigerte dem Film dann die Freigabe. Nun jedoch reagierten die Medien empört mit einem Zensur-Vorwurf. Die Kritik an der Tendenz des italienischen Films implizierte nicht mehr automatisch die Akzeptanz eines solchen Übergriffs, eine neue journalistische Sensibilität, die auch von der *Spiegel*-Affäre im Herbst 1962 beeinflusst sein mochte. Der Rechtsausschuss der FSK gab den Film im September 1963 frei.[47]

Diese Ambivalenzen verweisen auf den allmählichen Klimawandel im Umgang mit der nach wie vor unreflektierten deutschen Vergangenheit und damit auch der Rezeption solcher Filme. Ende der Fünfziger-, Anfang der Sechzigerjahre kam die juristische Aufarbeitung der Verbrechen in Gang, begleitet von einem entsprechenden Medien-Echo (1958: Ulmer Einsatzgruppenprozess, Gründung der Ludwigsburger Zentralstelle zur Aufklärung nationalsozialistischer Gewaltverbrechen, 1961: Eichmann-Prozess, 1963: Auschwitz-Prozess). Unabhängig vom Ausgang dieser Verfahren waren nun juristisch verifizierte Fakten auf dem Tisch, die das Gerede von antideutscher Hetze langsam zum Verstummen brachten.

Die Entdeckung der Delta-Strahlen

Zurück in die Fünfziger. Alle ausländischen Filme, die Nationalsozialismus und Krieg thematisieren, wurden als Konfliktherd identifiziert, an den in der Bundesrepublik bis in die 1960er-Jahre hinein geltenden Sag- und Zeigbarkeitsregeln skaliert und für die Kinovorführung entsprechend präpariert. Referenz war die Spruchpraxis der FSK. Die Intensität des Eingriffs variierte von Film zu Film und reichte von der Mikro-Chirurgie bis zur großflächigen Transplantation.

45 *Film-Revue*, 2, 1963.

46 *Film-Revue*, 4, 1963.

47 Vgl. Kniep 2010, S. 166 ff.

Die Duldsamkeit gegenüber Repräsentanten des Nationalsozialismus in fremdsprachigen Filmen war deshalb so gering, weil sich das Publikum mit diesen Figuren zwar nicht in ihrer Eigenschaft als Nazis identifizierte, wohl aber als Deutsche im Sinne der Volksgemeinschaft angesprochen fühlte. Da diese Deutsche als Filmfiguren, gleichviel ob Wehrmachtssoldaten oder Gestapo-Agenten, bei dieser Thematik schon aus dramaturgischen Gründen meistens die Bösen waren, witterte man den Vorwurf der Kollektivschuld. Dieses «rote Tuch» suchte die Filmwirtschaft um jeden Preis zu vermeiden, weil anders der Unterhaltungseffekt nicht zu sichern war. Ein Happy End, bei dem die Deutschen am Schluss vernichtet oder wenigstens bestraft waren, bedeutete aus deutscher Rezipientenperspektive ein Sad End. Das durch die Verletzung des Kodex ausgelöste Missvergnügen hätte sich negativ an der Kasse bemerkbar gemacht. Faktisch waren die Aufführungsverbote und Handlungs- wie Figurenvariationen eine Zensur, aber die Zensoren waren letztlich Kaufleute, keine Politiker. Die Motive waren somit oft viel profaner als die vorgeblich «nationalen Interessen».

Das gilt auch für die spektakulärste und virtuoseste Umgestaltung eines Films, dessen Resultat einer Art Volksausgabe für den deutschen Michel gleichkam: CASABLANCA.[48]

Die FSK war in diesem Fall gar nicht involviert, denn der Verleih (Warner) wollte diesen Film 1952 als Starvehikel für die bei den Zuschauerinnen beliebte Ingrid Bergman in die Kinos schicken. Um die Bergman herum hatte der Film – der 1942 Propaganda für den Kriegseintritt der USA machen sollte – freilich eine Handlung, die Verleih und Synchronfirma (Deutsche Mondial) vor Herausforderungen stellte, die nur mit höchster Professionalität zu bewältigen waren.

Die Entfernung aller Bezüge zur nationalsozialistischen Gewaltherrschaft in Europa richtete sich hier nämlich nicht auf eine Nebenhandlung, sondern auf die zentrale Achse des Films mit ihren klaren Oppositionen von Diktatur vs. Freiheit und Täter (Nazis) vs. Opfer (Emigranten). Sämtliche Sequenzen mit Conrad Veidt als SS-Major Strasser samt seiner Entourage mussten geschnitten werden, da er wegen seiner Uniform sich nicht zu einer anderen Figur «umsynchronisieren» ließ. Damit entfällt der emotionale Höhepunkt, wenn die Emigranten mit der «Marseillaise» die «Wacht am Rhein» niedersingen. Ohne Pointe bleibt die Schlusssequenz am Flugplatz, da in Ermangelung von Major Strasser ihn Humphrey Bogart auch nicht erschießen kann. Viktor Laszlo erscheint skandinavisiert als «Viktor Larsen», aber nicht als Kopf der Widerstandsbewegung, auch nicht als

48 Es ist auch die bestuntersuchte Filmvariation, weshalb wir uns hier kurzfassen können, vgl. Joseph Garncarz: «‹Nicht zur Vorführung in Deutschland geeignet›. Die deutsche CASABLANCA-Fassung von 1952», in: *Kunst unter Kontrolle. Filmzensur in Europa*, München 2014, S. 122–135; Annika Wisniewski: «Synchronisation und Zensur in der BRD zwischen 1950 und 1960», in: *Filmübersetzung. Probleme bei Synchronisation, Untertitelung, Audiodeskription*, Frankfurt a. M. 2012, S. 267–341.

KZ-Flüchtling, sondern als Wissenschaftler, der die ominösen, kriegsrelevanten «Delta-Strahlen» entdeckt hat und wegen «Sabotage» verhaftet wurde. Dies hörte sich im Synchrondialog dann so an:

> It wasn't long after we were married that Victor went back to Czechsolovakia. They needed him in Prague, but there the Gestapo were waiting for him. Just a two-line item in the paper: ‹Victor Laszlo apprehended. Sent to concentration camp.
> (Wir waren kaum verheiratet, als Victor die Delta-Strahlen entdeckte. Du weißt, was dann passierte. Ich war schon nach Paris vorausgefahren. Ich ahnte, dass sie ihn verhaften würden, aber eins habe ich nicht geahnt, er bekam 20 Jahre wegen Sabotage.)

Die Emigranten, die sich in Rick's Café versammeln, sind nicht vor Hitler geflüchtet, sondern allgemein vor dem «Krieg». Verkörpert sind sie freilich von deutschen Schauspielern, die tatsächlich emigriert und dem filmkundigen Publikum von 1952 durchaus bekannt waren. Dieser NS-Bezug blieb also präsent.

Übrig geblieben ist in der Synchronfassung ein durchschnittliches Melodram, das sich um Rick, Ilsa und «Larsen» rankt und dessen *Storytelling* aufgrund der professionellen Bearbeitung funktioniert. Eine Entnazifizierung nicht nach amerikanischer, sondern nach deutscher Art, denn die ehedem nazistisch Sozialisierten sollten sich durch negativ gezeichnete NS-Figuren und deren positiv gezeichnete Opfer nicht narzisstisch gekränkt fühlen.

Die Öffentlichkeit bekam von der Liquidierung der politischen Botschaft nichts mit und wusste daher nicht, dass sie hier nur die Ruine eines Films vor sich hatte. Die Rezeption als «antideutscher Hetzfilm» war vermieden, dennoch stellten sich bei der Kritik leichte Irritationen ein. Sie konstatierte zwar den Vorstoß vom «romantischen Requisitenzauber» in den «krassen Realismus», doch blieb die Frage offen, «ob mit der Produktion dieses merkwürdigen Filmes aus ‹jenen Tagen› der Sache der Freiheit ein wirklicher oder nur scheinbarer Dienst erwiesen wurde.»[49]

49 *FAZ*, 8.9.1952, zit.n. Fischl, S. 266. Ganz unentdeckt blieb das Geheimnis dann doch nicht. Ein Leser der *Film-Revue* und Conrad-Veidt-Fan hatte CASABLANCA drei Jahre vorher in Wien in der Originalfassung gesehen und war nun empört, dass sein Idol herausgeschnitten war: «Ich verstehe das nicht und kann nur sagen: Armer Conny, armes Publikum – beide werden unverdient betrogen.» (*Film-Revue*, 3, 1953)
Auch in der Schweiz lief die unbearbeitete Originalfassung. Darüber erstattete der deutsche Generalkonsul Dr. von Börries dem Auswärtigen Amt Bericht. Er monierte das taktlose und arrogante Auftreten der deutschen Offiziere, von denen der deutsche Zuschauer «peinlich berührt» sei, ihr Verhalten sei «abstoßend und widerwärtig». Er sah einen «Hetzfilm gegen Deutschland» und: «Die Wirkung des Films empfindet man als deutscher Zuschauer ausgesprochen verheerend.» (zit.n. Philipp v. Hugo: «Beobachten, bürgen und zensieren – Filmpoli-

Die Veränderungen in anderen Filmen sind vergleichsweise marginal, aber für das Abwehr- und Schweigesyndrom nicht weniger signifikant. In der Rigorosität am ehesten mit CASABLANCA vergleichbar ist die Bearbeitung von ROGUES' REGIMENT, ein Film von 1940, der 1954 als DER MANN OHNE GESICHT in die Kinos kam. Im Original geht es um die Fahndung nach untergetauchten Nazis in der Fremdenlegion in Indochina, konkret um einen gewissen Martin Bruner, ein Name, der Martin Bormann assoziieren sollte (den man damals für am Leben und untergetaucht hielt). Die deutsche Fassung griff zur «Slawisierung», hier gilt die Suche «Mischa Brunek» (die Figur «Heindorf» wird zu «Lenjow»), alle Nazis sind entfernt oder zu Kommunisten gemodelt, aus einem Antinazifilm wurde – nunmehr vor dem Hintergrund des Kalten Kriegs – ein antikommunistischer. Diese Transformation bedeutete einigen Aufwand, da der deutsche Hintergrund in vielen Details enthalten ist (Fotos, SS-Tätowierung, Lieder, Akzente).[50] ROGUES' REGIMENT war – im Gegensatz zu CASABLANCA – nur ein B-Picture, bei dem man keinen Zuschaueransturm erwarten konnte. Der akribische Eliminierungseifer, selbst bei Streifen, die nicht gerade die oberen Plätze der Filmgeschichte besetzen, nährt den Verdacht, dass Nazis auf der Leinwand beim deutschen Verleih eine Art Zwangshandlung auslösten oder als gelte es, ein sakrales Bilderverbot durchzusetzen.

Die Zubereitung der entsprechenden Filme für eine störungsfreie Rezeption war jedenfalls flächendeckend. Verleih und Synchronwirtschaft arbeiteten reibungslos zusammen, die FSK brauchte meist gar nicht einzugreifen, weil ihr die Filme schon in bearbeiteter Fassung vorgelegt wurden.

Fritz Langs CLOAK AND DAGGER (1946) kam 1953 als IM GEHEIMDIENST in einer besonders übergriffigen Synchronisation in die Kinos, die verdeutlicht, mit welchen Verrenkungen verschleiert wurde, dass sich die Geheimdienst-Aktivitäten gegen die Nazis und ihre Atombombenpläne richten. Es findet eine rege Auswechslung von Nationalitäten statt, nicht die Deutschen arbeiten an Atomwaffen, sondern die Ungarn und Italiener! Zum subtilen Instrumentarium gehört auch die Internationalisierung: statt «german atomic workers» heißt es «europäische Atomforschung». Weitere Dialoghöhepunkte:

tik mit dem Zweiten Weltkrieg in der Bundesrepublik der fünfziger Jahre», in: Moshe Zuckermann (Hg.): *Medien – Politik – Geschichte*, Göttingen 2003, S. 62–91; 86)

50 Perfekt gelungen war die Umwandlung offenbar nicht, wie die folgende Kritik registriert: «Regisseur Robert Florey inszenierte Robert Buckners hart-realistisches Drehbuch, dessen Anspielungen in Richtung deutscher Ex-Soldaten und jetziger Fremdenlegionäre trotz aller offensichtlicher Synchron-Tarnung nicht zu übersehen sind, ebenso virtuos wie brutal. [...] Das sicherlich der Wahrheit ziemlich nahe kommende Bild von Frankreichs Kampf gegen die rote Bedrohung in Indochina dürfte allerdings allenthalben durch seine Aktualität auf breites Interesse stoßen.» (hm, in: *Der neue Film*, 58, 1954)

the leading German scientists are all Nazi members	führende Atomwissenschaftler gehören alle einer internationalen Familie an
naturally I'm anti-nazi	Ich bin verschwiegen wie ein Grab
in 1935 you joined the American-German Bund as Hilda Winters	1935 traten Sie einem italienisch-politischen Geheimbund bei unter dem Namen Gilda Vincetti
In 1937 you're arrested for organizing antisemitic and anti-negro riots	1937 wurden Sie in New York wegen Organisierung von faschistischen Streikbewegungen verhaftet
in 1939 you're in the Columbia House Berlin working for the Gestapo	1939 arbeiten Sie in Rom für die italienische Geheimpolizei
once a German, always a German	Spion bleibt Spion

Alfred Hitchcock war mehrfach betroffen. Die deutsche Fassung von NOTORIOUS erhielt 1951 vom Verleih (RKO) den Titel WEISSES GIFT, weil die mit Uranerz (evtl. für eine Atombombe) handelnden Nazis nun als internationale Rauschgifthändler fungierten, ihre Namen wurden teils romanisiert, teils slawisiert, auch Ingrid Bergmans Figur ist nicht mehr deutscher Herkunft, statt Alicia Huberman heißt sie Elisa Sombrapal. Der Entpolitisierungsstrategie fiel auch die Erwähnung der «IG Farben» zum Opfer.

Wenn die positive Mittelpunktfigur eines Films – also der sogenannte «Held» – sich antifaschistischer Taten schuldig machte, die hier grundsätzlich als antideutsch gelesen wurden, war diese Figur zur Manipulation freigegeben. In TO CATCH A THIEF erfuhr der deutsche Zuschauer nicht, dass der von Cary Grant verkörperte Dieb eine Biografie als Résistance-Kämpfer hat. Die Übersetzung seiner Aussage «I was in the Résistance» mit «Man tut, was man kann» ist noch etwas plump, doch dann wird es originell. Über seine Haushälterin, die ebenfalls in der Résistance war, sagt Grant: «She strangled a German general once – without a sound!» – «Sie hat mal im Zirkus einen ausgebrochenen Löwen eingefangen – mit bloßen Händen!»

Die Manipulierung eskaliert zur Perfidie, wenn sie aus Opfern Täter macht. In NIGHT PEOPLE, der in Berlin während der Besatzungszeit spielt, kommt ein blinder Wehrmachtsgeneral vor, der am Attentat auf Hitler beteiligt war und durch die Folterung der Gestapo sein Augenlicht verlor. In der deutschen Fassung ist er ein Wissenschaftler, der bei Experimenten mit der V-2-Rakete erblindete.

Bei Jean-Pierre Melvilles LEON MORIN, PRÊTRE öffnete sich ein ganzer Katalog von Ärgernissen, politischer, moralischer und religiöser Art. Zeit der Handlung ist die deutsche Okkupation in Frankreich, die entsprechenden Szenen wurden gestrichen (mit der Begründung, sie seien zu «handlungsarm»). Ebenfalls zum Opfer fiel das angedeutete sexuelle Interesse der weiblichen Hauptfigur am Priester, wobei entsprechende laszive Assoziationen erst der deutsche Verleihtitel stimulierte: EVA UND DER PRIESTER.

In Stanley Kubricks PATHS OF GLORY entdeckte die FSK «diffamierende, völkerverletzende Äußerungen», die die Synchronisation entfernte. Die Frage des Generals «Bist du bereit, weitere Deutsche zu töten?» wurde ersetzt durch «Wollen wir denen drüben mal einheizen?» Generell wurde der Dialog «gemildert» und die Exekutionsszene um einige Bilder geschnitten.[51]

Dieser Bearbeitungseifer zieht sich wie eine Schleimspur durch die Synchrongeschichte, auch über unseren Untersuchungszeitraum hinaus. In DAS QUILLER MEMORANDUM (1966) bereitet eine Untergrundorganisation von Alt- und Neonazis einen Umsturz in West-Berlin vor, doch der deutsche Zuschauer erfährt davon nichts, sondern wird mit «Spionen» unterhalten. CABARET (1972) wurde so gekürzt, dass der politische Hintergrund mit dem aufsteigenden Nationalsozialismus nicht mehr handlungsmotivierend wirkt. 1971 stellte Wenzel Lüdecke, Chef der führenden Firma «Berliner Synchron» lapidar fest: «Wenn wir einen Film bekommen, der das Nationalgefühl verletzt, wird das geändert.»[52] Der gesellschaftliche Konsens, der dieses ominöse Gefühl so schützenswert machte, war indessen längst suspendiert.

Ein Herr aus Tel Aviv

Der Antisemitismus hat bekanntlich eine lange Vorgeschichte. Auch die nationalsozialistische Judenfeindschaft steht in dieser historischen Tradition. Ihre Radikalisierung bis zum Ausrottungswahn setzte in der Epoche «nach Auschwitz» die antisemitischen Stereotypen, die tief in der Gesellschaft verwurzelt waren, keineswegs außer Kraft.

51 Isa van Eeghen: «Beispiele politischer Prüfentscheidungen der FSK in der Adenauerzeit», in: *Film & Fakten*, 10, 1989, S. 14–19; 18. In Frankreich war PATHS OF GLORY wegen Beleidigung der französischen Armee ganz verboten – und zwar 20 Jahre lang!
Als der Film 1958 auf der Berlinale lief, erklärte der französische Stadtkommandant General Gèze, er werde offiziell an keiner Veranstaltung der Filmfestspiele in Berlin teilnehmen, «solange in einem Kino dieser Stadt ein Film läuft, der für mein Land alle diejenigen, die ruhmreich für die Ehre dieses Vaterlandes gekämpft haben, gleichgültig in welchem Rang, beleidigend ist.» Der General, der im Ersten Weltkrieg in dem Regiment gedient haben soll, an dem PATHS OF GLORY so heftig Kritik übt, verbot den Film für den französischen Sektor (*Der neue Film*, 54, 1958, S. 2).

52 Hans-Peter Kochenrath: *Synchronisation*, TV-Film, WDR 28.4.1971.

Bei Aussagen über den Antisemitismus in der frühen Bundesrepublik ist zwischen öffentlichem und nicht-öffentlichem Diskurs zu differenzieren. Sich in der Öffentlichkeit antisemitisch zu äußern war zwar inopportun und zog Sanktionen nach sich, doch kontrastiert dieses offizielle Schweigen mit Umfragen, nach denen 1949 ein Viertel der Bevölkerung sich selbst als antisemitisch einstufte, 1952 war es sogar ein Drittel.[53] Erst von da an gingen die Zahlen nach unten. Es gab einen offiziellen, von der Politik und den Medien vermittelten Anti-Antisemitismus und eine private antisemitische Kommunikation in großen Teilen der Gesellschaft einschließlich der Eliten. Dies war nicht mehr die rassistische Judenfeindschaft, die im NS-Staat gleichsam zur nationalen Identität gehörte, sondern ein gebrochener, von Schuldgefühlen belasteter Antisemitismus.[54] Darüber, dass den Juden von den Nazis (zumindest) «Unrecht» zugefügt wurde, herrschte weitgehend Konsens, was die negative Einstellung gegenüber den Juden jedoch nicht beeinflusste.

Das Thema ist in der frühen Bundesrepublik generell eher gemieden worden. Eine politische Relevanz hatte indessen die Diskussion über die «Wiedergutmachung». Die Reparationsforderungen Israels stießen in der Bevölkerung auf massive Ablehnung: 44 % hielten eine Wiedergutmachung für überflüssig.[55] Die Adenauer-Regierung setzte ein solches Abkommen zwar durch (es ging um eine Entschädigung von 3,45 Mrd. DM), doch die Ratifizierung im Bundestag 1953 war nur mit den Stimmen der Opposition möglich. Die SPD-Fraktion votierte als einzige einstimmig dafür.[56]

In den Jahren 1953–57 verschwand der Themenkomplex NS-Zeit, Antisemitismus, Schuldfrage nahezu komplett von der Agenda. Über die Vergangenheit herrschte dröhnendes Schweigen. Gegen Ende der 1950er-Jahre kam es wieder zu einer Häufung antisemitischer Vorfälle: Schmierereien, Friedhofsschändungen etc., und ein öffentlicher Aufschrei beendete die Stille.

Die Reaktionen auf jüdische Figuren in ausländischen Filmen sind vor diesem skizzierten Hintergrund einzuordnen. In den als «antideutsch» klassifizier-

53 Werner Bergmann / Rainer Erb: «Wie antisemitisch sind die Deutschen? Meinungsumfragen 1945–1994», in: Wolfgang Benz (Hg.): *Antisemitismus in Deutschland. Zur Aktualität eines Vorurteils*, München 1995, S. 47–63; 50 f.

54 Dies. (Hg.): *Antisemitismus in der politischen Kultur nach 1945*, Opladen 1990, S. 13.

55 Bergmann/Erb 1995, S. 51.
Das Image des Staates Israel in der Bundesrepublik war ambivalent. Die Medien berichteten allgemein wohlwollend über den Aufbau des jüdischen Staates, Adenauer und Ben Gurion bekundeten wechselseitig ihre Wertschätzung. In der Suez-Krise (1956) lag in der Öffentlichkeit die Sympathie jedoch ganz bei Ägypten und auch 1965 hatten nur 24 % der Deutschen im Nahost-Konflikt Sympathie für Israel. Erst 1967, nach dem Sieg Israels gegen die ägyptische Übermacht, kam es zu einem Stimmungsumschwung zugunsten Israels (Werner Bergmann: *Antisemitismus in öffentlichen Konflikten*, Frankfurt a. M./New York 1997, S. 302).

56 Constantin Goschler: *Schuld und Schulden. Die Politik der Wiedergutmachung für NS-Verfolgte seit 1945*, Göttingen 2005, S. 174.

ten Werken sind Juden, ebenso wie Widerstandskämpfer und Emigranten, mit ihren Leidens-Biografien die Opfer der deutschen Täter. Selbst in Nebenhandlungen blendete allein ihr Erscheinen das ihnen zugefügte Unrecht auf und damit implizit auch den unrecht Handelnden oder dieses Unrecht Duldenden. Damit durfte sich jeder im Publikum – auch die nicht antisemitisch Eingestellten – angesprochen und entsprechend brüskiert fühlen. Hier war er wieder: der kollektive Schuldvorwurf, dieser fortwährend beunruhigende Stachel, die «politische Kollektivneurose der fünfziger Jahre».[57]

Um solche unangenehmen Affekte in den Filmpalästen zu verhindern, trat verlässlich das Veränderungs- und Bearbeitungskommando der Filmwirtschaft auf den Plan. Jüdische Filmfiguren erhielten in den deutschen Fassungen andere Biografien, andere Nationalitäten, andere Religionszugehörigkeiten, sofern sie sich nicht ganz herausschneiden ließen.

Freilich hing es von Sujet und Kontext ab, in dem das jüdische Thema situiert war. DAS TAGEBUCH DER ANNE FRANK z. B. blieb relativ unbearbeitet (allerdings wurde der Schluss gekappt, der die Leidenszeit der Familie nach ihrer Verhaftung erwähnte), weil sowohl die Buchausgabe (dt. 1950, als Taschenbuch 1955) als auch die Bühnenfassung (1956) und die Verfilmung (1959) schon so bearbeitet waren, dass der Fokus von der Judenverfolgung auf eine allgemeine Leidensgeschichte verschoben war.[58] Doch gerade die Identifizierung mit einem individuellen Schicksal, herausgehoben aus einem anonymen, abstrakten Geschehen, reduziert die Abwehrreflexe und löst Empathie aus, vielleicht sogar Reflexion (beim TV-Mehrteiler HOLOCAUST fand 1979 ein ähnlicher Prozess statt).

Anders gelagert war die Problematik bei NEVER LOVE A STRANGER (1958). Der Film hat einen Jungen als Hauptfigur, «dessen jüdische Abstammung für seine Laufbahn eine entscheidende Bedeutung erlangt. In der deutschen Fassung des Films [DER GANGSTERKÖNIG VON NEW YORK] ist er in einen abstammungslosen Amerikaner verwandelt worden.»[59] In Claude Chabrols LES COUSINS ist die Hauptfigur ein jüdischer Student, den sein Freund mit dem makabren Spaß «Aufstehen! Gestapo!» weckt (im Original in deutsch). In der Synchronfassung ist er kein Jude, sondern Ungar und der Weckruf lautet «Aufstehen! Staatspoli-

57 Frei 2005, S. 108.

58 «Von einem Jungmädchentagebuch lässt sich das Publikum gern rühren, aber vom System der Gaskammern will es unter keinen Umständen etwas hören.» (Gerhard Schoenberner, in: *Vorwärts*, 23.10.1959)
Im Film litt Anne Frank obendrein unter Liebeskummer: «Der renommierte Regisseur George Stevens muss hier von allen guten Geistern verlassen gewesen sein. Anstatt sich eng an das Bühnenstück zu halten und den Film so knapp, so konzentriert wie nur möglich anzulegen, verstieg sich Stevens in eine unerträgliche epische Breite, die häufig, leider, den puren Kitsch streift.» (Klaus Hebecker, in: *Star-Revue*, 19, 1959)

59 Karsten Peters, in: *Deutsche Jugend*, 8, 1960, S. 383.

zei!» – also die kommunistische! In diesem Fall gab es nach öffentlicher Kritik eine Reaktion. Der Bavaria-Verleih veranlasste eine neue Synchronisation. Nun hieß es wie im Original «Aufstehen! Gestapo!» Die alten Kopien wurden zurückgezogen.[60]

Selbst die Erwähnung Israels oder auch nur einer israelischen Stadt setzte bei den Rezipienten weitreichende Konnotationen frei, die eine Ausschaltung des Denotats erforderlich machten, auch dann (oder vielmehr vor allem dann), wenn der Film einem völlig unpolitischen Genre angehörte. Am Schluss von ROMAN HOLIDAY findet eine Pressekonferenz statt, bei der die Auslandskorrespondenten in Rom sich der in ihre Rolle als englische Prinzessin zurückgekehrten Audrey Hepburn vorstellen. Auch ein israelischer Journalist ist vertreten, er sagt «Gross, ‹Davar›, Tel Aviv». In der – ansonsten erstklassigen – Synchronfassung stellt er sich vor mit: «Grossi, Corriere della Sera».

Der Manipulationszwang betraf hier eine an sich völlig bedeutungslose Sequenz von fünf Sekunden, der jedoch zugetraut wurde, die Harmonie des Happy Ends zu unterminieren. Die Inkonsequenz, dass ein Journalist des *Corriere* in Rom kein Auslandskorrespondent sein kann, ist der Eliminierung Israels untergeordnet.

Was war das Motiv für diese Intervention? Als Verantwortliche kommen drei Instanzen infrage: der Verleih als Auftraggeber, die Dialogautorin, der Synchronregisseur. Wer auch immer diese Idee hatte, rechnete mit der antijüdischen Einstellung der Adressaten, bei denen die Assoziationskette Tel Aviv – Israel – Juden – Judenverfolgung – deutsche Schuld – Wiedergutmachungszahlung eine Verstimmung ausgelöst hätte, die dem angestrebten Unterhaltungseffekt zuwidergelaufen wäre und der beschwingten Stimmung im Kinosaal einen Misston hinzugefügt hätte.

Dieser Vorgang indiziert neuerlich, dass die Vergangenheit nicht in tiefere Schichten «verdrängt» war, sondern permanent, an allen Ecken und Enden des Alltags, auch beim harmlosen Kinobesuch am Wochenende als schlechtes Gewissen lauerte. Es bedurfte subtiler Verrenkungen, um sie verdeckt zu halten.

Andererseits, aber aus dem gleichen Grund, duldete man auch keine Antisemitismen, etwa im Dialog von THE NAKED AND THE DEAD. Auf Wunsch der FSK wurden einige an einen GI jüdischen Glaubens gerichtete Schimpfworte («Itzig») eliminiert.[61]

Die Verantwortlichen für die deutschen Versionen hatten für Filme, in denen ein jüdisches Thema angeschlagen wurde – und sei es noch so marginal und der Kontext noch so harmlos – ein feines Sensorium entwickelt, das sich nicht so einfach abstellen ließ. Noch 1967 traf es einen kleinen Gag in Roman Polanskis TANZ

60 *Der neue Film*, 9, 1960.

61 *Spiegel*, 41, 1959.

DER VAMPIRE. Das Kreuz als anti-vampirische Waffe wirkt beim Wirt nicht, weil er jüdischen Glaubens ist, in der deutschen Fassung, weil er noch nicht lange genug zum Vampirismus übergelaufen ist.

Ebenso wie Juden standen Widerstandskämpfer und Emigranten im nichtdeutschen Film beim Rezipienten grundsätzlich unter negativer Beleuchtung. Sie hielten dem Publikum einen Spiegel vor, in dem es etwas sah, was es nicht sehen wollte: eine Denk- und Handlungsalternative zum Mitläufertum, zum Befehlsempfänger und Pflichterfüller, der auf seine Unschuld pocht. Es genügte, wenn emigrierte deutsche Schauspieler auf der Leinwand erschienen, die sich nun anmaßten, im deutschen Film wieder mitspielen zu wollen:

> Die Liste dieser Hetzer und Deutschenhasser kann beliebig vermehrt werden. Ich denke da nur an diese Stroheim, Waalbrook (Wohlbrück) usw. Alle, die einst so gehetzt haben, sind nach Kriegsende schnellstens nach Deutschland zurückgekehrt und grasen nunmehr die Filmwiesen ab. Unterdessen darben bei uns in Deutschland viele Filmschauspieler und -schauspielerinnen.[62]

Wenn die «Hetzer» es wagten, aus (unterstellter) Geldgier zurückzukehren, bedeutete dies offenbar eine nochmalige Steigerung der Provokation durch ihr damaliges Emigrieren. Dann konnte die Abwehr auch unverblümt rassistisch ausfallen:

> Wie kommt es, dass sie alle wiederkommen – Regisseure, Schauspieler, Sänger und Sängerinnen, Musiker, Artisten, Deutsche und Ausländer, selbst solche, die nicht einmal Deutsch sprechen können? Schwarze, Weiße, Juden, Christen usw. Es muss doch etwas dran sein, dass sie auf einmal alle wieder da sind. Selbst solche, die immer auf Germany geschimpft haben, werden heute noch freudig empfangen. Ja, Geld stinkt nicht. – Wie alt ist die Sängerin Josephine Baker (Negerin), die man großartig empfangen hat? War das nötig für die Bauchnabeltänzerin?[63]

Die Emigranten setzten mit ihrer demonstrativen Abkehr vom NS-Regime die hiergebliebenen Mitläufer einer negativen Gegenbeleuchtung aus, die entsprechenden Missmut nährte, weil damit der heikle Schuldkomplex tangiert war. Herr Wohlbrück, so wurde argumentiert, brauche nicht «den Beleidigten zu spielen, denn das Volk trifft keine Schuld, dass er danach das Land verlassen musste.»[64] Zudem war die Opferkonkurrenz ins Spiel gebracht, insofern, als diese Les-

62 Leser, in: *Film-Revue*, 6, 1953.

63 Leser, in: *Deutsche Film-Illustrierte*, 47, 1950.

64 Leserin, in: *Deutsche Film-Illustrierte*, 30, 1950. Der Leserbrief schließt mit dem Versöhnungsbefehl: «Herr Wohlbrück ist wohl derjenige, der von allen Filmemigranten noch die meisten

art den Emigranten eine leichte, sorglose Existenz im Exil zuschrieb, unbehelligt von den Nöten, die die Hiergebliebenen zu erdulden hatten.

Deutschen Schauspielerinnen, die in Hollywood ihr Karriere-Glück versuchten, ließ man subtile Differenzierungen angedeihen: «Was hat die Knef außer FILM OHNE TITEL schon Großes geleistet und warum diese Verherrlichung? Sie ist bestimmt amerikanisiert, während Lilian [Harvey, T. B.] heute noch immer deutsch empfindet.»[65] Eine «Amerikanisierung» bedeutete den Schuldspruch und damit ein Rückkehr-Verbot:

> Auch ich und viele andere finden, Hilde Knef hätte besser in Amerika bleiben können. [...] Aber in Hollywood hat man so etwas wie sie dutzendweis! Nachdem sie dort keine Arbeit fand, fand die ‹Dame› wohl, dass die DM auch Wert hat – und charakterlos wie sie zu sein scheint, kam sie kess zurück. Verheerend amerikanisiert! [...] Die Dame soll machen, dass sie zurückkommt in ihr (sic) Land und somit nicht unseren (sic) Schauspielerinnen die Rollen wegnimmt![66]

Es spricht für die Redakteure dieser Publikumszeitschriften, dass sie immer wieder Gegenmeinungen veröffentlichten, die direkt auf solche Äußerungen antworteten, sodass die Leserbriefseiten sich oft zu einem überraschend lebendigen Diskussionsforum entwickelten:

> Selbst wenn die Künstler die unterstellte Hetze betrieben hätten, würde sie sich wohl kaum gegen das deutsche Volk als Ganzes gerichtet haben, sondern gegen die damaligen Machthaber, die sie als Zerstörer ihrer Laufbahn, ihres Glücks und oft auch ihrer Familien sehen mussten. Versucht zu verstehen und zu verzeihen. Wer es nicht kann, möge weiter Steine werfen.[67]

Zu einer solchen Differenzierung waren nur wenige bereit. Die Härte und der Verratsvorwurf gegenüber deutschen Filmkünstlern, die – aus welchen Gründen auch immer – ins Ausland gingen, setzte sich fort und richtete sich v. a. gegen Schauspieler*innen* (Romy Schneider, Senta Berger), wohingegen bei den männlichen Stars der Beliebtheitsstatus relativ unbeschädigt blieb bzw. die Auslandskarriere sich sogar als deutscher Imagegewinn verbuchen ließ (Hardy Krüger, Gert Fröbe, Curd Jürgens).

Freunde in Deutschland für sich buchen kann. Wenn er sich diese erhalten will, dann soll er eine etwas versöhnlichere Haltung zeigen.»

65 Leserin, in: *Deutsche Film-Illustrierte*, 47, 1950.

66 Leserin, in: *Deutsche Film-Illustrierte*, 4, 1951.

67 Leser, in: *Film-Revue*, 10, 1953.

Die hiergebliebenen Literaten hatten Thomas Mann als Antipathie-Objekt, die Filmliebhaber schossen sich auf Marlene Dietrich ein, als sie sich 1960 nach Deutschland wagte – aber auch hier wieder nach dem Contra ein Pro:

> Arme Marlene Dietrich, für 15 000 DM pro Tag hat sie ihr Herz für Deutschland wiederentdeckt! Aber wir haben nicht vergessen, was sie, triefend vor Hass, während unserer schwersten Zeit nach dem Kriege gegen die Deutschen sagte. Für mich und meine Bekannten gibt es nur eine Parole, wenn sie in unserer Stadt aufkreuzt: Marlene – go home![68]

> Warum empören sich denn die Leser nicht lieber über jene Prominenten, die im Nazireich hohe Posten hatten und die heute trotzdem glänzend beschäftigt werden? Marlene Dietrich hat in der schweren Zeit deutsche Emigranten finanziell unterstützt, wo sie nur konnte. […] Der hasserfüllte Ton jener Leserbriefe aber ist meiner Meinung nach im Jahr 1960 fehl am Platz.[69]

Die Dietrich spielte ein Jahr später die Witwe eines deutschen Generals in THE JUDGEMENT AT NUREMBERG, jenem US-Film, der sich insofern wohldifferenziert mit dem Verhalten der Deutschen im Dritten Reich auseinandersetzt, als er unterschiedliche Charaktertypen präsentiert, wobei auch die negativ besetzten Figuren ambivalent gezeichnet sind.[70] Dies ließ die deutsche Kritik jedoch nicht gelten, sie sah nur «bloße Karikaturen»[71], die Deutschen seien «servil, arrogant, hysterisch, patriotisch oder gemütlich», hielt alle Rollen für fehlbesetzt und zumal Marlene Dietrich für «geradezu grotesk falsch placiert», der Film erwecke zudem den «Eindruck, als habe das deutsche Volk geschlossen hinter den Angeklagten von Nürnberg gestanden.»[72]

Das Kollektivschuldtrauma hatte hier 16 Jahre nach Kriegsende einen seiner letzten Ausbrüche. In den 1960er-Jahren, vor dem Hintergrund der Eichmann- und Auschwitz-Prozesse, entwickelte sich ein Interesse an sachlichen Informationen über die NS-Zeit, das von den Medien (v. a. dem nun dominierenden Fernsehen) und der langsam in die Gänge kommenden zeitgeschichtlichen Forschung bedient wurde.

68 Leserin, in: *Film-Journal*, 9, 1960.

69 Leserin, in: *Film-Journal*, 12, 1960.

70 Heeb 1997, S. 70. Regisseur Stanley Kramer zielte mit seinen Intentionen allerdings nicht primär auf Deutschland, sondern auf das amerikanische Rechtssystem (ebd.).

71 *FAZ*, 16.12.1961, zit. n. Fischl 2019, S. 238.

72 *Spiegel*, 53, 1961. Auch die *Filmkritik* hielt die Dietrich für eine Fehlbesetzung (1, 1962).

4 Der Rezeptions-Support
Synchronisation als Alteritätsreduzierung

Die Revolution des Tonfilms

Wie die beiden letzten Kapitel gezeigt haben, verlief die Rezeption ausländischer Filme nicht ganz hindernisfrei. Die nationale Selbstreferenz des deutschen Publikums verhinderte ein vorbehaltloses und vorurteilsfreies Sich-Einlassen auf Bilder anderer Kulturen und Gesellschaften. Die deutschen Ordnungsmuster und ein enger Reflexionshorizont regelten Zustimmung und Ablehnung. Den nationalen Wahn der Nazis aus den Köpfen zu bekommen, war ein längerer, konfliktgeladener Prozess, der obendrein mit Fragen nach Schuld und Verantwortung befrachtet war. Um die fremde Materie auf der Leinwand zu meistern und verstörende Alteritätserfahrungen zu reduzieren, bedurfte es einer vermittelnden, Hilfe leistenden Instanz: der Synchronisation. Sie ist das Mediationselement zwischen fremden und vertrauten kulturellen Systemen. Deshalb wurde dieses Verfahren nach dem Krieg diskussionslos akzeptiert. Ein Exkurs in die Anfänge dieser Art der Dialogübersetzung zeigt den Kontrast: Bei der Einführung des Tonfilms war der Stimmen- und Sprachaustausch ein äußerst strittiges Unternehmen.

Die Umstellung von Stumm- auf Tonfilm ging in Deutschland derart rasch vonstatten, dass sie einer Überrumpelung gleichkam und beim Publikum entsprechende Verwirrung stiftete. Das Revolutionäre dieses Vorgangs besteht nicht allein in einer zusätzlichen akustischen Dimension des Mediums, sondern in der damit verbundenen völlig andersartigen Wahrnehmung und Rezeption.

Die Abwesenheit von Dialogen und Geräuschen verlieh dem Stummfilm eine alltagsferne, von der empirischen Erfahrungswelt des Zuschauers stark abweichende Aura. Diese «Distanz zur Alltagswirklichkeit»[1] und die auf Fantasie, emotionale Involviertheit und Identifikation zielende Ästhetik mit ihrer expressiven Gestensprache machten das Kinoerlebnis als Angebot zum vorübergehenden Ausstieg aus der Realität attraktiv.

Die Einführung des Tons wurde deshalb keineswegs als eine längst fällige Behebung eines Defizits oder Vervollkommnung des bislang Unvollständigen begrüßt, sondern als Störung beim Abdriften in die fiktionalen Welten misstrauisch beäugt. Mit der Tonebene und vor allem den nun hörbaren Dialogen bekam der Film einen unweigerlich realistischen Zug, der das individuelle Ausstiegs- und Rückzugserlebnis im Kino minderte und die Filmrezeption stärker lenken und kanalisieren konnte. Die «sprechende» Leinwand schien unversehens der Theaterbühne zu ähneln. Der Abschied vom Stummfilm war daher primär eine Verlusterfahrung. Die «träumerisch-selbstversunkene Weltentrückung» musste einem Filmerlebnis weichen, das «vollständiger mit der natürlichen Wahrnehmung übereinstimmte»[2] Die Sublimierung des tristen Alltags mittels filmischer Fiktionen bekam einen Dämpfer.

Revolutionen pflegen selten in geordneten, überschaubaren Bahnen abzulaufen, es dominieren die chaotischen, konzeptionslosen Phasen. Bei der Umstellung von Stumm- auf Tonfilm eskalierte die Konfusion angesichts des nun erstmals auftauchenden Problems der Übersetzung fremdsprachiger Filme. Denn der Stummfilm war international: Man brauchte nur die Inserts durch anderssprachige auszutauschen, und das Verständnis des Films war gesichert. Der Tonfilm hingegen fiel auch unter diesem Aspekt eher als Hemmnis denn als Fortschritt auf. Zum neuartigen Spracherlebnis gesellte sich die illusionszerstörende Unverständlichkeit.

Revolutionszeiten stimulieren gewöhnlich die Improvisations-, Innovations- und Experimentierlust. Im Nu waren für die Vorführung fremdsprachlicher Filme ein halbes Dutzend Varianten auf dem Tisch, die nun in der Praxis erprobt wurden.

So wie der Tonfilm sich inhaltlich an Unernst, Fantastik und Eskapismus des Stummfilms anpasste, um den Bruch für das Publikum nicht allzu brüsk zu gestalten[3], war es naheliegend auch auf die etablierten Übersetzungstechniken in Schriftform zurückzugreifen, also Zwischen- und Untertitel. Wobei *Unter*titel für

1 Corinna Müller: *Vom Stummfilm zum Tonfilm*, München 2003, S. 17.

2 Ebd., S. 151.

3 Ebd., S. 171. Die frühen Tonfilmklassiker sind bezeichnenderweise Komödien, z. T. sogar operettenhaft: Der blaue Engel, Die Drei von der Tankstelle, Die Dreigroschenoper, Der Kongress tanzt und selbst Fritz Langs M mit einem ernsthaften gesellschaftlichen Thema ist komödiantisch angelegt.

das zeitgenössische Publikum gleichfalls eine neue Form von Paratexten darstellten, die es nur widerstrebend akzeptierte, denn im Gegensatz zum *Zwischen*titel musste sich die Konzentration zwischen Bildbetrachtung und Textlektüre aufteilen: «Damit wurde die Filmrezeption durch eine ungewollte Sekundärerfahrung beherrscht und gestört.»[4] Neben der störenden Fremdsprache fielen bei einkopierten Titeln auch noch diese Bild-Text-Irritationen ins Auge, sodass der ausländische Film in dieser Form kaum zu vermarkten war. 1932 zog der *Film-Kurier* das Fazit, der amerikanische Sprechfilm sei «mit überkopierten Titeln im außer-angloamerikanischen Sprachgebiet fast völlig unspielbar geworden».[5]

Nicht eingeübt in solche Praktiken der Sprechfilm-Übersetzung durch Schriftzeichen und gleichzeitig verschreckt durch die babylonische Sprachverwirrung, tat sich den Kinogängern neben der Synchronisation noch eine weitere, für die Rezeption sehr bequeme, in der Herstellung jedoch äußerst teure Möglichkeit auf. Für den (aus ökonomischen Gründen unerlässlichen) Export in anderssprachige Länder drehte man den Film mehrmals mit je anderen Schauspielern in den jeweils anderen Sprachen. Diese sogenannten «Versionen» waren vom einheimischen Film kaum zu unterscheiden – und eben deshalb beliebt. Drehbuch, Regisseur und Kulissen wurden meist beibehalten, beim Dialog jedoch konnte es zu Anpassungen an das jeweilige Zielpublikum kommen.

Entscheidend für die positive Resonanz dieser Versionsfilme war der Verzicht auf jeden technischen Eingriff, der auf das Übersetzungsproblem aufmerksam gemacht hätte. Die hohen Produktionskosten ließen dieses Verfahren jedoch nur für ausgewählte Filme und für ausgewählte Zielländer zu, weshalb sich doch langsam die preiswerte Variante der Synchronisation durchsetzte, den anfänglich vehementen Widerständen zum Trotz.

Oberhemd mit Abknöpfärmeln

Synchrontechnik bezieht sich auf das simultane Abspielen von Bild und Ton. Hierfür bedurfte es 1929 nicht erst einer eigenen Innovation, weil diese Technik unabhängig von Übersetzungsfragen Bestandteil der Tonfilm-Entwicklung war. Selbst der erste deutsche Ton-Spielfilm, Melodie des Herzens (1929), war mehrsprachig angelegt mit ungarischem Setting und synchronisierten Passagen.[6] Die Hindernisse bei der Etablierung dieses Verfahrens als Form der audio-visuellen Übersetzung waren nicht technischer Natur, sie sind auf der Rezeptionsebene

4 Ebd., S. 300.

5 Zit. n. Gerd Naumann: *Filmsynchronisation in Deutschland bis 1955,* Frankfurt a. M. 2016, S. 134.

6 Vgl. Naumann 2016, S. 118.

zu situieren: Publikum und Kritik verhielten sich überwiegend resistent oder reagierten gar mit hysterischer Ablehnung.

Die Intellektuellen sahen schon frühzeitig in der Einführung des Tons an sich einen zerstörerischen Angriff auf die Filmkultur, der den Status als Kunstwerk infrage zu stellen schien, weil er das Primat des Visuellen bedrohte. Rudolf Arnheim verglich den Tonzusatz mit dem «auf einer Ansichtskarte naturgetreu gemalten Dackel», dem man «noch einen Spiralschwanz anmontiert.» Aus der Ablehnung des Tonfilms folgt die Ablehnung jedes übersetzerischen Eingriffs, denn dieser wäre nur dort möglich, wo der Film «industrieller Massenschund und nicht Kunst ist. Denn ein Kunstwerk ist kein Oberhemd mit Abknöpfärmeln.»[7]

Aber auch in den unteren Rängen des Publikums überwog eine heftige Abneigung, die sich mit heute nur schwer nachvollziehbaren Argumenten Luft machte. Das Einschmuggeln einer fremden Stimme, die aus dem sichtbaren Schauspieler heraustönt, kollidierte schroff mit den tradierten Seh- und Hörgewohnheiten, die von einer organischen Ganzheit geprägt waren, deren Auseinanderfallen «unnatürlich» erschien. In besonders extremen Positionen war nicht mehr nur von an- und abgeknöpften Ärmeln die Rede, sondern von «Missgeburten, Zwittergebilden, mechanischen Krüppel-Produkten»[8] oder – etwas harmlos-poetischer: «Unheimliche Technik. Es ist wie im Märchen, da ein Zauberer Schlafenden die Gehirne vertauscht.»[9]

Das ganze Unbehagen artikulierte sich besonders am damaligen internationalen Superstar Greta Garbo. Der «Göttlichen» eine fremde Stimme unterzujubeln, kam, um im Bilde zu bleiben, einer Blasphemie gleich. Der renommierte Theater- und Filmkritiker Herbert Ihering urteilte anlässlich von Mata Hari:

> Das Unfassliche geschieht. Die menschliche Eindringlichkeit, die von Greta Garbos Antlitz ausstrahlt, wird durch die falsche Stimme zu einer affektiven Pose. Wir werden gezwungen, nicht mehr mit den Augen, sondern mit dem Ohr zu sehen. Greta Garbo blickt mit ihren ruhigen Augen, und eine dunkle, aber flatterige Theaterstimme widerlegt den Blick. Greta Garbo schreitet, und ein süßliches Geplärr kommt von ihren Lippen.[10]

Je bekannter die Original-Darsteller waren, für umso unangemessener hielt man die unterlegte fremde Stimme: «Nein, es geht nicht an, einer uns so ans Herz gewachsenen Künstlerin wie der Jeanette Macdonald ihr Bestes, Eigenstes, ihre

7 *Die Weltbühne*, 24/II, 1928, S. 603 f. u. 25, 1929, S. 640.

8 Harald Landry: «Der Synchronisierungs-Unfug. Eine akute Filmfrage», in: *Vossische Zeitung*, 30.11.1933, S. 3.

9 K. London, in: *Der Film*, 28.5.1932.

10 *Berliner Börsen-Courier*, 13.9.1932, zit. n. Herbert Ihering: *Von Reinhardt bis Brecht* III, Berlin 1961, S. 394.

Seele, ihre unnachahmliche Sprache, das Melos eben gerade ihres Tonfalls zu rauben. Das ist Barbarei.»[11]

Die als unorganisch empfundene Stimmen-Transplantation mit ihrem Homunculus-Effekt flankierten weitere Irritationen. Das Publikum war mit zwei Neuerungen konfrontiert, von denen jede allein schon sensationell war: der «sprechende» Film an sich und nun zusätzlich das Synchronisieren. Man ging nicht nur wegen eines Films ins Kino, sondern auch um die neue Technik zu bestaunen. Die vom Stummfilm bekannten Schauspieler waren erstmals mit ihren Stimmen zu hören und obendrein sprachen die ausländischen Stars deutsch mit fremden Stimmen. Der Erfahrung des Sehens ordnete sich eine solche des Hörens zu. Die bisherigen Routinen der Filmrezeption waren durchbrochen, das Hineinfallen in die Illusion war erschwert und damit der Bann entzaubert, weil sich das Bewusstsein, ein synthetisches Produkt vor sich zu haben, in den Vordergrund schob.

Doch für Heiterkeit im Kinosaal war auch beim synchronisierten Film gesorgt, wenngleich eher unfreiwillig. Das Problem bestand nicht vorrangig in einer schlechten Tonqualität oder etwa fehlender Lippensynchronität, sondern ganz im Gegenteil: Das Ziel der deutschen Fassungen war Lippensynchronität um jeden Preis, notfalls den einer sinnfreien Übersetzung. Das exakte Zusammenspiel von Lippenbewegungen und Text sollte das zentrale illusionssichernde Vehikel sein. Tatsächlich lässt sich ja bei einer perfekten Anpassung an die Lippenbewegungen jeder Text glaubhaft unterschieben, der Satz «Mein Kaffee ist kalt» ist lippensynchron mit «My lover is dead». Eine solche Taktik setzt freilich einen Zuschauer voraus, der bereit ist, sich überrumpeln zu lassen. Die damaligen Kinogänger waren aber nicht naiv, sondern bestens über die technischen Verfahren informiert. Nicht nur die Fachzeitschriften, auch die Tageszeitungen berichteten darüber, einschließlich kontroverser Leserzuschriften. Stimuliert von diesem öffentlichen Diskurs, sah und hörte man im Kino genau hin, achtete auf die Lippenbewegungen und registrierte spottbereit die Diskrepanzen, die – weil die Labiale ihren Tribut forderten – reichlich vorhanden waren. Synchronfassungen wurden deshalb zunächst von ihren Mängeln her diskutiert.[12]

Dass gerade eine sklavische Lippensynchronität die Synchronqualität regeln soll – von dieser Doktrin kam man im Laufe der Jahre wieder ab. Hermann Gressieker, ein Synchron-Autor und Regisseur der ersten Stunde, hielt 1938 schon ironische Rückschau auf diese Phase:

11 M., in: *Deutsche Filmzeitung,* 31.7.1931.

12 «Die Nachsynchronisation: rauschendes Pathos, langrollende Sätze, mit allen nur möglichen Nebenbeziehungen und von einer Komik, die für ein gutgelauntes Publikum der einzige Quell der Freude weit und breit war. Nicht einmal das Technische funktionierte. Die deutschen Bearbeiter wurden nicht genannt: Sie haben es auch nicht verdient.» (*Lichtbild-Bühne,* 7.6.1933) Gegenstand der Kritik war ARSÈNE LUPIN, DER KÖNIG DER DIEBE.

> Vor wenigen Jahren war Lippensynchronität noch ein Dogma. Da gab es Autoren, Regisseure, Cutter und Sprecher, die wochenlang in einem dunklen Raum eingeschlossen, mit dem heiligen Fanatismus Stigmatisierter die Mundbewegungen Clark Gables und Albert Préjeans anstarrten, um sie sich zu eigen zu machen. Alte Legenden wissen auch zu berichten, dass es danach Fassungen gab, in denen szenenweise jeder Lippenlaut des Originals mit einem B, P, M, F oder W übersetzt war. Die Filmgeschichte jedoch berichtet ergänzend, dass diese Fassungen den Zuschauern reichlich asynchron erschienen. So gemein war damals das Publikum! Die deutschen Fassungen wirkten unnatürlich, weil sie die Syntax, den Rhythmus, die lebendige Gangart der deutschen Sprache, dem phonetischen Idol der Synchronität opferten. Diese deutschen Fassungen wirkten falsch, weil in ihnen auf ‹synchrone› Manie kein Deutsch gesprochen wurde. ‹Synchron ist, wenn es stimmt› – dieser Satz ist aber auch schon nach rein akustisch-optischen Gesichtspunkten falsch. Aus dem einfachen Grunde, weil es tatsächlich nie stimmt, weil effektiv nichts Nachsynchronisiertes stimmen kann. Synchron ist, wenn es asynchron ist, aber keiner es merkt. Das ist kein fauler Witz, das ist die nüchterne Wahrheit.[13]

Man erkannte, dass Syntax und Rhythmus den Vorrang vor Phonetik haben müssen. Die langsame Akzeptanz des Dubbings, das Sich-Arrangieren mit Zweitstimmen und übersetzten Texten war ein Lernprozess für die Produzenten gleichermaßen wie für die Konsumenten.

Freilich waren nicht alle frühen Synchronisationen Lachnummern. Qualitative Ausschläge nach oben erleichterten die Gewöhnung. Lob und Tadel gab es für Madame Butterfly:

> Die Technik der Verdeutschung (H. M. Cremer) gelang meisterhaft. Trude Burg formt durch ihre anspruchsvolle Stimme das Bild der Butterfly zu neuem Leben. Ob es dagegen vorteilhaft war, die amerikanischen Seeoffiziere in schnoddrigem Berliner Dialekt sprechen zu lassen, sei dahingestellt. Durch solche Frivolitäten wird die Unausgeglichenheit, unter der dieser Film an sich schon krankt, nur noch erhöht.[14]

Die meisten Synchronisationen hatten nicht das Ziel, den fremdsprachlichen Dialog möglichst originalgetreu zu übersetzen. Es kam zu mehr oder weniger weitreichenden Abweichungen. Bei Im Westen nichts Neues waren es politische Gründe[15],

13 *Der Deutsche Film*, 4, 1938, S. 89–92.

14 Peter Waechter, in: *Deutsche Filmzeitung*, 29.9.1933.

15 Gegen diesen Film machten bekanntlich rechtskonservative und nationalsozialistische Kreise mobil, obwohl die Synchronfassung die pazifistische Tendenz des Originals schon merklich ab-

in anderen Fällen hielt man eine Anpassung an die «deutsche Mentalität» für geboten. In dem Greta-Garbo-Film QUEEN CHRISTINA sagt John Gilbert den ironischen Satz: «Love – as we understand it – is a technique that must be developped in hot countries.» In der deutschen Fassung lautete der gleiche Satz: «Liebe ist für uns keine Schicksalsfrage, sondern vielmehr Inbegriff der Daseinsfreude.»[16] Das ist zwar lippensynchron, aber inhaltlich eher das Gegenteil: statt distanzierter Pragmatik anbiedernde idealistische Sublimierung.

Diese «Abweichungen» und «Anpassungen» registrierte die Kritik jedoch nicht als Defizit oder gar als Verfälschung des vor solchen Methoden zu schützenden Originals, sondern akzeptierte sie als sinnvolle Elemente des Verfahrens. Bei CLEOPATRA kam es gar zur Umstellung ganzer Handlungsteile:

> Man hat z. B. etwa 60 Meter aus den Szenenbildern, in denen das Tee-Gelage bei Caesar dargestellt wird, herausschneiden müssen. Die Cleopatra lässt man an einer Stelle etwas mehr politisieren als im englischen. Ferner wurde eine Szene, in der Cleopatra mit Marc Anton verhandelt, in der Weise abgeändert, dass Cleopatra die Worte spricht: «So sind die Völker, sie wollen nichts von Freundschaften wissen ...» In der Originalfassung dagegen sagt sie belanglose Dinge über Sterne und dergleichen. In dem ganzen Film ist der deutsche Dialog einwandfrei gelungen.[17]

Mitte der 1930er-Jahre kann man von einer Platz greifenden Durchsetzung des Synchronverfahrens sprechen, eine Alleinherrschaft hatte es freilich noch nicht. Zumindest in den Großstädten kamen auch untertitelte Fassungen zum Einsatz und selbst Versionen wurden noch gedreht. Spätestens jetzt stellt sich die Frage nach dem Zusammenhang mit den politisch-ideologischen Verhältnissen im «Dritten Reich», nach der Integration der Synchronbranche in den Pakt zwischen NS-Staat und den Kulturproduzenten.

Eine Zäsur war das Jahr 1933 in der Synchrongeschichte jedenfalls nicht. Es gab keinerlei Abwehr gegen das Eindringen amerikanischer Filme, die über die bestehenden Kontingentverordnungen und Zensurmaßnahmen hinausgingen. An ei-

geschwächt hatte: «Als z. B. der heimgekehrte Paul in der Klasse von seinen Erlebnissen an der Front berichten soll, sagt er in der deutschen Fassung einfach: ‹Ich kann nicht›, in der englischen spricht er sich in großer Rede aus, wobei er unter anderem die Worte gebraucht: ‹It's dirty and painful to die for your country.›» (Wolfgang Petzet: *Verbotene Filme*, Frankfurt a. M. 1931, S. 96)

16 Synchron-Regisseur Helmuth Brandis, in: *Film-Kurier*, 30.4.1935.

17 hl., in: *Lichtbild-Bühne*, 23.1.1935. Bei dieser Synchronisation scheint überhaupt einiger Aufwand betrieben worden zu sein: «(Synchron-Regisseur) Kurt Bleines hat Freiszenen tatsächlich im Freien nachsprechen lassen, um der Natürlichkeit des Raum-Tons nachzukommen. Es gelang. Die Volksszenen sind kein kitschiges Rhabarber-Rhabarber mehr. Eine sympathische Arbeit.» (*Film-Kurier*, 26.1.1935)

ner «Nationalisierung» des Film-Kanons bestand auch aus NS-Sicht kein Interesse. Vereinzelte radikale Stimmen, die ein Verbot von Hollywood-Importen forderten, wurden zurückgepfiffen. An der technischen, wirtschaftlichen aber auch ästhetischen Dominanz der amerikanischen Filmindustrie war ohnehin nicht zu rütteln.

Die Präsentation des ausländischen Films «in deutscher Sprache», wie es auf den Kinoplakaten hieß, hatte nicht nur einen Übersetzungs- und Verständniseffekt, sondern auch eine Filterfunktion, die den fremdkulturellen Einfluss dämpfen sollte. Die Musik und die Darsteller in den Broadway-Filmen waren amerikanisch – und gerade diese Musicals waren Kassenrenner –, doch die Tänzer unterhielten sich in vertrauten deutschen Redensarten.

Einen Synchron*zwang* hat es jedoch auch unter den Nazis nicht gegeben. Augenfällig ist jedoch, dass die drei Länder, die man bis heute als Synchron-Hochburgen bezeichnen kann, jene mit einer faschistischen Vergangenheit sind: Deutschland, Italien und Spanien. Diesen unterschiedlichen Faschismen gemeinsam war ein extremer Nationalismus mit einer Idealisierung der eigenen Nationalkultur und entsprechenden Abgrenzungsversuchen gegen fremde Einflüsse. Diesen Abschirmungstendenzen kam die Synchronisation zweifellos entgegen.

Ob und inwieweit die Synchronfassungen unter dem Einfluss nationalsozialistischer Ideologeme standen, kann mangels ausreichender Quellen nicht angemessen beantwortet werden. Einen Fingerzeig gibt aber zumindest eine Bemerkung zu VIVA VILLA (USA 1934). Dieser Film war zunächst verboten worden, möglicherweise weil Goebbels argwöhnte, das Publikum könnte Parallelen zwischen Pancho Villa und Ernst Röhm herstellen[18]. 1936, in zeitlicher Distanz zum «Röhm-Putsch», kam er dann doch noch zur Aufführung, gekürzt und «bearbeitet»: «Carl Junghans hat die für unser Empfinden einzig mögliche Idee aus der ganz anders gerichteten Originalfassung des Films herausgeholt: die vaterländische Idee, die Idee der Unterwerfung eines Banditen unter den Staatsgedanken.»[19]

Diese erste kleine «Blütezeit» des Synchronisierens endete jäh. Mit Beginn des Zweiten Weltkriegs wurde die Einfuhr amerikanischer und britischer Filme stark eingeschränkt und ab 1940/41 ganz eingestellt. Auf die Leinwände des nationalsozialistischen Deutschlands kamen nur noch italienische Filme, einige wenige spanische und die Produktionen der «Continental»-Film im besetzten Frankreich: deutsche Produktionen mit französischer Crew fürs französische Publikum. Diese deutsch-französische Zusammenarbeit (um den schillernden Begriff «Kollaboration» zu vermeiden) hatte schon vor dem Krieg floriert und war nicht von politisch-ideologischen, sondern kommerziellen Interessen motiviert.[20]

18 Spieker 1999, S. 162.

19 *Der deutsche Film*, 1, 1936/37, S. 155.

20 Vgl. Roy Armes: «Kino der Widersprüche: Französische Filmarbeit unter der Besatzung», in: Gerhard Hirschfeld / Patrick Marsh (Hg.): *Kollaboration in Frankreich*, Frankfurt a.M. 1991,

Der massive Rückgang von Synchron-Aufträgen hatte missliche Folgen für die Branche: keine Expansion, keine Investitionen in die Technik – mit Auswirkungen bis in die Nachkriegszeit. Das Material, das den Krieg überlebt hatte, war veraltet, während gleichzeitig die Synchronproduktion nun auf Höchstleistung hochgefahren wurde.

Die Schwerkraft des Daheimseinwollens

Den drei zeithistorisch markanten Jahreszahlen 1933, 1941, 1945 sind aus synchrongeschichtlicher Sicht diese Bedeutungen zuzuschreiben: Kontinuität, Reduzierung, Wiederaufstieg. Die Zäsur von 1945 besteht filmpolitisch in der Machtübernahme durch die Sieger, dem vollständigen Stopp der deutschen Produktion und der Belieferung der Filmtheater mit Werken – zunächst ausschließlich – alliierter Herkunft.

Was für die Reanimation der deutschen Filmwirtschaft eine schwere Hypothek darstellte, erwies sich für das Synchronwesen als Voraussetzung eines ungeheuren Aufschwungs. Das bislang noch etwas schwach beglaubigte Prestige der Synchronisation entwickelte sich in nur wenigen Jahren zu einer allseits akzeptierten und weitgehend unkontrollierten Alleinherrschaft über den ausländischen Film im deutschen Kino und später im Fernsehen.

Was waren die Gründe für diesen Wandel? Film und Kino standen während der Besatzungszeit in einem völlig anderen politischen, gesellschaftlichen und kulturellen Kontext als vorher. Die Sieger bestimmten jetzt die Filmpolitik und entschieden, was die Besiegten zu sehen bekommen sollten. Die Nazis hatten den Film nicht nur als Propagandamedium, sondern auch und vor allem als Unterhaltungsseditativ privilegiert. Diesen exponierten Status behielt der Film auch bei den Siegermächten. Da er an die breite Masse adressiert war, war er das Erfolg versprechende Medium für ihre Reeducation-Zwecke (siehe Kapitel 2).

Mit einer solchen politischen und gesellschaftlichen Bedeutungsschwere versehen, stellte sich nun wieder die Frage, wie die Verständnishürden des fremdsprachigen Films zu meistern seien. Eine lange Diskussionsphase wie um 1930 gab es diesmal nicht. Es ging nicht um einen möglichst komfortablen Rezeptionsmodus, sondern um den zweckmäßigen Transport von Botschaften, die den entsprechenden Spielfilmen eher indirekt eingeschrieben waren und die sich nun in der Rezeptionssituation im Kino entfalten sollten.

Der Wiederaufbau der Kinos hatte Vorrang vor dem der Theater, die ersten Filme liefen schon wenige Wochen nach Kriegsende, zunächst in Originalfas-

S. 161–177; *Schillernd grau. Continental – Eine deutsche Filmproduktion im besetzten Frankreich 1941–1944*, Wien 2017.

sung, gelegentlich mit spärlichen, hastig und deshalb schlecht übersetzten Untertiteln oder gar mit einem «Filmerklärer», der in groben Zügen die Handlung erläuterte. Mit solch misslichen Darbietungsformen waren die im Nationalsozialismus sozialisierten Adressaten filmisch jedenfalls nicht zu zivilisieren. Nach mehrjährigem Entzug von ausländischer Kultur bei gleichzeitiger deutschnationaler Ideologisierung und rassistischer Hetze mussten sie den Umgang mit dem «Fremden», «Anderen» erst wieder lernen. Für diesen Lernvorgang war eine Krücke vonnöten, mit der sich das englische, französische und russische Babylon im Kinosaal beseitigen ließ. Diese Fremdsprachen, die man lange nicht mehr gehört hatte, strahlten auf die Sprachunkundigen – also die überwiegende Mehrheit – eine Schroffheit aus, die der Milderung bedurfte, auch deshalb, weil sie die in den Filmen angelegte Aufmerksamkeitsleistung des Publikums ablenkte: Mit einer Figur, die man nicht versteht, kann man sich nicht identifizieren. Es entsteht ein Gefühl der Ausgeschlossenheit, der Film war offensichtlich für ein ganz anderes Publikum gedreht. Eine Einladung zur Identifikation setzte also eine Ent-fremdung der Alterität voraus. Kurz: Ohne Synchronisation schien die Filmpolitik der Siegermächte zum Scheitern verurteilt zu sein.

Dabei ging es nicht nur um eine passende Übertragung des Dialogs ins Deutsche. Wie jede Übersetzung folgt auch die Synchronisation dem Prinzip, zwischen den Polen «einheimisch» und «fremd» zu vermitteln. Man kann sie als Scharnier oder Schleuse zwischen Ausgangs- und Zielkultur bezeichnen. Sie generiert nicht nur Verständnis, sondern auch Vertrautheit. Zum fremden Klang der Sprache gesellten sich ungeläufige Genres und Inhalte, andere soziale Rollenmuster, Familien- und Geschlechterverhältnisse oder Konfliktlösungen als im angestammten Ufa-Melodram. Wenn dies alles im vertrauten Ton der Muttersprache mit ihrer einschmeichelnden Wärme ankommt, erleichtert dies die Rezeption erheblich, das Gezeigte kann an die eigene Lebenswelt andocken, der Film wird anschlussfähiger an die Alltagspraxis der Rezipienten. Er kommt – wie es ein zeitgenössischer Kritiker so schön ausdrückte – der «Schwerkraft des Daheimseinwollens»[21] entgegen. Die Deutsch sprechenden Protagonisten nehmen dem Zuschauer das Gefühl der Ausgeschlossenheit und versetzen ihn in die Lage, sich mit den abweichenden sozialen Normen und Umgangsformen zu identifizieren.

Die Synchronisation sekundiert somit der Rezeption, indem sie das passende Besteck parat hält: (a) das simultane Dolmetschen, (b) die kulturelle Annexion

21 «Der ausländische Film muss etwas dazu tun, uns nach jahrelanger Verbannung wieder zu Freunden zu gewinnen. Er muss gegen die Schwerkraft jenes Daheimseinwollens die Zugkraft seiner interessantesten Stoffe, seiner beliebtesten Darsteller, seiner stärksten Regietalente in Anschlag bringen. Er muss mit wirklich großen Filme kommen. Er muss diese Filme in deutscher Sprache, wenn möglich in deutschen Ateliers, synchronisieren lassen, um die Bilder von der Barbarei der Untertitel zu befreien, die die Kunst der Kamera morden.» (Anton Bruno: «Der amerikanische Film und wir», in: *Der Standpunkt*, 8, 1946, S. 39–44; 40)

über den speziellen Audio-Code der Muttersprache. Als fremde Elemente verbleiben die visuellen Zeichen – andere Interieurs, andere Architektur, anderes Straßenbild, andere Landschaften etc. –, doch der Sprachwechsel stellt eine andere Relation zu diesen sichtbaren Informationen her, weil die vertraute deutsche Sprache andere Konnotationsräume eröffnet als eine fremd klingende (unabhängig von der Fremdsprachenkompetenz des Zuschauers).

Durch diese generierte Selbstreferenz korrespondierte die Synchronisation mit der Präferenz des Publikums für den deutschen Film. Die Hegemonie der deutschen Sprache im Kino führte zur Illusion, die ganze Welt spreche deutsch. Amerikanische, französische, italienische Stars mit anderen Stimmen deutsch sprechen zu lassen, ist eine Form kultureller Aneignung, die die Wahrnehmung des Fremden, Nicht-Deutschen, Anderskulturellen auch außerhalb des Kinos tief beeinflusst haben dürfte. Die «Ausländer» und «Gastarbeiter», denen man im «richtigen» Leben begegnete, sprachen jedenfalls kein gepflegtes Synchrondeutsch. Ist die Akzeptanz des Fremden und eine generelle Weltoffenheit im Synchronland Deutschland weniger entwickelt als in den Untertitel-Ländern wie Niederlande und Skandinavien? Die Langzeitwirkung dieses Phänomens ist nicht zu unterschätzen: Als in den 1970er-Jahren der US-Film die deutschen Produkte endgültig auf die Plätze wies, blieb der Synchronzwang ungebrochen.

Stimmen-Theater

In den beiden Dekaden zwischen 1950 und 1970 durchlief die Geschichte der Filmsynchronisation ihre «Klassik», keine Weimarer, aber doch eine Berliner und Münchner (zeitweise auch Remagener). Nährboden dieser Blütezeit war die Verschwisterung mit dem Theater. Schauspieler und Regisseure kamen von der Bühne und investierten ihre Professionalität nun in die Synchronarbeit. Auch für die Filmübersetzung galten die Maßstäbe einer künstlerischen Schöpfung. Nicht die akribische Anpassung an das Original war die Devise, sondern das Einschmeicheln in die Ohren des Publikums – Verluste inbegriffen.

Die Helden dieser unsichtbaren Bühne waren die Synchronschauspieler, die das entscheidende Manko dieser Art der Filmübertragung – der Wegfall der Originalstimme – hinreichend zu kompensieren hatten. Trotz der großen Unterschiede zur erlernten Theaterarbeit entledigten sie sich dieser Aufgabe mit einer Akkuratesse, die nicht selten über das Original triumphierte.

Auf der grell erleuchteten Bühne und vor der Kamera dominiert die physische Präsenz des Schauspielers, seine Mimik und Gestik. Im Dunkel des Synchronateliers ist alle Arbeit fokussiert auf die sprachlich-stimmliche Präzision und Nuancierung.

Eine Zwischenstellung nimmt das Hörspiel ein, das in den 1950er-Jahren Autoren wie Günter Eich, Friedrich Dürrenmatt, Wolfgang Hildesheimer, Marie

Luise Kaschnitz, Wolfgang Weyrauch und Ingeborg Bachmann zu einer eigenen literarischen Gattung emporhoben. Hier mitzuwirken, war für die meisten deutschen Schauspieler selbstverständlich. Der Weg vom Hörspiel zum Synchronspiel ging mit einer neuerlichen Reduktion der Aktionsmöglichkeiten einher: durch die totale Gebundenheit an das Spiel des Originaldarstellers.

Die Wärme der Muttersprache, die die Distanz zum fremdsprachigen Film überbrücken und als stabilisierender Faktor wirken sollte, wurde noch weiter aufgeheizt durch das grandiose Arsenal an Stimmen, das die Theater in Berlin und München in die Synchronateliers spülten. Es war vor allem die Stunde der Chargen, die an den großen Häusern im Schatten standen, unterbeschäftigt oder gar arbeitslos waren (nach der Währungsreform gerieten die Theater und ihre Beschäftigten in die Krise, weil der Publikumszustrom merklich nachließ). Es entstand gleichsam ein riesiges Sinfonieorchester für Haupt- und Nebenrollen, dirigiert von sich gleichfalls spezialisierenden Regisseuren.

Vom Personal der 1930er-Jahre retteten sich zwar einige Synchronsprecher in die Nachkriegszeit, z. B. Siegfried Schürenberg (Clark Gable), René Deltgen (Spencer Tracy), Ruth Hellberg (Vivien Leigh) oder Till Klokow (früher Claudette Colbert, jetzt Margaret Lockwood und Rita Hayworth). Doch generell wurden die Karten für die Stimmenbesetzung neu gemischt, Greta Garbo z. B. bekam mit Ingeborg Grunewald ein neues Pendant.

Die Auswahl der passenden Stimmen fand mit einigem Aufwand statt. Am «Vorsprechen» beteiligten sich viele Interessenten, auch wenn es mit diesem zusätzlichen Berufsstandbein dann nichts wurde. Andere wiederum gingen in dieser Tätigkeit so auf, dass Bühne, Film und Fernsehen in den Hintergrund traten. Es schälten sich die dominierenden Stimmen heraus, die für zwei oder gar drei Jahrzehnte zum Markenzeichen der hohen Synchronkunst wurden. Außer dem schon genannten Siegfried Schürenberg waren dies z. B. Curt Ackermann (Cary Grant, Robert Mitchum, Stewart Granger, Vittorio de Sica), Arnold Marquis (Richard Widmark, John Wayne, Kirk Douglas und später Lino Ventura), Marion Degler (Audrey Hepburn, Sophia Loren, Jean Simmons, Elizabeth Taylor), Eleonore Noelle (Lana Turner, Grace Kelly, Ingrid Bergman) und Margot Leonard (Marilyn Monroe, Janet Leigh, Brigitte Bardot).

Berühmt wurden sie damit nicht. Ihre Namen waren letztlich nur Insidern vertraut, vorrangig aus Gründen der Illusionssicherung: das Kinopublikum sollte über den Synchronvorgang gar nicht erst nachdenken. Selbst eine Nennung im Abspann blieb ihnen verwehrt.

Dieses ruhmlose Schattengewerbe zog aber andererseits auch diejenigen Schauspieler an, die bei Theater und Film schon zu Ruhm gekommen waren: Wilhelm Borchert (Henry Fonda, Alec Guinness, Alan Ladd), Paul Klinger (Robert Taylor, Bing Crosby, William Holden, Ray Milland), Carl Raddatz (Robert Taylor, Burt Lancaster), Gisela Trowe (Shelley Winters, June Allyson, Yvonne de Carlo,

Gina Lollobrigida), Georg Thomalla (Bob Hope, Danny Kaye, Jack Lemmon), Wolfgang Lukschy (Gary Cooper, James Mason, Gregory Peck) – und nicht zu vergessen: O. E. Hasse als *special guest*. Der große Martin Held übernahm seltsamerweise nur kleine Rollen.

Es liegt wohl an dem eigentümlichen Reiz, den diese Tätigkeit auch für Bühnen- und Leinwand-Profis ausübt. Die stimmliche Anpassung an die Hollywood-Kollegen, die ja ganz anders spielten und sprachen als die deutschen, war eine attraktive Herausforderung. Manche nahmen es sogar als Sprechschule, für die es obendrein Gagen gab.

Aufgrund der vorwaltenden Professionalität und Perfektion hielt der Bann der großen Stimmen jeder Entzauberung stand. Da in den 1950er-Jahren keine Originalfassungen mehr zirkulierten – im Unterschied zur unmittelbaren Nachkriegszeit –, fragte auch niemand mehr nach Originalstimmen oder -dialogen. Ganz Hollywood schien deutsch zu sprechen. Die deutschen Stimmen hatten die Kontrolle übernommen.

Der harmonische Wohlklang, der sich in den Filmpalästen und Lichtburgen breit machte, wirft die Frage auf, wie dieser flächendeckende Synchronteppich die Filmrezeption beeinflusste. Der Effekt der Polsterung und Abfederung gegenüber dem rohen Aufprall der Alterität ist schon genannt worden. Bei diesem Vorgang steht nicht das kognitive Verstehen im Vordergrund, sondern das emotionale Geschehen. Die Klangebene kann die Distanz zum Bild überbrücken oder gar aufheben. Der Vergleich mit der Wirkung der Filmmusik liegt nahe: der Abbau von Realitätsbezügen und damit die Generierung von Regressionen und Projektionen, die für das Illusionskino bestimmend sind.[22] Diese Bedeutungsanreicherung und emotionale Stimulierung, die das Spiel der Stimmen in Analogie zur Musik hervorruft, ist schon damals registriert worden.[23]

Das Ineinanderspiel von flüssigem Text und gepflegten Edelstimmen ließ wohl auch Gehalte mitschwingen, die in der Originalfassung nicht angelegt waren. Für jede Übertragung, auch die literarische, gilt, dass der Akt der Ent-fremdung selbst wieder Differenzen schafft, weil die Übersetzung von ihrem Ausgangstext verschieden ist.[24] Bei der Filmsynchronisation ist es noch komplexer, weil nicht nur der Dialogtext wechselt, sondern auch die Stimmen. Während der Text flüchtig

22 Vgl. Helga de la Motte-Haber: *Handbuch der Musikpsychologie*, Laaber 1985, S. 233 u. 238.

23 «Nichts spricht so direkt das Herz an wie Musik. Dieser Erfahrungssatz gilt auch für die Musik der Stimme. Und es soll schon vorgekommen sein, dass die Synchronisierung eines Films seine Rettung für einen Teil der Welt bedeutet hat. Denn selbst die schlechteste Fotografie wird unwesentlich, wenn eine, wenn auch nur geliehene Stimme jenen Zauber über die lebenden Bilder streut, dessen Wirkung auch das verschlossenste Herz erreicht.» (Axel Fenn: «Neuschöpfung der Stimme», in: *Film*, 4, 1951)

24 Anja Tippner: *Alterität, Übersetzung und Kultur. Čechovs Prosa zwischen Rußland und Deutschland*, Frankfurt a. M. 1997, S. 21.

ist, und die im Dialog enthaltenen Informationen eine schnelle Verarbeitung erfordern, sind die Stimmen (zumindest der Hauptrollen) und die in ihr angelegten Informationen von Dauer, sie legen sich über den ganzen Film. Mehr noch: Wie der obigen Synopse zu entnehmen ist, waren die maßgeblichen Synchronsprecher für mehrere Stars zuständig, dominierten deren Wahrnehmung und die Interpretation ihrer Rollen somit über Jahre und Dekaden hinweg!

Damit ist der Synchronstimme ein spezieller Status zugewiesen. Sie interpretiert die ihr zugeordnete Figur neu, weil sie zwangsläufig textexterne Informationen bereitstellt, die die Sympathie-/Antipathie-Steuerung suggestiv beeinflussen. Die rezeptionslenkende Funktion dieses Vorgangs ist evident. So sublimiert die Stimmen-Transplantation nicht selten den rauen und derben Tonfall des Originals. Passten der Rebell James Dean und der brave Dietmar Schönherr wirklich zusammen? Die Kombination Marlon Brando und Harald Juhnke war da schon glaubwürdiger. Auch der umgekehrte Effekt ist möglich. Ambivalenzen der Original-Stimme lassen sich durch die Synchronbesetzung aufheben und vereindeutigen. Dominante Stimmen exponieren jede Figur, mag sie im Originalfilm noch so unscheinbar sein.

Zur Planierung der Differenzen und Dissonanzen trug auch das Theaterprofil der Veranstaltung bei. Die deutschen Dialoge wurden unabhängig vom Genre im polierten Bühnenhochdeutsch gesprochen, auch wenn das Original von Dialekt und Jargon geprägt war. Der Eindruck von Umgangssprache ließ sich mit grammatikalisch korrekten Genitiven und Konjunktiven nur schwer erzeugen.

Auf der Rezipienten-Ebene war die Sache entschieden. Die überwältigende Mehrheit der Kinogänger wollte Filme in deutscher Sprache. Eine leidenschaftliche Diskussion wie einst bei Einführung des Tonfilms ist nicht zu verzeichnen. Cineasten forderten zwar gelegentlich wenigstens in Sondervorführungen Kopien in Originalfassung einzusetzen, dazu waren aber aus Kostengründen nur wenige Kinos in Großstädten bereit. Bei außergewöhnlichen Schauspieler-Leistungen, wie z. B. Anna Magnani in The Rose Tattoo äußerten Kritiker und Zuschauer zuweilen den Wunsch nach der «echten» Stimme. Die Filmzeitschriften griffen dann das Thema auf und befragten die Synchron-Profis nach ihren Ansichten. Der Regisseur Peter Elsholtz glaubte (wohl zurecht), einer Originalfassung zu folgen, sei eine anspruchsvolle Geistesarbeit, die die meisten scheuten.[25] Der (Synchron-)Schauspieler Wilhelm Borchert verglich den Reiz bei der Synchronarbeit mit dem für den Schützen beim Schießen auf tanzende Eier[26] und machte einen Unterschied zwischen französischen und amerikanischen Filmen: Die französischen Schauspieler verfügen über eine ungewöhn-

25 *Film-Journal*, 19, 1956, S. 14.

26 Ebd.

liche Sprechkultur, daher sei es bedauerlich sie nicht im Original zu hören. In amerikanischen Filmen hingegen werde auf das rein Sprachliche nicht so großen Wert gelegt.[27]

Die Masse der Kinobesucher vertraute darauf, dass die deutsche Fassung in einem angemessenen Verhältnis zum Original steht, sofern sie solchen Fragen überhaupt Aufmerksamkeit schenkte. In aller Regel wurden diese Erwartungen auch erfüllt. Freilich bekam das Publikum von Abweichungen, Verfälschungen und Fehlübersetzungen meist nichts mit, selbst dann nicht, wenn die deutsche Bearbeitung ein Schlachtfeld hinterlassen hatte (wie etwa bei CASABLANCA und LES AMANTS). Die Synchronbetriebe verschanzten sich hinter ihrer Anonymität, kritische Nachfragen blieben aus. Dennoch markiert die Tendenz der Manipulierung aus politischen, moralischen oder religiösen Gründen nicht die Hauptlinie der Synchronproduktion. Deshalb wäre es falsch, diese nur anhand ihrer Defizite zu bewerten.

Wie jede Übersetzung kann auch eine Synchronfassung kein 1:1-Verhältnis zum Original haben. Vielmehr ist sie als eine Neuschöpfung oder Interpretation einzustufen. Von den ideologisch motivierten Eingriffen ins Original sind solche zu unterscheiden, die aus übertragungstechnischen Gründen zwingend erforderlich sind. Für alle Redewendungen, Sprachspielereien, Slangausdrücke und nur in der Ausgangskultur verständlichen Anspielungen und Begriffe muss der Dialogautor ein passendes deutsches Äquivalent finden, das sich obendrein in die Lippenbewegungen fügt. Über entsprechend geistreiche Lösungen, Gelungenes und Misslungenes könnte man ein eigenes Buch schreiben. Hier nur zwei Beispiele aus einem Film (SABRINA, 1954). Das im Deutschen nicht heimische Brettspiel Scrabble als «Mensch ärgere dich nicht» auszugeben, mag angehen, den Satz «Dou you like Dixieland-Bands?» mit «Magst Du schräge Musik?» zu übersetzen, strapaziert die Toleranzgrenzen.

Beim Vergleichen von Original- und Synchrondialog stößt man nicht selten auf unmotivierte Abweichungen, bei denen es weder um antideutsche Anstößigkeiten noch sonstige Frivolitäten geht (eine systematische Vergleichsforschung steht freilich noch aus). Wenigstens ein Beispiel sei beigebracht.

In einer Szene von THE MANCHURIAN CANDIDATE (BOTSCHAFTER DER ANGST, 1962) verabschiedet sich der deutsche Text vollständig vom Original. Bei der ersten Begegnung von Janet Leigh und Frank Sinatra im Zug ist Sinatra psychisch labil (er ist außerstande, sich eine Zigarette anzuzünden) und es folgt ein Dialog mit explizit absurden Akzenten, wohl um die psychische Angespanntheit zu betonen. Der deutsche Text hingegen flüchtet sich in banalsten Small Talk:

27 *Filmblätter*, 25, 1958, S. 48.

LEIGH:	Maryland's a beautiful state	Wohin fahren Sie eigentlich?
SINATRA:	This is Delaware	Irgendwohin
LEIGH:	I know	Dacht' ich mir
LEIGH:	I was one of the Chinese workmen, who laid the track on this stretch	Ganz angenehm hier draußen zu stehen, nicht wahr, ist ja ein ziemlich heißer Tag
	But'um nonetheless, Maryland is a beautiful state	Ich finde die Zeit geht schneller herum, wenn man sich ein bisschen unterhält
	So is Ohio, for that matter	Stört es Sie, wenn ich rauche?
SINATRA:	I guess so	Nein, durchaus nicht
	Columbus is a tremendous football town	Es gibt ja schließlich so etwas wie Gleichberechtigung

Den Verantwortlichen schien der Dialog so unverständlich, dass er für die Erwartungen der deutschen Rezipienten in leichte Fasslichkeit transponiert werden musste. Zu den assoziativen Repliken kommen irritierende Ortsnamen hinzu, die eine fremde Topografie aufrufen. Dies erklärt wohl die Kapitulation der Dialogautoren.

Unter vollends negative Beleuchtung gerät das Synchronverfahren freilich erst, wenn man es in den mentalitätsgeschichtlichen Kontext der 1950er-Jahre mit ihren Kollektivneurosen stellt. Die betonte Kunstfertigkeit sah sich in eine Praxis eingebettet, die denkbar weit von Kunst entfernt war. Wie im vorhergehenden Kapitel ausgeführt, traf der edle Sound mit dem *furor teutonicus* zusammen, der in fremden Filmen unliebsame Botschaften witterte, die es mittels der «deutschen Fassung» zu bekämpfen galt.

Wenn sich heutige Dialogautoren den Kopf zerbrechen, wie sie «fuck», «bullshit» und «motherfucker» übersetzen sollen, sind Rücksichten auf ein empfindsames, in seiner Sittlichkeit brüskiertes oder auf Vergangenheitsstilllegung fixiertes Publikum jedenfalls nicht mehr erforderlich. Es sei denn, die originalsprachige Verbalinjurie enthält das Wörtlein «Nazi». Dies wird in den deutschen Dialogen meist abgeschwächt, aber aus ganz anderen Gründen als in den 1950er-Jahren. Im englischsprachigen Kontext ist «Nazi» meist eine barsche, aber konventionelle Beleidigung ohne jede politische Anspielung. In deutschsprachigen Kulturen konnotiert diese Vokabel aber grundsätzlich einen rechtsradikalen Hintergrund. Deshalb sind entsprechende Übersetzungskorrekturen nicht nur legitim, sondern oft zwingend.[28]

28 «You greedy little nazi fuck» heißt es in einer Beschimpfungsszene der Serie SIX FEET UNDER (I,3), im Deutschen: «du schmieriger, geldgeiler Wichser.» Damit ist die hier wichtige sexuelle Anspielung erhalten, eine nicht intendierte NS-Assoziation vermieden.

5 Jugend in Gefahr
Filmrezeption und Pädagogik

Der dämonische Miterzieher

Der Aufstieg des Films zum populärsten Massenmedium exponierte auch den Ort seiner Vorführung. Das Kino avancierte zum bedeutenden Sozialisationsfaktor für Jugendliche, als bevorzugter Treffpunkt in der Freizeit und – unabhängig vom Filmangebot – Auslöser bzw. Ausgangspunkt für weitere Aktivitäten.

Es etablierte sich ein Refugium, das von den tradierten pädagogischen Instanzen wie Elternhaus, Schule, Lehrstelle denkbar weit entfernt war. Im Kino ist es dunkel, ein der Öffentlichkeit weitgehend entzogenes Ambiente, der gezeigte Film nicht unbedingt das Hauptmotiv für den Kinobesuch.

Darüber hinaus bietet die Versammlung im Kinosaal ein Gemeinschaftserlebnis der eigenen Art, das sich von ähnlichen Veranstaltungen (z.B. Fußballstadion) unterscheidet. Alle Anwesenden sind fokussiert auf ein relativ kleines Bildgeschehen (die Theaterbühne ist wesentlich weiträumiger), alle sehen gerade das Gleiche und partizipieren an den mehr oder weniger gleichen Illusionen, Emotionen und Affekten. Der Einzelne erlebt nicht nur die Emotionen auf der Leinwand, sondern auch die der Anderen, der Fremden im Saal um ihn herum. Er badet förmlich in sich gegenseitig beeinflussenden Affekten, es entsteht ein emotionales Kollektiv, ohne dass dadurch ein Wir-Bewusstsein entsteht. Diese Differenzierung war schon Teil des damaligen Erkenntnishorizonts: «Identität gemeinsam erleben bedeutet nämlich nicht Identität des inneren Erlebnisses.»[1]

1 Karl Poerschke: *Das Theaterpublikum im Lichte der Soziologie und Psychologie*, Emsdetten 1951, S. 37.

Werner Dütsch hat diese spezielle Form der «Kinomagie» auf den Punkt gebracht:

> War ich da in Gesellschaft oder doch allein? Die Menge, die sich für zwei Stunden eingefunden hatte, um danach sofort zu zerfallen, hatte gehörigen Anteil an der Kinomagie. Die versammelten Zuschauer waren nicht stumm, und leblos, ich konnte sie fühlen, war selbst Teil davon. Neben schweigender Anspannung hörbares Staunen, Aufatmen und Aufstöhnen. Zuweilen auch die leisen Geräusche unkonzentrierter, gelangweilter Zuschauer. Für Komödie ein Lachen, das sich in einem leeren Kino nie einstellt. Auch schauten Zuschauer einander an, Bestätigung für die eigene Reaktion erheischend. Oder gelegentliche Blicke nach hinten, zu denen, die mehr bezahlt hatten als wir ganz vorne. Kekse, Nüsse, Süßigkeiten: war deren unüberhörbarer Verzehr Teil selbstverständlicher Gemeinsamkeit oder grobe, unwillkommene Störung?[2]

Dieses komplexe, die Sinne stimulierende System unterschiedlicher Reize intensiviert die Rezeptionssituation erheblich, führt zu einer gesteigerten Erlebnisform gegenüber anderen Medien. Hinzu kommt die Komplexität und Dynamik des Geschehens auf der Leinwand, dem sich der Zuschauer passiv aussetzt und ausliefert, in das er sich hineingerissen sieht und dem er wenig Dispositionsmöglichkeiten entgegensetzen kann (keine Wiederholung oder Unterbrechung und nur eingeschränkte Metakommunikation).

Damit ist nicht nur das Spezielle dieser Rezeptionssituation indiziert, sondern auch der Kinosaal als Gefahrenherd identifiziert. Die Aufhebung der Distanz bis hin zur Ausschaltung von Ich und Ratio veranlasste die damalige, erst in Ansätzen vorhandene Filmpsychologie eine Affinität zu irrationalen Schichten, zum Unbewussten, zum Traumerleben und zur Hypnose zu konstatieren. Die «Entrückung» und der «Sog der Bilder» führt den Zuschauer in einem regressiven Akt auf frühere Erlebnisstufen zurück und stellt sich psychologisch als «Abbau der reflektierenden, ichbezogenen Persönlichkeit dar.»[3] Die unbewussten Tendenzen des Rezipienten sind in den «artifiziellen Filmraum hineingezogen»[4], die Rollen der Schauspieler werden zu «Repräsentanten eigener dunkel empfundener Strebungen»[5]. Das geschieht mittels Projektion, die bei den Bewegtbildern des Films wesentlich ausgeprägter und qualitativ differenzierter ist als bei anderen medialen Formen[6]. Die Psyche des Zuschauers bekommt in den «Bedürfnissen und Be-

2 Werner Dütsch: *Im Banne der roten Hexe. Kino als Lebensmittel*, Würzburg 2016, S. 46 f.

3 Friedhelm Bellingroth: *Triebwirkung des Films auf Jugendliche*, Bern/Stuttgart 1958, S. 111.

4 Ebd., S. 123.

5 Ebd., S. 118.

6 Herbert Wölker: *Das Problem der Filmwirkung*, Bonn 1955, S. 75.

strebungen der Filmcharaktere gleichsam ein Projektionsschema vorgehalten, auf dem sie das Repertoire ihrer geheimen bewussten und unbewussten Wünsche und Strebungen ausbreiten kann»[7], also z. B. Männlichkeitsideale auf den Abenteurer-Helden, unterdrückte erotische Wünsche auf entsprechende Filmfiguren, aber auch unmoralische, unsoziale Strebungen auf Verbrecher und Bösewichte. Der Zuschauer setze sich also passiv einem Erlebnis aus, das in Verlauf und Gestaltung vorgeformt sei und das er aktiv nicht beeinflussen könne.[8]

Während die psychologische Argumentation sich mit wertenden Schlussfolgerungen aus den Befunden weitgehend zurückhielt, zielte der pädagogische Impetus auf praktische Konsequenzen. Die Alarmstimmung speiste sich vor allem aus den Faktoren Ich-Ausschaltung, Kontrollverlust, Aktivierung des Unbewussten, Identifizierung mit einer vorgelebten Traum- und Scheinwelt. Hier stießen die tradierten pädagogischen Konzepte an ihre Grenzen.

Der Sonderstatus des Films gegenüber Buch, Theater, Musik war offensichtlich: Die «übermütigen Spiele» lassen sich «nicht mit dem geschlossenen System von Regeln und Begriffen fassen, die zum Kanon einer überholten und untauglich gewordenen Bildung gehören.»[9]

Dieses Versagen herkömmlicher Verstehensmuster sowie die Unterstellung eines präreflexiven, von unbewussten Trieben gesteuerten Rezeptionsverhaltens mobilisierten unter dem Banner des «Jugendschutzes» eine Heerschar von paternalistischen Warnern und Mahnern, die mit einem umfangreichen Gefahrenkatalog bewaffnet gegen den unkontrollierten Filmkonsum ins Feld zogen. Da das jugendliche Publikum – so jedenfalls die Prämisse – wesentlich beeinflussbarer ist als die – vorgeblich – «reiferen» Erwachsenen, gingen die schon existierenden Versuche, die Filmwirkungen mittels Zensur einzuhegen (siehe FSK-Statut) nicht weit genug.

Die Hauptgefahr des Filmkonsums bestand demnach in einem Erleben von «Schein durch übersteigertes Sein», durch die «Bilder einer fremden Phantasietätigkeit» sei die «Ganzheit der Seele zerrissen», die wilden Aktionen auf der Leinwand erlebe man bei «völliger physischer Passivität», «Aufpeitschung und Verweichlichung stehen so nebeneinander.»[10]

Die unterstellte Unfähigkeit zur Grenzziehung zwischen den dargestellten Welten und der filmexternen Realität führt bei der Darstellung von Luxus, Glamour und des schnell verdienten Geldes zu einem «ständigen Unbefriedigtsein»[11],

7 Bellingroth 1958, S. 124.

8 Ebd., S. 130.

9 Fritz Stückrath: «Dialog der Jugend mit dem Film», in: *Deutsche Jugend*, 3, 1955, S. 549–555; 550.

10 Viktor Engelhardt: «Miterzieher Film», in: *Pädagogische Rundschau*, 5, 1950/51, S. 502–510, S. 503 f.

11 Heinz Böhmler: «Die Gefahr des Films», in: *Film Bild Ton*, 3, 1953/54, S. 219–220; 220.

nach dem Wirtschaftswunder auch auf einer politischen Ebene: Der Reichtum als Selbstverständlichkeit fördere einen «politischen Radikalismus aller, wenn der Lebensstandard einmal um ein Beträchtliches absinken sollte.»[12]

Der Film vermittle die falschen Leitbilder und Autoritäten – oder noch bündiger: er liefere eine «verkehrte Weltanschauung»[13]. «Unversehens sitzen die jungen Leute dann im falschen Boot und halten Gewalt für die einzige Autorität.»[14]. Dies liege freilich auch am Versagen der Eltern, die ja erst unlängst «schlechte Erfahrungen mit dem Glauben an die Autorität gemacht haben».[15]

Gefährlich sei nicht nur das unreflektierte männliche Heldentum, sondern auch das durch den Film vermittelte Frauenbild, denn die «erotisierten Leitbilder» haben die

> Emanzipation der Frau unter der einseitigen Hervorhebung des erotisch-sexuellen Aspekts in einer Weise vorangetrieben, dass damit eine Abwertung und Umwertung des mütterlich-weiblichen Elements vollzogen wurde. Diese Leitbilder haben wenig von der recht verstandenen weiblichen Anmut und der in der Stille wirkenden Mütterlichkeit übrig gelassen.[16]

Apropos Weiblichkeit. Während die Jungen sich an Action berauschen, liefern sich die Mädchen gern fremden Stimmungen und Emotionen aus, denen sie noch nicht gewachsen sind, eine Rezeptionshaltung, die rührselig-kitschige Regungen zur Folge hat:

> Das reifende Mädchen gerät heute leicht in den Bann der Äußerlichkeit. Es gewöhnt sich bald daran, diese zum Maßstab zu machen. Wie festgestellt werden konnte, wurden feine Ausdruckserscheinungen nicht wahrgenommen. Die aufdringliche Darstellung von Liebe, Trauer und Verzweiflung blieb dagegen noch lange in Erinnerung. Dazu kommt, dass Mädchen in diesem Alter noch nicht reif sind für viele Erlebnisse, in die der Film sie hineinzieht. Sie übernehmen fremde seelische Regungen, diese werden schließlich geläufig, ohne dass eine organische Verbindung mit den Wurzeln der eigenen Person entstanden ist. Das Ursprüngliche und Eigene verkümmert bei dieser be-

12 Günther Vogg: «Die politische Bedeutung des Spielfilms», in: *Jugend Film Fernsehen*, 5, 1961, S. 73–83; 78.

13 Franz Glorius / Michael Haller: *Film Jugend Kirche. Beiträge zu einer Filmpädagogik*, München 1960, S. 6.

14 Fritz Kempe: «Die anonymen Miterzieher unserer Jugend», in: *Film Bild Ton*, 9, 1962, S. 39–44; 41.

15 Ebd.

16 Werner Glogauer: «Leitbildhafte Wirkungen des Films im Jugendalter», in: Erich Feldmann / Hermann M. Görgen / Martin Keilhacker (Hg.): *Film- und Fernsehfragen*, Emsdetten 1961, S. 185–193; 191.

> ständigen Diffusion inadäquater Emotionen. Es bildet sich ein phrasenhafter und sentimentaler seelischer Stil.[17]

Einen bedenkenswerten, sonst nicht genannten Aspekt registriert die folgende Äußerung, wonach die Akzeptanz der Gewaltdarstellungen im Film die Reflexion über die NS-Verbrechen relativiere:

> Die Entwertung des Menschen, wie sie in vielen Kriminalfilmen, Wildwestern und Kriegsfilmen durch gehäufte und ausgeprägte Prügeleien, Sadismen, Mord usw. zum Ausdruck kommt, ist nicht dazu angetan, das menschliche Gewissen politischen Millionenmorden gegenüber aufzurütteln. Wenn, wie im Film häufig geschieht, es das Recht des Stärkeren ist, die eigenen Ansprüche durchzusetzen, so beeinflusst das unmittelbar auch die Vorstellung des Jugendlichen über seine Stellung zur gesetzlichen und staatlichen Ordnung.[18]

Wenn sich der Rezipient im Modus der «Identitätsarbeit» befindet, entsteht durch die Situierung der eigenen Lebenswirklichkeit im Horizont des Filmerlebens eine Relativierung. Dadurch «steht die eigene Schuld erlebnismäßig zwischen den vielfältigen Verbrechen und erscheint harmlos.»[19]

Die Flucht in die Traumwelt mit ihren Ersatzlügen hat letztlich negative Folgen für alle Lebensfragen. Die «verchromte Wirklichkeit» führe zu «gefährlichen Illusionen» und diese wiederum zu einem «tiefen Zwiespalt mit der eigenen Misere». Daher sei der Film ein «dämonischer Miterzieher.»[20] Während das reale Leben immer ambivalent ist, sind die Motivationen der Filmfiguren immer eindeutig[21]. Es besteht die Gefahr, die Aufgaben in Beruf, Familie, Haus nicht mehr zu meistern, denn «das Leben in geordneter Weise zu erfüllen ist der Inhalt des menschlichen Lebens.»[22] Der gefährliche Relativismus führt zu einem «veränderten Weltbild», wenn es «natürlich ist, den Nebenbuhler zu beseitigen und die Ehe zu brechen.»[23]. Ein Teufelskreis! Am Ende hängt der Filmenthusiast an den Kinoträumen wie der Junkie an der Nadel: «Diese Flucht wirkt wie ein Rauschgift, da jedem Fliehen eine Ernüchterung folgt und daraus ein gesteigerter Drang zu neuer Flucht entsteht.»[24]

17 Fritz Stückrath: «Die Rolle des Films im Leben der reifenden Mädchen», in: *Film Bild Ton*, 4, 1953, S. 122–126; 124.

18 Vogg 1961, S. 78.

19 Ludwig Kerstiens: *Filmerziehung. Eine Einführung in die Filmpädagogik*, Münster 1961, S. 38.

20 Fritz Stückrath: «Jugend im Banne des Films», in: *Westermanns pädagogische Beiträge*, 4, 1952, S. 241–246; 245 f.

21 Kerstiens 1961, S. 52.

22 Ebd., S. 39.

23 Ebd., S. 56.

24 Ebd., S. 58.

Der renommierte Gestaltpsychologe Wolfgang Metzger fuhr schwerstes Geschütz auf. Schon den Schaukasten am Kino identifizierte er als Vorhölle. Den Film selbst bezichtigte er der Erziehung zum Verbrechen, zur Unmenschlichkeit, zur Zügellosigkeit, zum anspruchsvollen Leben, zur Schamlosigkeit, zur Taktlosigkeit, zur Verkehrung des Wichtigen, der Verhärtung des Gemüts, der Verwöhnung des Geschmacks, der Verrückung des Vorbildlichen.[25] Das Antidot sah er in DAS DOPPELTE LOTTCHEN, in dem die Zwillinge eine geschiedene Ehe wieder herstellen, weil dieser Film das «Gefühl für die ewigen Ordnungen ebenso gut wieder erwecken, stützen und stärken kann, wie es bisher in der großen Mehrzahl seiner Erzeugnisse abstumpft, verbiegt und verwirrt.»[26]

Der Reiz des Films liegt nicht zuletzt in der Darstellung des Absonderlichen, Nicht-Alltäglichen, Normabweichenden, in der Konfrontation oder gar Identifikation mit negativen und gespaltenen Charakteren, denen der Rezipient in seiner täglichen Umwelt eher nicht begegnet. Diese Erweiterung des Menschenbildes durch filmische Kunstfiguren ist jedoch keine Bereicherung, sondern eine Gefährdung:

> Es ist kein Zufall, dass der Film den Menschen pervertiert. Das Regelwidrige ist pikant: Mörder mit Innenleben, ehrbare Dirnen, liebenswerte Falschmünzer, philosophische Diebe oder Brave mit Doppelleben, Bürgerliche mit kriminellen Neigungen. Solche Mixturen aus anreizenden und aufreibenden Eigenschaften wimmeln auf der Leinwand. Diese Homunkuli aus den Retorten der Ateliers aber nimmt der Jugendliche als Anschauungsmaterial für seine Orientierung über den Menschen.[27]

Prämisse all dieser Schreckbilder war einerseits die dem Film zugemessene toxische Wirkungsmacht und andererseits die Vorstellung, der Zuschauer sei ein passives und hilfloses Objekt dieser unheimlichen Macht, der er nichts entgegenzusetzen hat, wenn er die Kunstwelt für real nimmt. Diese Annahme und der aus ihr resultierende Alarm-Modus speisten sich nicht zuletzt aus den Erfahrungen mit dem Manipulationspotenzial der Medien im Nationalsozialismus und der damit verbundenen demagogischen Mobilisierung von Affekten. Nötig waren deshalb kundige Lenker und Ratgeber, die den Filmfreund zwar nicht gleich vom Kinosessel scheuchten, aber doch die Rezeption in sichere Bahnen zu steuern suchten, um die schädlichen Wirkungen zu dämpfen und zu filtern. Aus diesem Postulat bezog die Filmpädagogik ihre Legitimation.

25 Wolfgang Metzger: «Kind und Film», in: Karl Heymann (Hg.): *Kind und Technik*, Basel 1952, S. 5–32.

26 Ebd., S. 32.

27 Fritz Stückrath: «Seelische Induktion im Kraftfeld des Films», in: *Film Bild Ton*, 4, 1954, S. 182–187; 187.

Im Visier der Wissenschaft

Die empirisch und experimentell arbeitenden Wissenschaftler argumentierten wesentlich differenzierter als die obigen Zitate vermuten lassen. Ihre Intention war es nicht, den Film zu verteufeln, sondern den «richtigen» Umgang damit zu lehren, letztlich vom «schlechten» zum «guten» Film hinzuführen. Diese idealistische Herangehensweise war zwar konservativ, doch gibt es viele Überschneidungen mit der modernen Rezeptionsforschung. So stand z. B. nicht einseitig die «Einwirkung» des Films auf den jugendlichen Zuschauer im Sinne eines simplen «stimulus–reponse»-Schemas im Vordergrund, sondern die Interaktion von Sender und Empfänger, was heute als «uses and gratifications»-Ansatz bezeichnet würde: Wie gehen die Jugendlichen selbst aktiv mit Film und Kino um, was sind ihre Bedürfnisse und Erwartungen?

Ihren entschiedensten Anwalt hatte die Rezeptions- und Wirkungsforschung in dem Hamburger Pädagogen Fritz Stückrath. Film war für ihn die «stärkste Macht der Zivilisation», und der Kinobesuch nicht «Hobby zum Zeitvertreib», sondern existenzielle Notwendigkeit, denn «wer in seiner Jugend nicht über Höhe und Tiefen des Films geschritten ist, der hat seine Existenz in dieser Zeit nicht begründet.» Den Film zu dämonisieren oder auch nur zu ignorieren kann sich der Zeitgenosse nicht leisten, denn der «Prozess der Ichformung kann heute nicht mehr außerhalb der Sphäre des Films vollzogen werden», um zur menschlichen Reife zu gelangen, muss sich die Jugend durch seine «schillernde Vielfalt hindurcharbeiten.»[28]

So emphatisch argumentierte die «Münchner Schule» der Filmpädagogik um Martin und Margarete Keilhacker nicht. Sie sah im Film zuvörderst ein Vehikel, um Werte und Normen zu vermitteln. Im Zentrum stand daher nicht das Filmisch-Ästhetische der Kunstform, sondern die Handlung, nicht der Film an sich mit all seinen Facetten (wie bei Stückrath), sondern bestimmte inhaltliche Komponenten, die unter pädagogischen Gesichtspunkten herauszuarbeiten sind, wie etwa das Verhalten von bestimmten Charakteren und ihre potenzielle didaktische Funktionalisierung. Entscheidender Parameter für die Skalierung der Filme war die «Jugendgemäßheit», obendrein verbunden mit der Forderung an die Produktion, sie solle ihre «Unterhaltung in zwar leichter, aber anständiger und geschmackvoller Weise» darbieten.[29]

Die bevorzugten Methoden der Rezeptionsforschung waren die Beobachtung der Reaktionen während der Vorführung im Sinne der Ausdruckspsychologie (z. T. mit Infrarotkamera) und die Erhebung physiologischer Daten. Probanden waren Kinder im präpubertären Alter, weil danach die Reaktionen reflektierter sind und sich nicht in spontaner Mimik, Gestik und Pantomimik niederschla-

28 Stückrath 1955, S. 549.

29 Martin u. Margarete Keilhacker: *Jugend und Spielfilm*, Stuttgart 1953, S. 65.

gen.[30] Als Anschlusskommunikation kamen die Befragung, das Gespräch über den Film und der Film-Aufsatz hinzu.

Vergleichsstudien zum Rezeptionsverhalten erwachsener Zuschauer fanden nicht statt. Um Aussagen über die Unterschiede war man dennoch nicht verlegen. In den Motiven der Jugendlichen für den Kinobesuch dominiert neben der Abwechslung vom Alltag die Auseinandersetzung mit Welt und Mensch schlechthin, ein generelles «Kennenlernen des Lebens». Dies markiert die Differenz zum Filmerleben der Erwachsenen: Während die Jugendlichen einen umfassenden Begriff der (Film-)Wirklichkeit haben, der «alle Möglichkeiten des zu erwartenden Lebens einschließt», gilt für den Erwachsenen nur noch die «Wirklichkeit des Alltagslebens».[31]

Für Pubertierende sind die dargestellten Sachverhalte und Konflikte Anschauungsmuster für das eigene Leben – ein Befund, der sich (und zwar mit Einschluss der Erwachsenen) durchaus mit modernen Analysen des Filmerlebens deckt, wonach die Rezeption ein «mentales Training im Umgang mit Konfliktfeldern der Realität» sein kann[32] und damit zur Stabilisierung der Identität beiträgt[33]. Der Film fungiert als «Ressource zur Welterfahrung.»[34]

Die von der Münchner Filmpädagogik postulierte Realitätsaffinität stellt an den Film den Anspruch hoher Authentizität und Referenzialität. Eine produktive Rezeption findet dann statt, wenn das Gesehene mit der Erlebniswelt der Rezipienten korreliert, eine ablehnende Haltung stellt sich bei defizitärem Bezug zur Wirklichkeit ein, wenn erst ein symbolischer Code dechiffriert werden muss bzw. fantastische oder irreale Elemente dominieren (wie etwa in MEIN FREUND HARVEY, UNSERE KLEINE STADT oder DAS WUNDER VON MAILAND). Dem Film wird dann nicht mehr «geglaubt», der für den adäquaten Genuss notwendige «suspension of disbelief» unterbleibt. Bei nur wenigen Jugendlichen sei ein «echtes Verstehen der ‹gestalteten Wirklichkeit› zu finden»[35]. Parameter für die Glaubhaftigkeit sind verifizierbare Details, und auch der Anspruch an den Film als primäre Auskunftsinstanz über das «wirkliche Leben» geht bis ins Detail:

> Der Jugendliche glaubt und hofft, aus dem Film alles, schlechterdings alles, für sein eigenes Leben und für die Bewältigung dieses Lebens entnehmen zu

30 Martin Keilhacker: «Der Film als Erzieher», in: *Pädagogische Welt*, 9, 1955, S. 55.

31 Ebd., S. 60 f.

32 Peter Wuss: «Film und Spiel. Menschliches Spielverhalten in Realität und Rezeptionsprozess», in: Thomas Schick, Tobias Ebbrecht (Hg.): *Emotion – Empathie – Figur: Spielformen der Filmwahrnehmung*, Berlin 2008, S. 217–248; 231.

33 Vgl. Peter Vorderer: «Rezeptionsmotivation: Warum nutzen Rezipienten mediale Unterhaltungsangebote?», in: *Publizistik*, 41, 1996, S. 310–326.

34 Geimer 2010, S. 41 ff.

35 Walter Tröger: *Der Film und die Antwort der Erziehung*, München/Basel 1963, S. 125.

> können, angefangen von den Umgangsformen, wie man sich in sogenannter besserer Gesellschaft benimmt, wie man sich z. B. eine Zigarette anzündet, ebenso lässig und elegant wie ein Filmstar, wie man einen erfolgreichen Flirt beginnt, wie es in anderen Schichten und Ständen der Bevölkerung, die einem nicht aus eigener Erfahrung bekannt sind, zugeht [...], bis hin zu den letzten, entscheidenden Fragen des Lebens, nämlich der Liebe, des Erfolges im Beruf, des Aufstiegs in der Gesellschaft, der Welt- und Lebensanschauungen.[36]

Unterhaltung und Information schließen sich nicht aus – oder: der Kinofilm als Influencer. Wenn die Rezipienten derart praktische Lektionen herauslesen, setzt diese Erwartungshaltung eine affirmative Einstellung zur Gesellschaft und ihren Konventionen voraus. Den Bewahrpädagogen fällt dann die Aufgabe zu, darauf zu achten, dass von der Leinwand keine normverletztenden Instruktionen erteilt werden.

Sollte die Wirklichkeitsdarstellung ins andere Extrem driften und eine besonders grelle naturalistische Ausleuchtung erfahren, ist die kritische Distanz ebenfalls hoch, weil dies der spezifischen Auffassung von Realität des Jugendlichen widerspricht, so wie er sie «für seine Zukunft erhofft und erwünscht», denn «er will sein Leben bezwingen und nicht vom Leben bezwungen werden.»[37] Moralische und ökonomische Niederlagen der Identifikationsfigur stellen sich einer sinnstiftenden Rezeption entgegen. Typische Beispiele sind die FAHRRADDIEBE mit ihrem bezwungenen und gedemütigten Helden, MARTY mit einem unheldischen, hilflos in den Alltagskalamitäten verstrickten Protagonisten oder DIE RATTEN mit ihrer schonungslosen Menschenzeichnung. Harte Realistik ist nur dann akzeptiert, «solange noch eine idealistische Aussage dahintersteht und das Dunkel durchleuchtet.»[38]

Diese konstatierten Präferenzen und Abneigungen steuern auch das Urteil über einzelne Charaktere. Da der Jugendliche aus dem Kinobesuch etwas Positives für sein eigenes Leben mitnehmen möchte, imponiert ihm vor allem «heroisch angelegte menschliche Bewährung»,

> der aufrechte Mann gegen die Tyrannis wie Canaris, der aufrechte Mann als Bollwerk gegen den Justizirrtum in ALIBI oder den ZWÖLF GESCHWORENEN, die großen Wohltäter der Menschheit an Leib und Seele (Sauerbruch, Albert Schweitzer, Monsieur Vincent), die mutigen Vorkämpfer für Menschlichkeit auch im Krieg (LETZTE BRÜCKE, GROSSE HOFFNUNG, IN FRIEDEN LEBEN), der Sieg der Unerschrockenheit, Tapferkeit, Treue, Kameradschaft, der Reinheit und Keuschheit. Es gibt, wenn es richtig angepackt wird, kein unzeitge-

36 Martin Keilhacker: «Was sucht die Jugend im Film?», in: *Publizistik*, 5, 1960, S. 441–451; 446.

37 Ebd., S. 450.

38 Margarete Keilhacker: *Kino und Jugend*, München 1960, S. 113.

> mäßes Ideal. Vor allem aber regiert in diesem Bereich nicht das Happy-End, Opfer des eigenen Lebens ist Krönung, nicht Untergang.[39]

Sind die großen Männer nicht eindimensional heroisch, sondern widersprüchlich und gespalten, wird es kompliziert, aber nicht aussichtslos: Cal in JENSEITS VON EDEN hat «trotz all seiner Zerrissenheit ein starkes Streben zum Guten», der junge Soldat in VERDAMMT IN ALLE EWIGKEIT wird zwar von seiner Umgebung zu Tode gehetzt, aber er «geht an gegen die Niedertracht und setzt sich ein Mahnmal, das seinen Tod überdauert, in der Freundschaft des Kameraden, die das berühmte Trompetensolo symbolisiert», wohingegen Anna Magnani in DIE TÄTOWIERTE ROSE «Mensch in all seinen Schwächen ist, nicht Herr ihres Lebens, sondern Spielball ihrer Triebe.»[40]

Diese naiv-idealistische Wirkungs- und Rezeptionsforschung war ausgestattet mit einem gewaltigen Erkenntnisoptimismus, der sich aus einem konservativen, die sozialen Normen respektierenden Welt- und Menschenbild speiste. Die Bewahrpädagogik aktivierte bei ihren Schützlingen eine identifikatorische Filmlektüre, die die gezeigten Konfliktlösungen billigte und im Idealfall in die eigene Lebenspraxis umsetzte. Diese Intention impliziert die Abschirmung vor irritierenden Einflüssen, Dissonanzen und Disharmonien. Der pädagogische Auftrag erheischt, die potenziell verstörend wirkenden Einblicke ins Menschenbild wenigstens zu dosieren und mit positiven Gegenbildern zu kontrastieren.

Da die Jugendlichen (allerdings als Probanden in der Anschlusskommunikation) selbst die Intention formulierten, filmische Leitbilder identifikatorisch auf das eigene Leben zu beziehen, war es konsequent, den jugendaffinen Filmkanon auf gesellschaftskonforme Einflüsse und Sinnstiftungen hin zu arrangieren. Daraus leitet sich das oberste Gebot ab: «Dem Film, der der Jugend etwas zu geben vermag, muss ein ideales Menschenbild zugrunde liegen.»[41] Seinen «erzieherischen Wert» entfaltet ein Film demnach durch die Vermittlung eines «positiven Vorbilds» sowie im Potenzial, durch «Miterleben mit den dargestellten Ereignissen die eigenen seelischen Kräfte einzusetzen, dadurch zu entfalten und zu vervollkommnen.»[42] So ist es z.B. wenig förderlich, sich mit der «Schilderung eines zerrütteten Ehe- und Familienlebens zu unterhalten», vorteilhafter ist es, wenn «vor den Augen des jungen Menschen die ganze schützende und tragende Kraft der Familie ausgebreitet und erhellt, der Sinn für ihre Werte wach gehalten, die Achtung vor ihren Gesetzen gestärkt wird.»[43]

39 Ebd., S. 112.
40 Ebd., S. 114.
41 Ebd., S. 111.
42 M. u. M. Keilhacker 1953, S. 83.
43 Ebd., S. 87.

Die eigentliche pädagogische Antwort auf die Frage nach dem richtigen Umgang mit Film äußerte sich in zwei gegensätzlichen Richtungen: Desillusionierung und Vertiefung. Die zumeist laienhaft-essayistisch, nicht auf Basis empirischer Untersuchungen vertretene Position, der Film sei generell eine Gefahr, führte zur Tendenz, die Kinogeherei genau so zu bekämpfen wie andere gesellschaftliche Normverletzungen. Desillusionierende Arbeit besteht darin, über die vom Film ausgehenden Verfälschungen der Wirklichkeit aufzuklären, den Bann zu entzaubern, damit der Rezipient die gezeigte Sex-and-Crime-Welt nicht 1:1 in sein Leben verlängert. Während die extreme, auch nirgends belegte These, der Film verleite zu kriminellen Handlungen, von allen seriösen Autoren abgelehnt wurde, blieb das explosive Potenzial akut, denn «asoziale Neigungen und Antriebe» seien «in jedem Menschen in irgendeiner Form vorhanden – es kommt nur darauf an, ob sie ‹ausgelöst› werden.»[44]

Die «Vertiefung» hingegen, die die professionellen Filmpädagogen vertraten, akzeptierte, dass der Film nun einmal der «maßgebende Lehrmeister der Jugend über das Leben»[45] ist. Daher ist es besser, ihn nicht als Störung, sondern als Chance und Bereicherung zu begreifen, die Bildungsarbeit sollte ihn nicht zum Feind, sondern zum Verbündeten machen:

> Hinter dem Bildhunger unserer Kinder und Jugendlichen muss etwas Lebendiges und Berechtigtes stehen, ein tiefes und ursprüngliches Bedürfnis der Seele, das in unserem rationalistischen Leistungsunterricht so lange zu kurz gekommen ist, dass es sich jetzt – fast möchte man sagen: mit Gewalt – sein Recht selber holt.[46]

Notwendig sei daher die filmkundliche Aufklärung über die Gesetzmäßigkeiten des Films, die Aktivierung des Wissens über filmische Darbietungsformen, der geschärfte Blick auf den Fiktionscharakter, die Befähigung zur Wertung und zur klaren Unterscheidung von «guten» und «schlechten» Filmen, also eine «geistige Souveränität gegenüber dem Film und der Kunst der feinfühligen Interpretation.»[47]

Die Präferenzen der Adressaten lagen freilich wohl doch eher beim Konsumieren und nicht bei Reflexion und Interpretation. Deshalb stießen die Erzieher mit ihrer Mission schnell an Grenzen. Ein wirklich «adäquates Verständnis» vom Wesen des Films wollte sich nicht einstellen, weil die Bewahrpädagogen selbst primär inhaltlich und nicht ästhetisch argumentierten. So ist es wenig überra-

44 Tröger 1963, S. 163.

45 Fritz Stückrath / Georg Schottmayer: *Psychologie des Filmerlebens in Kindheit und Jugend*, Hamburg 1955, S. 170.

46 Tröger 1963, S. 206.

47 Stückrath/Schottmayer 1955, S. 172.

schend, dass für die Objekte ihrer Bemühungen das Erfassen der «Doppelnatur» des Films – die Kombination von Fiktion und Realität – diffus blieb:

> Der eine Teil bleibt an dem naiven Miterleben der Handlung hängen und sieht nicht, dass sie ja etwas Gemachtes, positiv gesprochen: Gestaltetes ist; der andere Teil kommt gerade hiervon nicht los und vergisst, dass ein Film, gleich ob gut oder schlecht, immer ein Stück Leben enthält, das eben primär vom Leben aus, nicht nur von seiner ästhetischen Formung her, beurteilt werden muss. Bei den ersten dominiert der Stoff, bei den zweiten die Form.[48]

Die Filmpädagogik im Dienste des Jugendschutzes registrierte zwar eine massive Wirkung von Filminhalten auf die Adressaten, doch überschätzte sie nicht nur diese Wirkung, sondern auch die Möglichkeiten der Steuerung und Lenkung. Die mit empirischen Methoden erzielten Resultate ergaben Momentaufnahmen, für eine langfristige charakter- und mentalitätsbildende Prägung fehlte jeder Beleg (eine solche Beweisführung hätte zudem aufwendige Langzeitstudien erfordert).

Die Fixierung auf Film blendete andere Sozialisationsfaktoren aus, wie z. B. den Einfluss der «peer-group», familiäre Vorprägungen und individuelle Eigenerfahrungen. Der Einfluss des Films kollidiert und interferiert mit anderen Einflüssen, dementiert allein dadurch eine bruchlose Rezeption, bei der das kognitive Eigenpotenzial des Rezipienten offenbar schachmatt gesetzt ist.

Die wissenschaftliche Entwicklungspsychologie machte deshalb gegen die postulierte gefährdende Wirkung der Massenmedien Vorbehalte geltend. Eine tiefgehende Prägung sei nur in Ausnahmefällen möglich, etwa bei einer den Rezipienten beherrschenden Dominanz.[49]

Soziologisch und sozialpsychologisch argumentierende Autoren, die den Kinobesuch im sozialen Kontext verorteten und in größere Diskursfelder einbetteten, sahen im Filmkonsum überwiegend positive Effekte. Wilhelm Roeßler erkannte bei den von ihm befragten Heranwachsenden eine «erstaunliche Wendigkeit im sinngerechten Aufnehmen und der Wiedergabe von schnell wechselnden Bild- und Spracheindrücken» und sah in dieser Leistung eine «Steigerung der Sensibilität, Schulung des Gehörs und des ästhetischen Gefühls.»[50] Da die Jugendlichen nach dem Filmbesuch untereinander das Gesehene diskutieren und auch

48 Tröger 1963, S. 112.

49 Hans Thomae: «Massenmedien und ihr prägender Einfluss», in: *Handbuch der Psychologie*, III, Göttingen 1959, S. 288–295. Selbst Martin Keilhacker äußerte sich gelegentlich skeptisch, ob die Annahme eines starken und nachhaltigen Einflusses auf die Kinobesucher berechtigt ist und mit welchen Methoden diese Einflüsse nachgewiesen werden können, vgl. Martin Keilhacker: «Die Filmeinflüsse bei Kindern und Jugendlichen und die Problematik ihrer Feststellung», in: Erich Feldmann, Walter Hagemann (Hg.): *Der Film als Beeinflussungsmittel*, Emsdetten 1955, S. 49–66.

50 Wilhelm Roeßler: *Jugend im Erziehungsfeld*, Düsseldorf 1957, S. 354.

unterschiedlich bewerten, aktiviert diese Anschlusskommunikation weitere positive Differenzierungsqualitäten:

> Sie erfahren im Umgang das Erlebnis der Verschiedenheit des Geschmackes, der Auffassung, der Interpretation einzelner Filme und Filmszenen und üben so unbemerkt unter Wahrung des eigenen Standpunktes die Fähigkeit zu echter Toleranz.»[51]

Das Filmerlebnis führe nicht etwa zu Fantasiearmut, sondern im Gegenteil zu einer «entscheidenden Bereicherung des Vorstellungsbesitzes» sowie einer Vertiefung der «Kenntnis symbolischer und allegorischer Gleichnisse.»[52] Dem Publikum wurde also zugetraut, die filmische Modellierung ins alltägliche Diskursumfeld zu übersetzen, eine Transferleistung, die die oben zitierten Bewahrpädagogen bestritten.

Soziologen argumentierten differenzierter, weil sie die ganze Generation in den Blick nahmen. Markiert waren damit die etwa zwischen 1928 und 1940 Geborenen, die den Krieg miterlebt hatten: die Todesangst im Bombenkeller, brennende Menschen, entstellte Leichen, womöglich noch die Vergewaltigung der Mutter. Die Erwachsenen hatten versagt, ihnen falsche Gewissheiten vermittelt und waren als Sicherheits- und Autoritätsinstanzen diskreditiert. Diese Generation, die *der* Klassiker der Jugendsoziologie als die «skeptische» beschrieb, war desillusioniert, vom Gefühl der Unsicherheit und permanenten Gefährdung geprägt. Sie wandte sich von den Ideologien ab und einer nüchtern-sachlichen Weltbewältigung zu. Helmut Schelsky sah in der Suche nach «Verhaltenssicherheit» das «anthropologisch und sozial begründete Grundbedürfnis der Jugend in der modernen Gesellschaft»[53] und registrierte einen generellen Erwachsenen-Habitus, hinter dem die spezifisch jugendliche Haltung zurücktritt, sodass diese Jugend

> sich offensichtlich in allem frühzeitig den erfolgreichen sozialen Handlungsformen der Erwachsenen anzupassen bemüht ist. […] In dieser sich eingliedernden Anpassung an die Strukturen der Modernität ist die Jugend heute in vieler Hinsicht den Erwachsenen sogar überlegen.»[54]

Und diese pragmatisch an die Moderne angepasste Generation sollte sich von Kinofilmen aus dem seelischen Gleichgewicht bringen lassen? Nicht nur unter Soziologen, auch in Filmkreisen dominierte ein realistischer Blick auf die Jugendlichen:

51 Ebd., S. 355.

52 Ebd., S. 357.

53 Helmut Schelsky: *Die skeptische Generation*, Düsseldorf/Köln 1957, S. 48.

54 Ebd., S. 93.

> Gerade die deutsche Jugend hat in Kriegs- und Nachkriegsjahren so vieles gesehen und erlebt, dass sie reifer gemacht hat. So stehen die 16–17-Jährigen der Welt der Erwachsenen wissend, wach und real gegenüber.[55]

Die Jugendlichen waren nicht nur *Objekte* des Diskurses, sie meldeten sich auch selbst zu Wort. Ein 17-Jähriger aus Berlin erteilte der paternalistischen Pädagogik eine Abfuhr und beglaubigte dies mit den schlimmen Erfahrungen seiner Generation:

> Ich bin das, was man einen Halbstarken schimpft. Und vielleicht kann ich auch sagen, warum wir «halbstark» sind. Man versteht uns nicht, oder man will uns nicht verstehen. Wir sind keine niedlichen, braven Bubis. Als ich fünf Jahre alt war, kamen die Russen. Auch wenn wir im einzelnen nicht begreifen konnten, so haben wir doch jahrelang im Angesicht von Gemeinheit, Hass, Bösartigkeit, Verbrechen, Lieblosigkeit, Laster, Lüge und Unordnung gelebt. Kein Mensch hat uns davor bewahrt. Wir wurden älter, sehender und selbständiger. Was uns von Flucht, Besatzung und der Zeit danach in schemenhafter und ungeordneter Erinnerung geblieben ist, konnten wir später in Zeitungen und Illustrierten nachlesen und nachempfinden. Es war kein Lesestoff, der uns zu unschuldigen Kindern werden ließ. Wir sind deshalb aber noch lange keine Verbrecher und Tagediebe, und wir sind auch nicht brutal und verroht. Wir sind vielleicht nach außen härter und teilnahmslos. Aber eines sind wir nicht, nämlich dumme kleine Jungen, denen man mit frommen Sprüchen und veralteten Erziehungsmethoden und Filmen «geeignet für Jugendliche unter 18» kommen kann.[56]

Mit dieser klaren Ansage konnte sich Schelsky bestätigt sehen. Der Soziologe ging ebenfalls auf den Freizeitfaktor Kino ein, bestritt aber eine tiefere Wirkung von einzelnen Handlungselementen, konstatierte hingegen einen «Realitätsverlust durch die Sentimentalität der Schnulzen» und eine «Verharmlosung der Lebensfragen durch die Unterhaltungs- und Verkaufsverpackung der ‹Problemfilme›» und sah darin eine allgemeine Gefährdung, «gegen die allerdings keine Jugendschutzgesetze helfen, da sie zu den sozial anerkannten, ja geförderten Leistungen des Freizeitkonsums auch der Erwachsenen in unserer Gesellschaft gehören.»[57]

Da sich die Jugendlichen affirmativ gegenüber der Gesellschaft verhalten und sich dem Sozialverhalten (nicht jedoch dem Weltbild) der Erwachsenen anpas-

55 *Star-Revue*, 21, 1954.

56 *Film-Journal*, 27, 1957.
14-Jährige, die schon zur Arbeit gingen und in einem nicht-jugendfreien Film ertappt wurden, rechtfertigten sich pragmatisch: «Was wir mit 14 Jahren in der Fabrik zu hören bekommen, kann auch der gewagteste Film nicht bieten.» (*Der neue Film*, 1/2, 1957, S. 6)

57 Schelsky 1957, S. 365.

sen, ist – so ließe sich schlussfolgern – die kulturpessimistische Attitüde der Gefährdungsapostel und Schutzfetischisten diskreditiert. Freilich nur auf einer theoretischen Ebene. In der Praxis behielten die Alarmisten die Oberhand. Die Novellierung des Jugendschutzgesetzes von 1957 regelte den Kinobesuch nach Altersstufen und verbot ihn unterhalb von sechs Jahren ganz.

Take-off durch Film

Der betuliche, auf Ordnung und Stabilität zielende pädagogische Diskurs über Film stand in der zweiten Hälfte der 1950er-Jahre in einer eklatanten Schieflage zum faktischen Medienalltag, vor allem zur massiven Aneignung der US-Populärkultur durch die junge Generation, ein Vorgang, der als Flucht vor den Zwängen der Restaurationsgesellschaft, vor allem vor Elternhaus und Schule zu deuten ist, als Sehnsucht nach Freiheiten und Freiräumen.

Zentrales Element dieses Ablösungs- und Autonomisierungsprozesses war die Rezeption des Rock 'n' Roll, doch den «Stein» ins «Rollen» brachte das Kino. Stimulus und Katalysator der neuen Jugendkultur waren sechs Filme: THE WILD ONE (DE 1954), THE BLACKBOARD JUNGLE (1955), EAST OF EDEN (1955), REBEL WITHOUT A CAUSE (1956), ROCK AROUND THE CLOCK (1956), LOVE ME TENDER (1957).[58]

Diese Filme, die speziell für ein jugendliches Publikum gedreht waren, etablierten drei Stars als führende Idole der Bewegung: Marlon Brando, James Dean und Elvis Presley. THE BLACKBOARD JUNGLE thematisierte nicht nur Rebellion und Jugendgewalt, sondern spendete der Revolution ihre Hymne «Rock Around the Clock», worauf der gleichnamige Bill-Haley-Film folgte. Marlon Brando als der «Wilde» verkörperte den ‹angry young man› und popularisierte die zentralen Accessoires Lederjacke und Motorrad. Brando und James Dean rebellierten aus einem Außenseiter-Status heraus, den sie nicht selbst verschuldet hatten, sondern «die Gesellschaft», zuvörderst das konservative, verständnislose Elternhaus (und hier vor allem die schwachen Väter). James Dean war der sensible, verletzliche Rebell und erweiterte damit den «Spielraum offiziell zugelassener Rollenvorschreibungen für männliche Jugendliche.»[59] Bei Elvis rückte der ekstatische Moment in den Vordergrund und damit eine unverblümt sexuelle Aura (wobei der Rock 'n' Roll an sich schon sexuell aufgeladen war). Diese neuen Orientierungsinstanzen

58 Die deutschen Titel wie SAAT DER GEWALT und AUSSER RAND UND BAND setzten die jugendlichen Aktivitäten unter negative Beleuchtung. ... DENN SIE WISSEN NICHT, WAS SIE TUN erteilt zwar eine Art Freispruch, delegitimiert die Rebellion aber als sinnlos. Der Elvis-Film wurde mit PULVERDAMPF UND HEISSE LIEDER ent-erotisiert, ebenso wie sein zweiter Film LOVING YOU unter Beibehaltung der Temperaturangabe: GOLD AUS HEISSER KEHLE.

59 Werner Lindner: *Jugendprotest seit den fünfziger Jahren*, Opladen 1996, S. 49.

lösten die bisherigen männlichen Idole ab, die konträre Rollenzuschreibungen hatten: hart, ernst, introvertiert, lakonisch, emotionslos (Errol Flynn, William Holden, Gary Cooper, John Wayne, Humphrey Bogart).

Die genannten US-Filme und – mit Abstrichen – ihre von dem Duo Georg Tressler / Will Tremper kreierten deutschen Filiationen Die Halbstarken und Endstation Liebe fütterten das sogenannte Halbstarken-Milieu, das sich vorwiegend aus der Arbeiterschicht zusammensetzte, wohingegen die Gymnasiasten und Studenten Jazz und den französischen Existenzialismus bevorzugten.

Die Halbstarken artikulierten sich in relativ harmlosen, von der Öffentlichkeit aber mit massiven Repressionen bekämpften «Krawallen» (Belästigungen, Sachbeschädigungen), wobei oft der Besuch einer der genannten Filme der Auslöser war – hier könnte man von einer unmittelbaren Filmwirkung sprechen.

Doch auch jenseits von Elvis und den Halbstarken mauserte sich das Kino zur Domäne der Jugendlichen, während die Eltern vor dem neuen Freizeitherrscher Fernsehen Aufstellung nahmen. Der kleine Bildschirm in dumpfer Stube und die Weite der (Cinemascope-)Leinwand repräsentierten zwei völlig unterschiedliche, territorial markierte Medienangebote, hinter deren Nutzung bzw. Verweigerung ein generationsspezifisches Identitätsmanagement steckte: kleinbürgerliche Enge vs. vitalistischer Aufbruch, Erstarrung vs. Dynamik.[60]

Die Amerikanisierung fand «von unten» statt, eine «zweite Welle der Re-education» (Axel Schildt), die – im Gegensatz zur ersten «von oben» – erfolgreich war. Ihr konnten sich auch die Erwachsenen nicht entziehen. «Importierte US-Populärkultur und Zugriffe der einfachen Leute auf die amerikanische Lebensart trugen das ihre zum Umbau der Kultur bei.»[61] Entscheidende Basis für diese nachhaltige Umwälzung war die wirtschaftliche Prosperität, denn die Über-

60 Dies belegt eine plastische Schilderung von Helma Sanders-Brahms: «Und ist da im Kinosessel vor der großen Leinwand nicht ein größerer Traum, sind die Landschaften nicht weiter und lockender, die Horizonte nicht unermesslich? Sind die Outcasts und Saufbolde, die einsamen Ladies dieser Filme nicht letzten Endes ehrlicher und moralischer als das kleinmütige Schielen über den Jägerzaun ins Nachbargrundstück, wie es die verfettete Fernsehfamilie pflegt, wenn sie nicht das Selbstporträt in den Hesselbachs sucht? Aber wir, wenn wir uns durchs Klofenster gequetscht hatten und auf Strümpfen, die Schuhe in der Hand durch den Vorgarten getappt waren, um Clark Gable und Jane Russell in Scope zu erleben – wir nahmen uns vor, dass unsere Zukunft so sein sollte, wie sie nur durch die Bilder des Kinos möglich schien. Nicht die Sofas und Salzstangen und Nierentische und das gedämpfte Geplauder der Fernsehabende nach Programmschluss. Nicht die sichere Pension oder die bescheidenen, aber gut gehende Firma des autokratischen Vaters. Nicht der gelungene Topfkuchen, den die Mutter am Sonntag auf den Tisch stellte […]. Nein – die Welt draußen musste größer und weiter sein, Breitwand. Straßen, die bis an den Horizont reichten. Wüsten, in denen Menschen und Pferde klein werden. […].» (Helma Sanders-Brahms: «Weit und breit», in: Helga Belach / Wolfgang Jacobsen (Hg.): *CinemaScope. Zur Geschichte des Breitwandfilms*, Berlin 1993, S. 103–108; 103)

61 Kaspar Maase: *BRAVO Amerika. Erkundungen zur Jugendkultur der Bundesrepublik in den fünfziger Jahren*, Hamburg 1992, S. 232.

nahme des amerikanischen Lebensstils ging mit einer Vermarktung und Kommerzialisierung einher und setzte die nun vorhandene Kaufkraft voraus. Was für die Teenager Motorrad, Jeans und Lederjacke waren, bedeuteten für die Älteren Kühlschrank, Fernseher und Musiktruhe (auch wenn sie dort Fred-Bertelmann- und Rudi-Schuricke-Platten auflegten, und im Fernseher die Hesselbachs liefen, waren Fernseher und Truhe Signum des Fortschritts).

Dieser Zusammenhang erklärt, warum die amerikanisierte Jugendbewegung nicht in einer subkulturellen Nische blieb. Das von den USA ausgehende Modernisierungsparadigma mit seinem Fortschritts- und Optimismusnarrativ sowie der über Film und Musik vermittelte Lebensstil erfasste die gesamte Gesellschaft. Die spontanen Proteste der Erwachsenen mochten noch so schrill sein, zu einer erfolgreichen Defensive waren sie nicht mehr in der Lage, da auch sie vom wirtschaftlichen und sozialen Aufstieg und der Konsumgesellschaft profitierten. Die Amerikanisierung wurde zum Selbstläufer.

Die zähe, bleierne Nachkriegszeit neigte sich ihrem Ende zu, das Tor zur Moderne war aufgestoßen. Dieser Prozess führte zu einer Aufwertung der jüngeren gegenüber der älteren Generation (Verlust des «Wissens- und Deutungsmonopols» der Erwachsenen), des weiblichen Geschlechts gegenüber dem männlichen und von subkulturellen Formen gegenüber der Hochkultur.[62] In den kalten, von Zucht und Ordnung geprägten deutschen Lebensstil hielten Lockerheit und Lässigkeit Einzug. Hedonismus und Permissivität hießen die Leitbilder der neuen Wertorientierung, die durch die «Betonung explizit körperlicher, erotischer Elemente» und dem «Aufweichen klassischer maskuliner Verhaltensweisen» konturiert wurden.[63]Alle diese Faktoren wirkten auf eine liberale, pluralistisch-demokratische Gesellschaft stabilisierender, als es sich die zitierten Film-Oberlehrer vorstellen konnten.

Die primär über das Medium Film vermittelten neuen kulturellen Orientierungsinstanzen wirkten gesellschafts- und mentalitätsverändernd, sodass die Filmrezeption in unserem Untersuchungszeitraum hier ihren stärksten Effekt hatte. Dem Gefesseltsein im dunklen Raum folgte eine Entfesselung, die bei der Vorführung der einschlägigen Filme oft schon im Kino selbst stattfand (nur die Bestuhlung war hinderlich und wurde deshalb nicht selten zerlegt).

62 Lindner 1996, S. 80.

63 Hans-Jürgen v. Wesnierski: «‹Die Anderen nannten uns Halbstarke›. – Jugendkultur in den 50er Jahren», in: Heinz-Hermann Krüger (Hg.): *‹Die Elvis-Tolle, die hatte ich mir unauffällig wachsen lassen›. Lebensgeschichte und jugendliche Alltagskultur in den fünfziger Jahren*, Opladen 1985, S. 103–128; 124.

6 «Wir wollen endlich wieder reine Luft atmen!» Die Rezeption des deutschen Nachkriegsfilms

Der Kelch des Leidens

Das niedrige Niveau des filmischen Neubeginns nach 1945 tat sich schon den damaligen Zeitgenossen augenfällig kund:

> Die meisten deutschen Filmschaffenden sind sich darüber klar, dass es nicht möglich oder gar erstrebenswert ist, an den geschehenen Dingen und ihren Folgen vorbeizulügen. Sie sind der Meinung, dass man die Traumfabriken endgültig demontieren muss. Die Probleme des deutschen Gestern, des deutschen Heute und des deutschen Morgen, soweit sie sich schon abzeichnen, müssen Hauptthema unserer Arbeit werden.
>
> Es sind verschiedentlich Versuche dieser Art gemacht worden. Das deutsche Publikum hat bisher nicht darauf reagiert. Es wendet sich ostentativ von jeder Zeitbezüglichkeit ab, die sie auf Grund einer schlechten Angewohnheit für Tendenz oder Propaganda hält. Es will Entspannung, Konflikte statt Probleme, äußere Handlung statt Erleben, und es will immer wieder eine Welt dargestellt sehen, deren angenehme Seiten ebenso endgültig der Vergangenheit angehören, wie die unangenehmen ihr angehören sollten. […] Die Reste des falschen Nationalismus haben in dieser Welt ebenso ihren festen Platz wie die alte Ordnung von arm und reich, und da in der heutigen Welt für solche Dinge einfach kein Platz mehr ist oder sein kann, ist die Flucht in die letztbekannte Form eines normalen Gestern, menschlich absolut verständlich.

> Aber wir sollten diese Flucht nicht unterstützen. [...] Das Publikum [...] sollte sich von oberflächlichen Formulierungen, wie ‹Trümmerfilm›, hüten, die das Bestreben der deutschen Filmkunst lächerlich machen, sich endlich einmal mit der Wirklichkeit auseinanderzusetzen. Es sollte mit Verachtung alle jene Versuche strafen, aus Geschäftsinteresse seiner Bequemlichkeit entgegenzukommen. Die deutsche Kritik zeigt überall Ansätze zur Zusammenarbeit in diesem Sinne, das deutsche Publikum aber, von wenigen Ausnahmen abgesehen, steht noch abseits.[1]

In Helmut Käutners Plädoyer für den Zeitfilm sind die Verursacher der Misere klar identifiziert. Das Publikum mit seiner Präferenz für das überkommene Illusionskino steht einer realistischen, gegenwarts- und gesellschaftsbezogenen Filmkunst entgegen. Die geforderte Auseinandersetzung mit der Wirklichkeit kollidiert mit der Renitenz der Adressaten, die eben diese Auseinandersetzung entschieden verweigern, jedenfalls im Unterhaltungsort Kino damit nicht behelligt werden wollen. Diese Kluft zwischen Produktions- und Rezeptionsinteressen stellte Regisseure und Autoren vor ein Dilemma. Auf die Dauer lässt sich eine Ware nicht an den Wünschen der Kundschaft vorbei produzieren. Die konstatierte Kluft muss sich zumindest vermindern lassen.

Käutner selbst hat es mit IN JENEN TAGEN versucht. In Kenntnis der Publikumsdispositionen befrachtete er die Konfrontation mit der Vergangenheit mit Kompromissen, um die Akzeptanz des ungeliebten Themas halbwegs zu sichern. Allein das Demonstrativpronomen im Titel rückt die zeitliche Markierung der geschilderten Begebenheiten in bequeme, unverfängliche Distanz. Trotz der Anleihen beim Neorealismus und der illusionsreduzierenden Elemente (Erzählerinstanz eines sprechenden Autos, Episodenstruktur) dominierte ein «einfühlendes Engagement», das notwendig war, um ein «Nachkriegspublikum, das identisch war mit den Leuten im Kriegspublikum zu einer Haltung des Umdenkens mit den Mitteln der Lakonie, des Unterspielens zu lenken.»[2]

Käutner war feinspürig genug, das destruktive Potenzial einer kompromisslosen Konfrontation mit der Wirklichkeit oder gar – horribile dictu – der Schuldfrage zu erkennen. Indem er mit seinen leidenden Protagonisten Menschlichkeit in unmenschlicher Zeit vorführte, machte er der Rezeptionsgemeinschaft im Kinosaal ein Identifikationsangebot: Wir haben uns in der «schlimmen Zeit» als Menschen bewährt. Das waren anschlussfähige Ressourcen für ein Publikum, das moralisch in der Defensive war.[3] Die Reflexion über die Ursachen der Unmenschlichkeit ist damit zwar stillgelegt, doch der düster dräuenden Zukunft ein optimistischer Impuls entgegengesetzt.

1 Helmut Käutner: «Demontage der Traumfabrik», in: *Film-Echo*, 5, 1947, S. 33.

2 Karsten Witte, in: Wolfgang Jacobsen / Hans Helmut Prinzler (Hg.): *Käutner*, Berlin 1992, S. 90.

3 Vgl. Knoch 2001, S. 236.

Die gleiche Nummer des *Film-Echo*, in der Käutners Text erschien, brachte eine Rezension seines Films, die diese Rezeptionsaspekte beglaubigt:

> Etwas ist in diesem filmischen Kunstwerk mit sicherer Gültigkeit ausgedrückt, das wir gefühlt, aber nie zu sagen vermochten, wenn sich vor uns die düstere Mauer des verachtenden Vorwurfs erhob: Dass in der anonymen Masse, als die man uns von außen sieht – verantwortlich in seiner Gesamtheit für all das Unsagbare – die Quellen der Menschlichkeit nie vollends versiegt waren, dass auch vielen von uns der Kelch des Leidens randvoll geschöpft ward und dass, wenn auch nicht immer nach außen sichtbar, der Mensch sich in unserem Volke stärker erwies als die Gedankenlosigkeit eines mörderischen Systems. So ist dieser Film neben dem künstlerischen ‹memento› mehr: Er heißt uns wieder hoffen! Heißt uns hoffen auf das Menschliche in uns und neben uns, wenn wir unseren Weg in die graue, noch verhangene Zukunft suchen müssen.[4]

Die lakonisch-pragmatischen Tendenzen Käutners sind zwar durch Pathos ersetzt, doch die entscheidenden Punkte der Dissonanzreduzierung sind benannt. Neben der Dementierung der Kollektivschuld und dem relativierenden Verweis aufs eigene Leid ist das deutsche Volk nicht durch die Obersturmführer, Heil-Schreier und Denunzianten repräsentiert, sondern durch die im – nicht selbst verursachten – Elend sich menschlich Bewährenden. Der Ertrag des Films wäre dann die Lieferung von moralischem Rüstzeug zur Meisterung der Gegenwart.

Die kompromisslerische Rücksicht aufs Publikum profiliert die gesamte neue deutsche Spielfilmproduktion. Deren Eröffnung, Staudtes DIE MÖRDER SIND UNTER UNS, die Vulgata des Trümmerfilms, hat einen Titel, der beunruhigend wirkt, aber gleichzeitig Entwarnung gibt. Die Präposition versetzt die Mörder bedrohlich mitten in die Volksgemeinschaft («uns»), aber wenn diese Täter identifiziert, dingfest gemacht und verurteilt sind, ist alles gut. Den «Mördern» ist ein rechtschaffenes «Wir» gegenübergestellt, das sich nichts vorzuwerfen hat. Dass es «Wir sind Mörder» hätte heißen müssen, darauf machte seinerzeit schon Wolfdietrich Schnurre aufmerksam.[5] Ein solcher Titel hätte freilich die Kinosäle leergefegt.[6]

Die defizitären Realismusversuche des deutschen Nachkriegsfilms fallen besonders im Vergleich zum italienischen Neorealismus ins Auge. Beides ist postfaschistisches Kino, doch im deutschen Film dominieren die Innenwelt der Prot-

4 *Film-Echo*, 5, 1947.

5 *Deutsche Rundschau*, 8, 1946.

6 Die Publikumsreaktionen waren zwiespältig: «Mehrfach prasselte Applaus in den Streifen: er galt dem Kameramann Friedl Behn-Grund, der versprach, neue und eigenwillige Wege zu suchen und sie teilweise gefunden hatte. Der Schlussbeifall dagegen, als Resonanz des gesamten Werkes, blieb fast aus.» (Dora Fehling, in: *Telegraf*, zit. n. *Theaterdienst*, 17, 1946)

agonisten, ihre psychischen Konflikte und nicht die Außenwelt. Die Ruinen sind Symbole und Chiffren für die Seelenzustände. Der dokumentarisch-distanzierte, emotionsferne Gestus der Italiener ist dem Trümmerfilm fremd. Die Differenz lässt sich besonders gut an Rossellinis GERMANIA – ANNO ZERO demonstrieren: zwar in den Trümmern gedreht, aber kein Trümmerfilm, sondern Neorealismus. Die Ruinen sind hier nur zerstörte Häuser und sonst nichts, der Film konzentriert sich auf die *äußeren* Abläufe, nicht auf die Gefühlswelt der Figuren. Die Deutschen tendierten zur Verinnerlichung, zur Introspektion und fokussierten Gewissenskonflikte und Selbstzweifel (mit Großaufnahmen grübelnder Gesichter), was sich in den 1950er-Jahren fortsetzte.[7]

Die in den westlichen Besatzungszonen zögerlich, in der sowjetischen rasch einsetzende deutsche Filmproduktion fand unter Observanz der Siegermächte statt, die eine Unterstützung bei ihren Umerziehungsbemühungen erwarteten, d. h. Tendenz mit Kunstanspruch und Lektionen in Moral zur Rezivilisierung der aus der Barbarei Entlassenen.

Besonders die amerikanische Militärregierung verfolgte mit der deutschen Filmproduktion hehre Ziele. Sie sollte «Teil der geistigen Erneuerung des deutschen Volkes» sein, eine «vitale schöpferische Kraft» für die «Wiedergesundung», die lizenzierten Filmproduzenten sollten die «demokratische Syntax» von Filmen begreifen.[8] Ratifiziert wurden diese Vorstellungen nie, dafür fehlte schlicht das geeignete Personal. Filme ließen sich nur mit den Ufa-Epigonen aus der Nazi-Zeit herstellen, notdürftig zugerichtet als wieder verwendbar für die Demokratie.

Die unter diesen Voraussetzungen entstandenen, vom Volksmund abschätzig «Trümmerfilme» genannten Produktionen lösten zwar keine Begeisterungsstürme aus, liefen aber in gut besuchten, meist sogar ausverkauften Vorstellungen. Interesse für das Neue war durchaus vorhanden, man ging aber ohnehin ins Kino, gleichviel welcher Film gezeigt wurde.

Den tiefsten Eindruck hinterließ EHE IM SCHATTEN, der kein Trümmerfilm ist:

> So sehr man zu Beginn des Bildstreifens spürte, wie sehr sich die Zuschauer dagegen sträubten, in den Spiegel zu schauen [...], so erregend war es, zu erleben, wie der Film während seines zweiten und letzten Drittels von Szene zu Szene in die Herzen derer drang, die sich vor ihm verschlossen gehalten hatten. Der Film erschütterte. Und deshalb vermochte er die Wand, welche die Zuschauer zwischen sich und dem Geschehen auf der Leinwand aufgerichtet hatten, zu durchbrechen. Als das Licht anging, sah man in vielen Augen Trä-

7 Vgl. Barbara Bongartz: *Von Caligari zu Hitler – von Hitler zu Dr. Mabuse? Eine psychologische Geschichte des deutschen Films von 1946 bis 1960*, Münster 1992, S. 225 f.

8 Filmoffizier Robert Joseph 1945, zit. n. Chamberlin 1979, S. 223, 226, 229.

> nen. Und beim Hinausgehen hörte ich einen jungen Mann im Tone völliger Fassungslosigkeit vor sich hinsagen: «Dass wir so waren …»[9]

> Im Friedenauer Premieren-Kino rührte sich nach Ende keine Hand. Es war nicht zu erkennen, ob es Ergriffenheit war oder Beklemmung darüber, dass man die ganze Schande der 12 Jahre noch einmal hatte an sich vorüberziehen sehen. Erst als die Darsteller sich zeigten, gab es Beifall.[10]

Die Erschütterung gelang, weil die Auswirkungen des verbrecherischen Antisemitismus an einem Einzelschicksal demonstriert wurden, das die Zuschauer zur Identifikation und zum Mit-Leiden motivierte (von der «ganzen Schande der 12 Jahre» kann natürlich keine Rede sein, es war nur ein winziger Ausschnitt. Die Rezensenten blendeten auch aus, dass die Künstler durch ihr vorheriges opportunistisches Verhalten mitschuldig waren). Dieser Rezeptionsmodus, der Empathie mit den Opfern und somit einen Erfahrungszuwachs generierte, verdankt sich der Darbietung als sentimentales Melodram im konventionellen Ufa-Stil. Das war die vom Publikum einzig akzeptierte Form, in der es dieses Thema zu tolerieren geneigt war. Diese Einfühlungsästhetik kam auch später erfolgreich zur Anwendung, etwa beim TAGEBUCH DER ANNE FRANK und noch 1979 bei HOLOCAUST im Fernsehen. Filme, die weniger Rücksicht nahmen, tiefer in die Materie der Judenverfolgung eindrangen und vor der Konfrontation mit Getto, KZ und Displaced Persons nicht zurückschreckten – wie MORITURI und LANG IST DER WEG – fielen gnadenlos durch.[11] Trotz melodramatischer Akzentuierung und versöhnlerischer Tendenzen auch in diesen Filmen, prallte der Zuschauer hier wesentlich ungedämpfter auf die Wirklichkeit. Statt zu identifikatorischer Lektüre kam es zu kognitiven Dissonanzen.

Eine Breitenwirkung war auch dem Remigrationsdrama DER RUF verwehrt, ein Lehrstück im akademischen Milieu mit plakativer Gut-Böse-Opposition. Die Zuschauer lachten zustimmend über die Pointen der Gegenspieler von Professor Mauthner, Fritz Kortner jedoch hießen sie respektvoll willkommen.[12] Ein Kino-

9 P.M., in: *Der Ruf*, 21, 1947, S. 13.

10 *Der Spiegel*, 41, 1947.

11 «Nachdem die Zuschauer ihren Unwillen über den Film MORITURI durch Pfeifen, Johlen und Verlassen während der Vorstellung zum Ausdruck gebracht hatten, mussten die Palastlichtspiele in Hannover diesen deutschen CCC-Film nach zwei Spieltagen absetzen und ihn durch einen Wiener Unterhaltungsfilm ersetzen. […] Die Kasse wurde nach den Vorstellungen umstellt, da man das Eintrittsgeld zurückverlangen wollte. Das Theater, das sonst stets ausverkauft war und über 1000 Zuschauer fassen kann, war am zweiten Tag nur noch mit siebzig Personen besetzt, von denen die Hälfte unter lautem Protest während der Vorstellung das Haus verließ.» (*Abendpost*, 29.8.1948, zit. n. Claudia Dillmann-Kühn: *Artur Brauner und die CCC*, Frankfurt 1990, S. 38)

12 «Und es wird wieder welche geben, die sagen, hier und dort sei schwarzweiß gemalt. Die fal-

besitzer aus Nürtingen berichtete dem Schorcht-Verleih dagegen despektierliches Verhalten:

> Im weiteren Verlauf der Vorführung wurden Äußerungen laut, wie etwa die, dass ein deutscher Professor wegen eines zurückgekommenen Juden seine Stellung verloren habe usw. Schließlich verließen nacheinander einige Gruppen von Besuchern unter entsprechenden Bemerkungen das Theater und erkundigten sich zum Teil bei meinem Vertreter an der Kasse, ob dieses Theater ein jüdisches Unternehmen sei, ob der Inhaber Jude sei usw.[13]

Spätestens mit Gründung der beiden deutschen Staaten war der ideologische Ost-West-Gegensatz etabliert. DEFA-Produktionen, die sich mit Antisemitismus und NS-Zeit auseinandersetzten, disqualifizierte der Westen nun als «Tendenzfilme», deren Botschaft sich damit bequem abwehren ließ, AFFAIRE BLUM zum Beispiel.[14] Vollends bei ROTATION verwahrte man sich entschieden dagegen, ausgerechnet aus der «Ostzone» über das Mitläufertum in der NS-Zeit belehrt zu werden.[15] DER UNTERTAN lief in der Bundesrepublik erst sechs Jahre später, obendrein gekürzt und zensiert.

schen Lacher bei der Premiere zeigten schon allein, dass es die bittere Wirklichkeit ist.» (Mü., in: *Vorwärts*, zit. n. *Theaterdienst*, 17, 1949)
«Nicht wie üblich eilte das Berliner Premierenpublikum nach Schluss des Films zu den Türen, sondern verharrte ergriffen auf den Plätzen. Dann gab es Ovationen für Kortner und seine Kollegen … ‹Bleib in Berlin!› rief ihm einer zu.» (Roger, in: *Berliner Filmblätter*, 9, 1949)

13 Zit. n. Irmgard Wilharm: «Filmwirtschaft, Filmpolitik und der ‹Publikumsgeschmack› im Westdeutschland der Nachkriegszeit», in: *Geschichte und Gesellschaft*, 28, 2002, S. 267–290; 281. Angesichts des brisanten Emigranten-Themas hatte der Verleih schon vor dem Start Werbevorschläge gemacht, die mit dem Inhalt des Films nichts, aber mit der Mentalität der Adressaten um so mehr zu tun hatten. Er sei ein leidenschaftliches Bekenntnis Kortners zum Land seiner Muttersprache und ein Ruf des Heimgekehrten nach Liebe, Versöhnung und Menschlichkeit (ebd., S. 279).

14 «Die Durchführung der großen und guten Idee des Films litt – bei aller notwendigen Geißlung solcher Zustände und ihres Hineintragens in die Sphäre der Rechtsprechung – auch an der Schwarz-Weiß-Zeichnung (Alle ‹Linken› sind rein, und alle ‹Rechten› sind teuflisch) sowie durch die dargebotene Art des Tendenzfilms.» (Sten-, in: *Film-Echo*, 14, 1949)

15 «Ich will nicht behaupten, dass ROTATION ein großes künstlerisches Erlebnis gibt. Dazu ist der Film zu politisch gemacht und in Anbetracht des Herstellungsortes unehrlich; dazu ist das Thema uns zu nah und historisch teilweise unrichtig.» (Hans-Dietrich Weiß, in: *Filmblätter*, 30, 1949)
«Der Film wird natürlich politische Kommentare auslösen, man wird in Westdeutschland der Anklage gegen die Nazi-Methoden mit dem Hinweis begegnen, dass sich unter der ostzonalen Regierung ähnliche Vorgänge ereignen.» (G. H., in: *Film-Echo*, 14, 1950)
«[…] die Sätze über die Zukunft, die die Vergangenheit nicht wiederholen dürfe, klingen wie eine Parodie angesichts der Tatsache, dass die Erben jener Widerstandsleute, deren tragisches Schicksal der Film sich angelegen sein lässt, längst für die gespenstige Wiederkehr jener Vergangenheit gesorgt haben.» (Karl-Andreas Eppenhagen, in: *Die Welt*, 25.5.1950)

Der Zeitfilm der 1940er-Jahre musste die Gefühlslage der Adressaten respektieren, d.h. Rücksicht nehmen auf eine beschädigte, traumatisierte Zusammenbruchgesellschaft, die zu einer selbstkritischen Auseinandersetzung mit der «Zeit» weder willens noch fähig war. Diese Gesellschaft setzte sich zusammen aus Menschen, die orientierungslos in einem Zwischenreich taumelten, eine unbegriffene Vergangenheit hinter sich, eine diffuse Zukunft vor sich, eine «nach Emotionen hungrige Masse, von der Vergangenheit deformiert, aber noch nicht geformt von neuen gesellschaftlichen Systemen und Symbolen, nicht vorgebildet und verbildet von Moral und Gesetz, ganz infantil seinen Trieben hingegeben und den Strömungen des Augenblicks.»[16]

In dieser instabilen Situation führte eine Überdosis Realismus schnell zu allergischen Reaktionen. Fragen nach Ursachen des Nationalsozialismus waren tabu, mit Politik wollte man auf keinen Fall etwas zu tun haben. Wenn das «Dritte Reich» erwähnt wurde, dann als abgeschlossene Epoche ohne Verbindung zur Gegenwart. Die NS-Vergangenheit war allenfalls die «Ursache der Unannehmlichkeiten im vom Krieg zerstörten Deutschland und nicht etwa ein Trauma, das weitergehende persönliche Prüfung erfordert.»[17]

Konflikte in diesen Filmen waren nicht sozialer oder politischer Natur, sondern auf einer rein zwischenmenschlichen Ebene angesiedelt – «vor dem düsteren Hintergrund der Zeit», wie in FILM OHNE TITEL selbstironisch gewitzelt wurde. Im komischen Genre ließ sich Wirklichkeitsnähe noch am ehesten durchsetzen (BERLINER BALLADE), sofern das Publikum nicht über sich selbst lachen sollte.

Was aber wollten die Kinogänger denn nun tatsächlich sehen? Diese Frage lässt sich präzise beantworten: den Unterhaltungsfilm aus der NS-Zeit, die Reprisen und Überläufer. Diese hatten auch 1949 noch einen Programmanteil von 10%.[18] Zu den in Umfragen immer wieder genannten Wunschtiteln gehörten DIE GOLDENE STADT, IMMENSEE, OPFERGANG, DIE FRAU MEINER TRÄUME, ROBERT KOCH, DER WEISSE TRAUM, WIENER BLUT. Unter den Regisseuren stach Veit Harlan hervor (was später noch von Bedeutung sein sollte). Marika Rökk und Johannes Heesters waren Favoriten unter den Stars.

Diese Präferenzen sind nicht als ideologisches Kontinuum zu deuten, sondern als Sehnsucht nach dem Vertrauten und Sicheren bei gleichzeitig unsicheren, instabilen Lebensumständen, nach den positiven emotionalen Erlebnissen, die diese Filme schon einmal vermittelt hatten. Angenehme Gefühle aus der Vorkriegszeit, als man diese Lichtspiele zum ersten Mal genossen hatte, lassen sich stimulieren,

16 Fritz Göttler, in: Jacobsen/Kaes/Prinzler 1993, S. 178.

17 Robert R. Shandley: *Trümmerfilme. Das deutsche Kino der Nachkriegszeit*, Berlin 2010, S. 280.

18 *Film-Echo*, 35, 1949.
Diese Filme bereicherten die gesamten 1950er-Jahre hindurch das Angebot. 1957 konkretisierte ein Frankfurter Theaterbesitzer: «Besonders bevorzugt unter den Reprisen wird vom Publikum die Produktion der Jahre 1936/37.» (*Der neue Film*, 3, 1957, S. 56)

wohl auch die Erinnerung an die damaligen besseren Lebensverhältnisse. Die Nostalgie galt nicht der NS-Zeit, sondern der als subjektiv heil empfundenen Vorkriegswelt. Die Ablenkungsfunktion, die diese vorgeblich «unpolitischen» Unterhaltungsfilme in ihrer Entstehungszeit hatten, ist somit für die Nachkriegszeit aktualisiert. Offensichtlich ist auch der Zusammenhang zwischen dem Retro-Trend und der Angst vor der Zukunft.

Wer rückblickend Traditionsseligkeit und mangelndes Innovationsbedürfnis beklagt, muss das niedrige Bildungsniveau in Rechnung stellen. Für das kritische Rationalisieren fehlte den meisten das Instrumentarium. Nur 10 % der Bevölkerung (und damit auch der Kinogänger, die sich aus weiten Schichten der Bevölkerung zusammensetzten, im Gegensatz zum Theater- und Opernpublikum) hatten eine höhere Schule besucht, 80 % die Volksschule, 5 % die Realschule. 4 % aller 19–20-Jährigen erreichte das Abitur.[19] Während die «gebildeten» Kritiker in den Redaktionen nach künstlerischer Qualität fragten, ging es den Besuchermassen vorrangig darum, die eigenen Wunschbilder sanktioniert zu sehen. Nicht ästhetische Innovation, sondern ästhetische Wiedererkennung bestimmte den Erwartungshorizont beim Kinobesuch.

Diese Wiedererkennung verweigerten auch die fremdsprachigen Filme der Siegermächte, die zwar in den 1940er-Jahren die Kinoprogramme dominierten, aber nur dann eine attraktive Alternative waren, wenn sie gegenwartsferne Liebes- und Abenteuergeschichten lieferten. Der englische Film MADONNA OF THE SEVEN MOONS mit Stewart Granger hatte 11 Millionen Zuschauer, ZWISCHEN GESTERN UND MORGEN nur 2,8. Mio.[20] Sonst erweckten die ausländischen Filme zwar Neugier und Interesse, lieferten aber nur Fremderfahrungen, die mit dem eigenen Erfahrungshorizont nur wenige Schnittmengen hatten. Eine spezifisch deutsche Erfahrung konnten nur die deutschen Produktionen vermitteln. Die aber, so der damals vorherrschende Eindruck, wussten nicht recht, was sie eigentlich wollten – nicht Fisch, nicht Fleisch:

> Es fehlt die tapfere und konkrete Aussage. Es fehlt der tapfere und konkrete Film. Entweder verbirgt sich die kritische Spitze hinter dem symbolischen Schabernack oder man verpflichtet sich der Salbensprache eines Sektenpredigers, dem selbst bei verbilligten Eintrittspreisen kein Mensch glaubt.[21]

Trotz publikumsgefälliger Codierungen waren die Adressaten des realismusaffinen Zeitfilms schnell überdrüssig. Die melodramatischen Geschichten, Trost-

19 Wolfgang Klafki, in: Dieter Bänsch (Hg.): *Die fünfziger Jahre*, Tübingen 1985, S. 152. Die Daten beziehen sich auf 1952 bzw. 1950.

20 Peter Pleyer: *Deutscher Nachkriegsfilm 1946–1948*, Münster 1965, S. 156.

21 Peter Mond, *Film-Revue*, 4, 1948.

botschaften und optimistischen Ausblicke («Irgendwie geht's immer weiter» verkündete Hans Albers am Schluss von ÜBER UNS DER HIMMEL) änderten nichts am trostlosen und pessimistischen ‹local setting› der Trümmerwüsten. Zweck des Kinobesuchs war nicht, das deprimierende Dasein, aus dem man herkam und in das man nach der Vorstellung wieder hineinstolperte, auf der Leinwand tautologisch verdoppelt zu sehen, sondern in eine Gegenwelt zu den Ruinen- Heimkehrer- und Schwarzmarktdramen einzutauchen. Die auf der Herstellungsebene formulierten Absichten, mit den Nachkriegsfilmen moralische Orientierung und den einen oder anderen Reflexionsimpuls zu vermitteln, kollidierten mit dem Ruf der Adressaten nach der Traumfabrik.

Unter wirtschaftlichen Gesichtspunkten wäre ein solches fortwährendes Dilemma fatal, doch spielten diese Aspekte vor der Währungsreform, also in der Zeit des Geldüberhangs und der Mangelverwaltung keine geschäftsschädigende Rolle. Mit der Währungsreform änderte sich diese Situation so grundlegend, dass das Jahr 1948 die eigentliche filmgeschichtliche Zäsur markiert. Mit der Geldverknappung und dem gleichzeitigen Anstieg des Warenangebots stand das Kino plötzlich in Konkurrenz mit anderen Konsumgütern. Der stetige Publikumszustrom war nun kein Automatismus mehr, sondern setzte ein attraktives Warenangebot voraus.

Die Filmindustrie reagierte prompt und schaltete vom Trümmerfilm auf den Illusionsfilm um. Das *Film-Echo*, Organ der Filmtheaterbesitzer, attestierte diese Entscheidung als alternativlos und notierte apodiktisch: «Es gibt für uns in der augenblicklichen Situation keine Wahl, als reine Geschäfts- und Unterhaltungsfilme herzustellen.»[22] Dieser «Augenblick» erstreckte sich dann über die gesamten 1950er-Jahre.

Der Trümmerfilm war nun Kassengift: «Es genügen manchmal ein paar Anspielungen in den Vorankündigungen, ein paar Ruinen auf den Schaukastenbildern, um eine Voreingenommenheit zu schaffen.»[23] Die nahezu über Nacht verbesserten wirtschaftlichen Aussichten, die die vollen Schaufenster verhießen, vertrieben den Nachkriegsblues. Der Leidenskelch schien geleert zu sein.

Sowohl für die Produzenten als auch die Rezipienten begann eine neue Epoche. Das schnelle Umschalten der Produktion rief Erleichterung hervor: «Die Welt der Trümmer, die seelischen und moralischen Entgleisungen, die psychologisch so schwer durchschaubaren Verkrampfungen der Nachkriegszeit – sie scheinen […] versunken zu sein.»[24] Die Menschen seien in den letzten Jahren empfindlich und misstrauisch geworden gegen alles, was sich mit ihren und ihren Problemen beschäftigt, hieß es in den negativen Bilanzen, die Anstoß nahmen am

22 *Film-Echo*, 4, 1949.

23 *Die neue Filmwoche*, 23, 1948.

24 Theo Fürstenau, in: *Film*, 10, 1949.

«erhobenen Zeigefinger und dem verfilmten Leitartikel, der banalen Wiederaufbaumelodie, dem rührseligen Rückblick auf Bombenangriffe und Krieg, der sentimentalen und markigen Schau auf Ruinen und Trümmer.»[25]

Im Harlan-Flow

Die Auseinandersetzung mit der Vergangenheit war für beendet erklärt, bevor sie überhaupt ernsthaft begonnen hatte. Nun, da in den alltäglichen Lebensumständen wieder Normalität einkehrte, ließ sich allenthalben der Ruf nach dem Schlussstrich vernehmen, zumal die westlichen Alliierten nicht mehr als gebieterische Besatzer auftraten, sondern als Verbündete gegen den Gegner im Osten. Diejenigen aus dem Kinopublikum, die sich öffentlich äußerten, brauchten kein Blatt mehr vor den Mund zu nehmen:

> Wir sehnen uns danach endlich wieder einen anständigen Film zu sehen. Wir sind dieser Flut von verlogener Rührseligkeit, nervenzerrenden, grausigen Superrealismus und hohler, geistloser Glanzaufmachung überdrüssig. Wir haben sie satt, diese Welt der Gangster und Dirnen, der Man-Killer, der Unterwelt und der Bordelle. Wir wollen endlich wieder reine Luft atmen. [...] Die breite deutsche Öffentlichkeit verlangt von den westlichen Besatzungsmächten, sie möchten im Hinblick auf die gemeinsame Gefahr und die nur gemeinsam zu lösenden Aufgaben endlich einen Schlussstrich unter die Vergangenheit ziehen. [...] Man sollte endlich damit aufhören, etwas wirklich Gutes von Berlin nur deswegen fernzuhalten, weil man fürchtet empfindliche Stellen bei den jüdischen Bürgern zu verletzen. Mit solchem Verhalten gibt man dem Antisemitismus nur neue Nahrung, und man erweist so den Juden selbst den schlechtesten Dienst.[26]

Die rekurrierende 1. Person Plural verleiht den Aussagen eine Repräsentanz, die im Verweis auf die «breite deutsche Öffentlichkeit» kulminiert. Hier artikuliert sich jemand, der sich sicher ist, Sprachrohr der öffentlichen Meinung zu sein, und die Unverblümtheit ist im Sinne der freien Meinungsäußerung (ein Postulat der Re-education!) positiv zu vermerken. Das Schreckbild, das hier entworfen ist, richtet sich wohl eher gegen Hollywood, da die deutsche Produktion mit Dirnen, Gangstern und Killern nur schütter besetzt war.

Die Abgrenzungsstrategie gegenüber Vergangenheitsbewältigung und sozialem Realismus in Verbindung mit harmlos anmutenden neuen Forderungen nach

25 Dr. Lil Schneider, in: *Die neue Filmwoche*, 3, 1949.

26 Leser, in: *Tagesspiegel*, 25.3.1951.

«Anständigkeit» und «Luftreinheit» wird politisch, wenn sie direkt an die Siegermächte appelliert. Die Aufladung der Filmdiskussion mit aktuellen gesellschaftlichen Forderungen macht evident, welche Brisanz die Institution Kino, die vermeintliche Stätte unverbindlicher Zerstreuung und Evasion, annehmen konnte. Ein Potenzial, das über Filmvermittlung und -rezeption weit hinausging, weil Kino das unangefochtene Medium der Massen war (daher die permanenten Versuche von Staat, Kirche und Pädagogik diese Institution und ihre unterstellte Wirkung einzuhegen).

Die Bemerkungen zum Antisemitismus verweisen auf den Anlass des Leserbriefs: der Fall Veit Harlan, dessen Prozess und seine polarisierende Rezeption ein Politikum ersten Ranges darstellten, eine Schnittfläche verschiedener Erwartungen und Interessen.

Beim Prozess (1949) und der Revisionsverhandlung vor dem Hamburger Landgericht (1950) ging es um die Frage, ob sich Harlan mit JUD SÜSS der Beihilfe des Verbrechens gegen die Menschlichkeit insofern schuldig gemacht habe, als zwischen dem Film und der Ermordung der Juden ein kausaler Bezug bestehe. Der Regisseur verteidigte sich damit, er sei von Goebbels gezwungen worden, das Gericht sprach den Angeklagten frei: der Film sei zwar antisemitisch, eine verbrecherische Wirkung im Sinne der Anklage, sei jedoch nicht nachzuweisen.

Für die Vergangenheitsbewältigung auf kulturellem Gebiet hatte der Prozess weitreichende Folgen. Mit Harlan hatte sich erstmals ein Künstler für seine Tätigkeit im «Dritten Reich» zu verantworten, den Freispruch durften auch alle anderen für sich reklamieren. Frau Riefenstahl und die Herren Liebeneiner, Ucicky, Ritter et alii konnten aufatmen. Die Fokussierung auf eine Person und einen Film entlastete alle anderen Regisseure. Der ehemalige Reichsfilmintendant Fritz Hippler, der mit DER EWIGE JUDE den schlimmsten antisemitischen Film zu verantworten hatte, saß nur auf der Zeugenbank als Zeuge der Verteidigung!

Die Skandalisierung betrieben sowohl die Anhänger Harlans als auch seine Gegner. Für die einen war die Anklage eine Zumutung, für die anderen der Freispruch. Die öffentliche Auseinandersetzung hielt auch nach Prozessende an, weil Harlan umgehend mit den Dreharbeiten für seine ersten Nachkriegsfilme begann: UNSTERBLICHE GELIEBTE und HANNA AMON. Anlässlich ihrer Aufführung kam es zu Protesten und Boykottaufrufen, aber auch zu einem Disput über Filmqualitäten und -kontinuitäten, der für Aussagen über die Disposition des damaligen Kinopublikums aufschlussreich ist. Während es auf der Straße handfest zuging, registrierten die Filmzeitschriften einen argumentativen Diskurs.

Wie schon erwähnt, sahen die meisten Kinogänger ihr Unterhaltungsbedürfnis mit Produkten aus der Zeit vor 1945 gestillt. Trümmerfilm und Hollywood waren somit gleichermaßen degradiert. Innerhalb dieser Reprisen gehörten die Harlan'schen Werke von IMMENSEE bis OPFERGANG zu den favorisierten Titeln.

JUD SÜSS und KOLBERG hätte man sicher auch gerne wieder gesehen[27], durfte man aber nicht.

Diese Qualifizierung innerhalb einer Kontinuitätslinie verschaffte Harlan den Status als exponierter deutscher Filmregisseur, von dem nun der entscheidende Qualitätsschub zu erwarten sei, faktisch also die Neugeburt des deutschen Films aus der faschistischen Ästhetik. Die Neugeburt blieb zwar aus, aber dass Harlan sein «ästhetisches und affektives Überwältigungskino» einschließlich der «Todessehnsucht» und der «kitschigen Verklärung des Todes»[28] fortsetzte, lässt sich nachprüfbar behaupten.

Mit der Perspektive der Zeitgenossen von 1950 ist diese Erkenntnis freilich nicht in Einklang zu bringen. Worin die Qualität des Harlan-Œuvres überhaupt bestand, vermochte keiner zu formulieren. Über Allgemeinplätze, dass die Filme eben gefielen, weil sie positive Erlebnisse vermittelten und daher besser seien als die anderen, ging dieser Teil der Diskussion nicht hinaus. Letztlich wurden auch nicht die Filme verhandelt, sondern die Person. Die entscheidenden Aspekte der Harlan-Renaissance benennt diese Meinungsäußerung:

> Gewiss machte er mit JUD SÜSS einen Fehler, aber den kann man doch wieder gutmachen. Außerdem habe ich schon viel schlimmere Hetzfilme gesehen, die Gott sei Dank aber nicht in Deutschland gedreht wurden. Na ja, wir haben eben den Krieg verloren und müssen nun tanzen, wie die anderen pfeifen. Meiner Ansicht nach ist Veit Harlan der einzige Mann, der den deutschen Film wieder hochbringen und dem Ausland Konkurrenz bieten kann, und Kristina Söderbaum die Künstlerin, die eine Margaret Lockwood oder eine Michèle Morgan in den Schatten stellt.[29]

Mit dem Stichwort «Hetzfilm» ist der Konnex zu dem in Kapitel 3 analysierten Syndrom des «antideutschen Hetzfilms» hergestellt. Der Vorwurf der «Hetze» gegen JUD SÜSS und seinen Regisseur fliegt wie ein Bumerang zurück zu seinen Anklägern, hinter denen die Sieger stehen. Gegen deren Ranküne sind die rehabilitierten («wieder gutmachen») faschistischen Künstler in Stellung gebracht. Nur sie sind berufen, den deutschen Film zu alter Größe zu führen. Damit sind keine ästhetischen Fragen aufgeworfen, sondern eine Stellvertreter- und Sündenbock-Funktion, die Harlan der Prozess zuweist. Die Töne sind deshalb so schrill, weil hier wieder der empfindliche Schuld-Nerv traktiert ist, was kollektive Neuralgien zur Folge hatte.

27 «Der Film JUD SÜSS war einer unserer schönsten Filme, Veit Harlan der beste deutsche Regisseur und Kristina Söderbaum, neben Ingrid Bergman (sic) die beste Schauspielerin Deutschlands. Ich möchte diesen Film sehr gerne wieder sehen. Ich glaube ganz bestimmt, dass jeder anständige Jude nichts dagegen einzuwenden hätte.» (Leserin, die sich als «70-jährige Frau» vorstellt, in: *Deutsche Film-Illustrierte*, 23, 1951)

28 Nicola Valeska Weber: *Im Netz der Gefühle. Veit Harlans Melodramen*, Berlin 2011, S. 121.

29 Leser, in: *Deutsche Film-Illustrierte*, 10, 1951.

Während im obigen Zitat JUD SÜSS zumindest als «Fehler» eingestuft wurde, kam es anderwärts zu einer Exkulpierung nicht nur des Regisseurs, sondern auch des inkriminierten Films, indem man den Hetz- und Propagandacharakter bestritt:

> Es ist mehr als beschämend für ein Volk, dass man Künstler vom Range eines Veit Harlan oder Werner Krauss, einer Kristina Söderbaum usw. wegen ihrer Mitwirkung in einem Tendenzfilm, der immerhin künstlerisch wertvoll war, boykottierte. [...] Ich war nie Antisemit. Und ich muss sagen, dass der JUD SÜSS auf mich in keiner Beziehung als Propagandafilm gewirkt hat. Es war ein wertvolles Stück, das den Besuch lohnte.[30]

Es gab noch mehr Nicht-Antisemiten, die auf ein positives Filmerlebnis zurückblicken konnten:

> Obwohl meine Familie selbst durch die Judenverfolgung betroffen wurde, sind wir einstimmig der Meinung, dass der so vielfach angefeindete Film JUD SÜSS uns derzeit ganz ausgezeichnet gefallen hat. Erst durch den Harlan-Prozess wurden wir darauf aufmerksam, dass dieser Film ein Propagandafilm gegen die Juden sein sollte. [...] Nach dem Kriege haben wir manchen deutschen Film gesehen, doch konnte bisher kein Film unsere Begeisterung wecken und sich im entferntesten mit dem obengenannten Film messen.[31]

Diese Aussagen referieren – im Abstand von zehn Jahren – den Rezeptionsmodus von 1940 und sind nicht so gänzlich absurd, wie sie zunächst scheinen. Die Macher von JUD SÜSS (außer Harlan waren ja noch viele andere beteiligt) verpackten die Propagandabotschaft in einen konventionellen Historien- und Kostümfilm – obendrein mit einem authentischen, durch literarische Bearbeitungen aufgewerteten Stoff –, der sich von anderen Ufa-Unterhaltungsprodukten nicht zu unterscheiden schien und somit der Erwartungshaltung der Rezipienten entsprach. Die Titelfigur ist nicht der pure, verabscheuungswürdige Dämon, sondern ambivalent profiliert: ein Mensch, gut aussehend, der psychologisch motiviert handelt, machtgeil, triebgesteuert. Die Unterdrückung und Demütigungen als Jude provozieren letztlich seine verbrecherischen Handlungen. Je weniger ein Propagandafilm seine Tendenz plakativ ausstellt, sondern diese tarnt oder sogar kontraproduktive Affekte zulässt (z. B. Mitleid mit dem im Käfig um sein Leben Flehenden), umso wirksamer ist er.[32] Wenn Ferdinand Marian auf diese Rolle hin waschkörbeweise Liebesbriefe erhielt, ist dies ebenso ein Aspekt der ambivalenten

30 Leser, in: *Film-Revue*, 6, 1951.

31 Leser, in: *Film-Revue*, 1, 1951.

32 Einen ähnlichen Effekt gab es z. B. bei DIE ROTHSCHILDS. Bei einigen Kinobesuchern löste der Aufstieg der Bankiersfamilie Bewunderung aus (Gerhard Stahr: *Volksgemeinschaft vor der Leinwand? Der nationalsozialistische Film und sein Publikum*, Berlin 2001, S. 159).

Rezeption. Entscheidend ist der Zuckermantel, in dem das Gift steckt, und dieser funktionierte 1951 offenbar noch genauso wie 1940.[33] Schon allein dadurch ist das alliierte Aufführungsverbot legitimiert.

Das Gift war weiterhin wirksam, weil es auf unveränderte mentale Dispositionen traf. Die Proteste gegen Harlan und seine Filme rekrutierten sich vorwiegend aus Politik[34], Kirche, Studenten, Intellektuellen. Boykottaktionen und Stinkbombenwürfe gegen Kinos hatten ihren Schwerpunkt in Universitätsstädten. Die Mehrheit des Kinopublikums bestand indes aus *Harlanistas*, die sich davon nicht anfechten ließen. Die Stuttgarter Uraufführung von HANNA AMON geriet zum Triumphzug. Der Film lief anschließend drei Wochen lang mit täglich vier Vorstellungen vor ständig ausverkauftem Haus.

> Am 21. Dezember 1951 war hier vor ausverkauftem Haus die Uraufführung von HANNA AMON. Es war ein unerhört herrlicher, einmaliger Erfolg für diese beiden Künstler! Seit 20 Jahren der begeisterndste Applaus, den ich je bei einer Film-Fest-Aufführung in Stuttgart erlebt habe. Die Stuttgarter kannten sich nicht mehr vor Freude, als Veit Harlan stürmisch auf die Bühne gerufen wurde. Die Filmbesucher waren alle ergriffen und im wahrsten Sinne des Wortes – begeistert. Kristina Söderbaum selbst und ihr Mann Veit Harlan waren nahezu zu Tränen gerührt, als dieser ungewöhnliche Beifallssturm über sie hinwegbrauste.[35]

Adressat dieser Ovationen war nicht dieser läppische Streifen, sondern sein Prätext: die rehabilitierte verfolgte Unschuld, mit der sich das Kollektiv im Kinosaal ungeniert identifizierte. Der Applaus galt nicht dem Schöpfer von HANNA AMON, sondern dem von JUD SÜSS. Diese Verschiebung ist schon damals (von links) pointiert registriert worden. Sie indiziere, dass «ein großer Teil dessen, was man Filmpublikum nennt, der Zeit der Massenmorde und ihren Vertretern hingebungsvolle Treue bewahrt.»[36] Die durch Scham und Schuldvorwürfe labil ge-

33 Harlans Verteidiger im Revisionsverfahren, ein gewisser Dr. Wandschneider, pochte hingegen auf differente Rezeptionssituationen: «Auf dem blütenweißen Hintergrund unserer heutigen wieder geläuterten Rechts- und Sittenauffassung erscheint der Film JUD SÜSS ohne Zweifel als grauer Fleck. Vor dem schwarzen Hintergrund der nationalsozialistischen Ausrottungspolitik hob er sich aber leuchtend ab.» (zit. n. *Film-Echo*, 14, 1950)

34 UNSTERBLICHE GELIEBTE war in München zunächst verboten, was vom Verwaltungsgericht wieder aufgehoben wurde.

35 Leserin, in: *Deutsche Film-Illustrierte*, 9, 1952.

36 R.G., in: *Neuer Vorwärts*, 11.1.1952.
Auch die Filmzeitschriften waren erkennbar bemüht, die Minderheit der Harlan-Gegner zu Wort kommen zu lassen: «Aber der bittere Nachgeschmack des JUD SÜSS überwiegt. Darum muss Veit Harlan schweigen und mit ihm seine Hauptdarstellerin, der es eben durch ihre große Darstellungskunst gelungen ist, mitzuhelfen, einem Volk und seiner Filmkunst solche Schande

wordende Nachkriegsidentität gewann durch solche Affektbäder wieder Stabilität. Die neuerliche Investitur des Genius – ehedem durch Goebbels, nun durch das Publikum – erzeugte einen «Flow», einen «Wir sind wieder wer»-Moment avant la lettre. Wenn dann doch der Film selbst gewürdigt wurde, war auch dies Teil des Identitätsmanagements:

> Hanna Amon ist der beste Nachkriegsfilm, der bisher in Deutschland gelaufen ist. Das Ausland kann jetzt mit seinen Abenteuer- und Wildwestfilmen zu Hause bleiben, denn der alte, schöne, deutsche Film ist wieder da.[37]

Diese fundamentalistisch verfochtene Retrospektion hatte ihr Momentum am Beginn der 1950er-Jahre. Sie taugt aber keinesfalls als Charakteristikum für das gesamte Jahrzehnt. Der Harlan-Hype ebbte schnell ab, die Weihrauchschwaden verflüchtigten sich wieder, weil die Identitätsfindung im Kino mit dem Heimatfilm eine attraktivere Offerte bekam. Wer Heimat hat, braucht keinen Harlan mehr, statt Söderbaum gab es Ziemann. Ins Gerede kam der Regisseur erst wieder 1957, als er mit Anders als du und ich gleich zwei heiße Eisen anfasste: Kuppelei und Homosexualität (siehe Kapitel 1).

Mit der Alt-Diva Zarah Leander hatte die Sehnsucht nach einem Revival der Vorkriegszeit eine weitere Symbolfigur. Wenn gepflegter Edelkitsch wie Ave Maria in die Kinos kam, spielten sich ähnliche Szenen ab wie bei Hanna Amon.[38]

zuzufügen. […] Der Anstand und die Achtung vor denen, die der Hetze – u. a. auch des Jud-Süss-Filmes – zum Opfer fielen, gebietet es, ‹Nein› zu sagen zu Veit Harlan, auch wenn ihn die Gerichte freisprachen.» (*Deutsche Film-Illustrierte*, 6, 1951)
«Muss das sein, dass man einem Mann, der die zweifelhafte Ehre auf seinem Namen verbuchen kann, ein derartiges Filmwerk des Hasses wie Jud Süss (wenn auch sehr gekonnt) geschaffen zu haben, gleich nach seiner sogenannten Rehabilitierung durch die Spruchkammer die Möglichkeit gibt, als der große Künstler Harlan da wieder anzufangen, wo er aufgehört hat?» (*Film-Revue*, 1, 1951)
«Herr Harlan hat (wie andere, die sich wiederum anmaßen, eine Rolle spielen zu wollen), in der entscheidenden Stunde versagt und damit für die nächste Zeit jeden Anspruch auf eine führende Rolle im deutschen Kulturleben verloren. […] Die ‹schreckliche Zeit› darf nicht vergessen werden […], sondern sie muss überwunden werden in jedem einzelnen von uns unter Führung von Deutschen, die sich damals, wo es darauf ankam, bewährt haben. Harlan hat sich nicht bewährt. Er sollte wenigstens soviel Anstand haben, zu schweigen.» (*Deutsche Film-Illustrierte*, 18, 1951)

37 *Deutsche Film-Illustrierte*, 21, 1952.

38 Neuerlich ist Stuttgart der Schauplatz: «In mehreren, bis auf den letzten Stehplatz ausverkauften Vorstellungen [in einem 1800-Plätze-Saal, T. B.] feierten (die Zuschauer) Zarah Leander und Hans Stüwe und erzwangen in der Hauptvorstellung 41 Vorhänge. Vor dem Theater gerieten zahllose Leander-Freunde in einen wahren Begeisterungstaumel. Die Abfahrt der Künstler machte den Einsatz einer Hundertschaft der Stuttgarter Polizei erforderlich, die mit Gewalt den Weg zur Straße freimachen musste.» (*Der neue Film*, 90, 1953) Stüwe war Leanders Partner bereits 1939 in Es war eine rauschende Ballnacht.

Kino als Kursaal

Die sich in Reprisen sowie Harlan- und Leander-Kult manifestierende Retro-Stimmung beschränkte sich nicht auf Film-Vorlieben, sondern war Teil der allgemeinen Nachkriegsmentalität. Diese ist gekennzeichnet durch eine generelle Abkehr von allem Politischen und dem Rückzug ins Private, in den familiären und häuslichen Bereich. Nicht der Aufbau einer demokratischen Gesellschaft bestimmte die Interessenlage, sondern die «Wiedererrichtung dessen, was man vor dem Krieg, in den Friedensjahren des ‹Dritten Reiches› schon einmal erreicht zu haben glaubte.»[39] Die Jahre 1933–1939 sahen sich in Umfragen verklärt zu dem Zeitabschnitt, in dem es einem am besten ging. Wenn es galt, «Normalität» wiederherzustellen, waren diese Jahre die entscheidende Referenz. Der Kinobesuch im Nachkriegschaos war an sich schon Teil der Alltagsrekonstruktion. Er stimulierte wenigstens vorübergehend das Gefühl des «es ist wieder wie früher».

Die Erinnerung an Prosperität und Sicherheit – unter Ausblendung von Diktatur und Terror – blieb in weite Teile der Mentalität eingeschrieben, bis sie durch den neuerlichen Wohlstand im «Wirtschaftswunder» langsam verblasste. Das in die Vergangenheit projizierte Gefühl von Ordnung und Sicherheit lässt die Ängste der Gegenwart (vor allem die Angst vor einem neuen Krieg) augenfällig hervortreten. Der affirmative Bezug auf die 1930er-Jahre findet sich auch in vielfältigen Referenzen in der Alltagsästhetik, z. B. der Inneneinrichtung: nicht der Nierentisch dominierte, sondern der «Gelsenkirchener Barock».

Der Wiederholungsmodus mit seinen aufgebrauchten Denkmustern ist im Zusammenhang mit den vielfachen Traumatisierungen der Nachkriegsgesellschaft zu sehen. Auf die schrecklichen Erlebnisse, den durchgestandenen Panik- und Stresssituationen, den negativen Emotionen wie Verzweiflung und Trauer folgten Reaktionen wie das große Verstummen und psychische Verhärtungen, die zudem an die nächste Generation weitergegeben wurden (siehe Kapitel 1).[40]

Vor diesem prekären Hintergrund stabile Filmpräferenzen auszumachen, war ein heikles Unterfangen. Noch 1950 wurde konstatiert, «die innere Unsicherheit, die nervöse Unruhe und Gereiztheit, die Fragwürdigkeit aller Werte» würden jede Prognose verzerren.[41] Doch scheint das Jahr 1950 genau der Kipppunkt gewesen zu sein, an dem die allgemeine Neurasthenie allmählich in Entspannung umschlug.

Die Filmindustrie, die sich gezwungen sah, für den Verkauf ihrer Waren komplett auf den Konsumentengeschmack umzustellen, erfasste das Momentum. Die

39 Dominik Geppert: *Die Ära Adenauer*, Darmstadt [4]2022, S. 100.

40 Diese psychischen Defizite sind auch im damaligen Kino-Diskurs diagnostiziert worden: «Der Großteil der Kino-Enthusiasten setzt sich aus kriegs- und nachkriegbedingt seelisch defekten Jugendlichen zusammen, die inneren Halt suchen.» (*Filmwoche*, 2, 1953, S. 23)

41 Kurt Eiland, in: *Film-Echo*, 27, 1950.

Konsumenten bekamen nämlich serviert, was sie, wenn sie gefragt worden wären, wohl auch selbst bestellt hätten. Produzenten, Drehbuchautoren, Regisseure waren selbst Teil dieser Gesellschaft, kannten ihre Defizite und Sehnsüchte oder ahnten sie zumindest.

Die sogenannten Publikumsfilme, die nun vor vollen Häusern die Leinwände füllten, fächerten sich in eine Vielzahl nicht klar voneinander abzugrenzender Genres und Subgenres auf, die ihre je eigene Konjunktur hatten. Aus Besucherzahlen und Kassenrapport ergibt sich eine Chronologie der Rezipientenvorlieben. Die Branchen-Zeitschrift *Film-Echo* versuchte 1956 eine «marktanalytische Übersicht» der vergangenen sechs Jahre und kam zu folgenden Ergebnissen.[42] Die Saison 1950/51 war die erste, in der die Hochzeit des ausländischen Films überschritten war, und die deutsche Produktion zur Attraktion wurde. Die verlangte «unkomplizierte Unterhaltung» lieferte der erste große Nachkriegs-Revue-Film DIE DRITTE VON RECHTS, der den «musikalisch aufgelockerten Schau-Film» einleitete. Der Riesenerfolg von SCHWARZWALDMÄDEL (16 Mio. Zuschauer) war der Anstoß für die fortan dominierende und am längsten anhaltende Welle der Heimatfilme, die in der Spielzeit 1951/52 mit GRÜN IST DIE HEIDE und DIE FÖRSTERCHRISTL ihren Durchbruch erlebte. Der schon im Vorjahr erkennbare Trend zur Operette (auch SCHWARZWALDMÄDEL war ja eine Operettenverfilmung) setzte sich fort (DIE CSARDASFÜRSTIN). 1952/53 etablierte sich neben dem Heimatgenre der «dramatische Film» (DIE GROSSE VERSUCHUNG, EIN HERZ SPIELT FALSCH). 1953/54 stand nochmals der Operettenfilm an der Spitze, war von da an jedoch rückläufig. Der «dramatische Seelen-Film» baute seine Stellung aus. Der «Revue-Film» sah sich durch den «Gesangsfilm» ersetzt, dessen erster Versuch SCHLAGERPARADE sofort erfolgreich war. 1954/55 schlug die Stunde des «zeitbezogenen Films» (08/15, CANARIS, DES TEUFELS GENERAL), es dominierten aber weiterhin Heimat- und Lustspielfilme. Von den Heimatfilmen ragte speziell DER FÖRSTER VOM SILBERWALD (mit seinen dokumentarisch angelegten Natur- und Tieraufnahmen) heraus. Laut *Film-Echo* verdankte er seinen Siegeszug den Disney-Naturfilmen, die «gegen alle Erwartungen den gehetzten Großstadt-Menschen die Natur wieder als echte Attraktion vermittelten.» Der «biographische Film», im Vorjahr mit SAUERBRUCH initiiert, setzte sich mit LUDWIG II. fort. Auffallend war das Anlaufen der SISSI-Serie, «für die es kein Schema und kein Vorbild» gab. Die beim deutschen Publikum beliebte Wiener k.-u.-k.-Kulisse erwies sich als Kassenmagnet (DIE DEUTSCHMEISTER). 1955/56 sah ein Übergewicht von Musik- und Lustspielfilmen, während die dramatischen und «Zeit»-Filme auf dem Rückzug waren.

Der Vollständigkeit halber ergänzen wir noch die Kassenschlager der folgenden Jahre. 1956: DER HAUPTMANN VON KÖPENICK, 1957: DIE TRAPP-FAMILIE,

42 «Der deutsche Publikums-Filmgeschmack. Versuch einer marktanalytischen Übersicht von 1950–1956», in: *Film-Echo*, 71, 1956.

1958: Das Mädchen Rosemarie, 1959: Und ewig singen die Wälder, 1960: Freddy unter fremden Sternen. Als neues Genre kam der Kriegsfilm hinzu, dessen erfolgreichste Produktionen aber (mit Ausnahme von 08/15) nicht die Spitzenplätze besetzten (1957: Der Stern von Afrika, 1958: Der Arzt von Stalingrad, 1959: Hunde, wollt ihr ewig leben).

Während bei den meisten Genres ein «Kommen und Gehen» bzw. «Stellung halten und Rückzug» zu beobachten ist, war nur dem Heimatfilm ein geradezu unheimliches Kontinuum beschieden. Laut Höfig[43] hatte der Heimatfilm einen durchschnittlichen Anteil von 20,7 % an der Gesamtproduktion (mit Spitzen von 33,3 % 1952 und 36,3 % 1956). Mit diesem Phänomen hat sich die Rezeptionsforschung somit zuvörderst zu beschäftigen.

War dies also das Genre, das die oben zitierte Forderung nach den «anständigen Filmen», die den Zuschauer wieder «reine Luft atmen» ließen, einlöste? Der rezeptionsgeschichtliche Fokus muss jedenfalls diese Frage in den Mittelpunkt stellen: Warum waren die Heimatfilme so attraktiv?

Am augenfälligsten ist der optische Kontrast zum Trümmerfilm: statt zerstörter Städte unversehrte Landschaften, statt Ruinen, die eine ungute Vergangenheit aufrufen eine von allen Zeitläuften unbehelligte und vor allem unschuldige Natur. Damit ist auch der Unterschied zum Bergfilm der 1920er- und 1930er-Jahre markiert, wo die Natur (der «Berg») eine todbringende Bedrohung war, eine Herausforderung, die bezwungen werden musste, ganz im Gegensatz zum Harmonie- und Entspannungsversprechen des Heimatfilms.

Der (hauptsächlich städtische) Kinogänger erwartete nicht eine naturalistische Abschilderung des Landlebens, sondern ein Exotikum. Das als Heimat ausgegebene *local setting* war (in der Regel) nicht *seine* Heimat, sondern die der Protagonisten. Die in die Kinos strömenden Millionen sahen die Heide in München und Stuttgart, die Berge und den Schwarzwald in Hamburg und Berlin. Landschaft und Brauchtum waren ihnen nicht vertraut, lösten daher nicht sofort identifikatorische Gefühle aus. Der Heimat-Begriff als solcher, gleichviel, um welche Region es sich handelt, ist sentimentalisch besetzt und obendrein mit einem Naturgefühl gekoppelt, das sich nicht an der Realität, sondern an «requisitähnlichen Bildern» orientiert. Im Malerischen, Schönen, Pittoresken realisiert sich der Schauwert, womit sich das Exotische und das Heimatliche annähern.[44]

Der dergestalt (und in Farbe) inszenierten Topografie ist eine schmerzstillende und trostspendende Funktion zugewiesen[45], die der Trümmerfilm nicht leisten konnte, weil, dem Menschlichkeitsdiskurs zum Trotz, die politische Dimension,

43 Willi Höfig: *Der deutsche Heimatfilm 1947–1960*, Stuttgart 1973, S. 166.

44 Hermann Bausinger: *Volkskultur in der technischen Welt*, Stuttgart 1961, S. 92.

45 Sonja Schultz: *Der Nationalsozialismus im Film*, Berlin 2012, S. 72.

und sei es nur in Anspielungen, unübersehbar war. Wer in einen Heimatfilm ging, hatte, aufgrund des Pakts zwischen Produzenten und Rezipienten, die Garantie, von Krieg, Politik, Schuld- und Scham-Diskurs verschont zu bleiben. Dennoch waren in den Geschichten von Wilderern und Jägern (illegitimes vs. legitimes Töten), schuldbeladenen Vätern, Treue und Untreue, von Haus und Hof Verjagten weite Implikations- und Assoziationsspielräume vorhanden, die die Rezipienten entsprechend füllen konnten, aber nicht mussten. Filme, die in dieser Hinsicht zu weit gingen, floppten.[46]

Im Gegensatz zum bedrohlichen Charakter des Bergfilms der zwanziger und 1930er-Jahre hatte der Heimatfilm der 1950er-Jahre ein harmonisierendes und pazifizierendes Potenzial, mit dem sich die oben diagnostizierte «nervöse Unruhe und Gereiztheit» therapieren ließ. War Heimat vielleicht sogar Kompensation oder Surrogat des lädierten nationalen Selbstbildes? Von einer neuen Identität mittels Heimat zu sprechen geht wohl zu weit, doch eröffnete die lokale Situierung von Figuren und Handlung einen «Fiktionsraum für Ruhe und Entspannung im Rahmen eines überlebensnotwendigen psychoenergetischen Prozesses.»[47] Zur posttraumatischen psychischen Belastung gesellte sich die auf Gegenwart und Zukunft gerichtete Energieaktivierung für die wirtschaftliche und gesellschaftliche Modernisierungsarbeit. Die Suche nach Regression bei Kitsch und Schnulze, in kleinräumigen Gemeinschaften, in denen feste, in der Tradition verankerte Normen gelten, ist somit nicht primär als Flucht vor der Wirklichkeit zu deuten, sondern als legitimer Schritt zur «Erlangung der notwendigen Wärmegrade für die rascheren und kühleren Lüfte der Moderne»[48] – oder etwas weniger poetisch: das Kino spendete Trost und psychische Entlastung sowie Kraftfutter für den Alltag. Kitsch ist, lakonisch definiert, der «kürzeste Weg zur Versöhnung mit den Lebensumständen» (Burghart Schmidt).

Das im Kurort Kino ausgeschenkte Heilwasser bestand aus Affekten. Die entscheidenden Emotionen lösten nicht die handlungsmotivierenden Konflikte aus

46 So etwa der von dem Emigranten Edgar Ulmer produzierte MEINEIDBAUER. Vgl. die Analysen von Bliersbach 1985 und Kordecki 2020. Ähnliches gilt für die düsteren Dramen von Hans H. König (ROSEN BLÜHEN AUF DEM HEIDEGRAB).
Wenn man die TRAPP- FAMILIE samt Fortsetzung als Heimatfilm hinzurechnet (was strittig ist), bleibt allerdings festzustellen, dass die Handlung vollständig im «Dritten Reich» und der erzwungenen Emigration situiert ist und damit im Unterhaltungsfilm eine Ausnahme markiert (vgl. Jonathan Schilling: «Mehr als Heimatfilm. Ruth Leuwerik, DIE TRAPP-FAMILIE und der Publikumsgeschmack der Adenauer-Zeit», in: *Vierteljahreshefte für Zeitgeschichte*, 1, 2023, S. 75–109; 105).
Eine Ausnahme ist auch AM BRUNNEN VOR DEM TORE und seine Verknüpfung mit der britischen Besatzung. In MEIN BRUDER JOSUA ist der einzige gute Mensch im bigotten Dorf ein Schwarzer Besatzungssoldat!

47 Irmbert Schenk: «BRD-Kino der 1950er Jahre als (Über-)Lebensmittel», in: *Medien der 1950er Jahre (BRD und DDR)*, Augenblick 54/55, Marburg 2012, S. 62–77; 76.

48 Ebd., S. 67.

(z. B. Förster vs. Wilderer, Eifersüchteleien, Erbstreitigkeiten etc.). Den eigentlichen «Heimat-Affekt» definiert Höfig als eine «Mischung aus ästhetischer Bewunderung, Stolz und frei flottierender Emotionalität, die beim Rezipienten zumeist in Sentimentalität umschlägt.»[49] Auslöser dieses Affekts und damit der ersehnten Rührung ist häufig eine musikalische Darbietung (Volkslied, Schlager) oder eine folkloristische Veranstaltung (Tanz, Umzug, Wettbewerb). Der entscheidende Resonanzraum dieser Affekte ist die als *locus amoenus* ausgewiesene Topografie mit einschlägiger Fauna.

Gleichwohl ist aus der Türmung von Trivialitäten und Banalitäten nicht der Schluss zu ziehen, aus den Heimatfilmen sei die problembeladene Gegenwart gänzlich entwichen. Indem er das genaue Gegenteil zur Arbeits- und sozialen Alltagswelt seiner Adressaten entwarf – Natur statt Technik, Ferien statt Arbeit, Freiheit statt Abhängigkeit – stellte der Heimatfilm Korrespondenzen zur sozialen Situation der Rezipienten her.[50]

Sofern es sich nicht dezidiert als Historienfilm ausgibt, ist dieses Genre im Hier und Heute angesiedelt. Handlung und Figuren sind nicht in archaischer Ferne verortet, sondern müssen mit der zeitgenössischen Moderne korrespondieren, wenn sie glaubwürdig sein sollen. Fantasy wollte das Publikum jedenfalls nicht sehen. So war das ländliche Idyll durchaus mit den Attributen der technologischen Moderne versehen: Motorisierung, Massenmedien, wirtschaftliche und technische Innovationen[51], Tourismus und Freizeitindustrie, die Jukebox im Dorfwirtshaus enthielt auch Schlager und Jazz. Nicht die Flucht in eine verschollene kleine Welt ist zu konstatieren, sondern – wie es ein Praktiker formulierte, der es wissen musste – eine «wohlfeile Ferienreise in eine zivilisatorisch durchdrungene romantisierte Komfortwelt.»[52]

Die Elemente bzw. Versatzstücke der Moderne im Heimatfilm rivalisieren nicht mit dem Idyll, sondern statten es mit Bequemlichkeit aus, haben also keine destruierende, sondern eine potenzierende Funktion. Sie verlieren ihre Schrecken. Die modernen Automobile (v. a. das Cabriolet, das die Insassen mit der Natur verbindet), die Reisebus- und Eisenbahn-Infrastruktur waren Verheißungen, auf die sich das Publikum freute (und die später in der Tourismus- und Reisewelle eingelöst wurden). Der Kompromiss zwischen Rückschritt und Fortschritt lässt

49 Höfig 1973, S. 289.

50 «(Der Heimatfilm) verwandelte Arbeit in Spiel, machte aus Abhängigkeit Freiheit und sicherte sich auf solche Weise das Interesse derer, die sich im Beruf über Gebühr beansprucht fühlten. Die Jahre des größten Erfolges dieser Filme waren gleichzeitig die Jahre der härtesten Wiederaufbau-Arbeit in der Bundesrepublik.» (Wilfried Berghahn: «Der Realismus der Traumfabrik», in: *Filmkritik*, 9, 1961, S. 418–422; 421)

51 In Wo die alten Wälder rauschen ist weit und breit kein Wald zu sehen (Setting im Hochgebirge!), stattdessen wird ein Kraftwerk gebaut.

52 Arthur Maria Rabenalt: *Die Schnulze*, Icking 1959, S. 57.

sich als «nostalgische Modernisierung» beschreiben, der die idealisierte Gemeinschaft im Heimat-Topos intakt ließ.[53]

Die Konfliktlinien laufen entlang allgemeiner Gegensätze wie Stadt vs. Land, Tradition vs. Moderne, Natur vs. Zivilisation, die über das Lokale hinausweisen. Ferner sind in diesen Produktionen subtile oder sogar explizite Verweise auf aktuelle gesellschaftliche Diskurse eingeflochten. Diese Implikationen standen zwar nicht im (imaginären) Forderungskatalog der Rezipienten, sondern sind den Produktionsinstanzen zuzuschreiben, abträglich waren sie der Attraktivität des Genres aber nicht.

Ein spektakuläres gesellschaftliches Projekt in der jungen Bundesrepublik war die Integration der 12 Millionen «Vertriebenen» aus den Ostgebieten. Sie hatten ihre Heimat verloren und suchten eine neue und bedienten mit diesem Vertreibungs- und Verlust-Status das Opfer-Narrativ. Für dieses Thema war der Heimatfilm das zuständige Genre, nicht zuletzt wegen seiner Kompromiss- und Vermittlungsstrategien, denn mit offenen Armen wurden die Geflüchteten in der Realität nicht empfangen. Micaela Jary meint sogar, das Vertriebenenproblem habe «eine wesentliche Rolle bei der Herstellung von Heimatfilmen» gespielt.[54]

Der aus Schlesien stammende Drehbuchautor von GRÜN IST DIE HEIDE, Bobby E. Lüthge[55] hängte den zentralen Konflikt an dem in der Heide gestrandeten ehemaligen ostelbischen Gutsbesitzer auf, der wegen seiner posttraumatisch begründeten Integrationsdefizite zum Wilderer und am Schluss rehabilitiert wird. Die meisten Heimatfilme, die das Vertriebenen-Motiv anschlagen, zeichnen diese Figuren idealisiert und überhöht. Der politische Hintergrund ihrer Vertreibung (also der nationalsozialistische Vernichtungskrieg) bleibt ebenso ausgeklammert wie sich die Vertriebenen umgekehrt nicht revanchistisch äußern und auch nicht mehr «zurück» wollen. Sie haben ein unverschuldetes «Schicksal» erlitten und nun muss ihnen durch Integration geholfen werden. Mit diesem Thema schleus-

53 «The undeniable political conservatisms of such films, then, consists not in an antimodern stance, but in the selective embrace of the modern and in the mythologisation of modernisation as a process that ultimately does not threaten the underlying sense of continuity and Gemeinschaft. This ideological paradox, which we might describe as a project of nostalgic modernisation, lies at the heart of the *Heimat* genre in German cinema.» (Johannes v. Moltke, zit. n. Verena Feistauer: *Eine neue Heimat im Kino*, Essen 2017, S. 61)

54 Micaela Jary: *Traumfabriken made in Germany*, Berlin 1993, S. 61.

55 Bobby E. Lüthge (1891–1964, er war am Buch von HITLERJUNGE QUEX beteiligt und schrieb u. v. a. auch SCHWARZWALDMÄDEL) verriet sein aus schlichten Zutaten bestehendes Erfolgsrezept: «Eine echte, zu Herzen gehende Liebesgeschichte, bei der das Lachen hart neben den Tränen liegt, ist die Grundbedingung. […] Dass in einem solchen Film auch äußerlich etwas zu sehen sein muss, dass er farbig, reich und gut ausgestattet sein muss, und dass er irgendein ‹Bonbon› haben muss, versteht sich von selbst. Die bekannten fünf dramaturgischen Punkte, die man launigerweise Rabinowitsch zuschrieb, müssen darin enthalten sein: Liebe, Erotik, Humor, guter Zores, guter Zoff. Das ist sowieso das sine-qua-non jedes handfesten Films.» (*Filmwoche*, 2, 1953, S. 33)

ten die Produzenten und Autoren ein volkspädagogisches Kalkül in ihre Massenprodukte ein (denkbar ist sogar ein Wink von «oben», schließlich war die Bundesregierung durch die Ausfallbürgschaften in die Filmproduktion involviert). Die Rezipienten hatten nicht danach verlangt, goutierten es aber wohlwollend.[56] Das Motiv der Heimatsuche war insofern anschlussfähig, als es nicht nur die Vertriebenen betraf. Die zerstörten Städte und die Suche nach Arbeit hatten eine ungeheure Mobilität ausgelöst, und nicht wenige verschlug es in der Nachkriegszeit von hier nach da.

Desgleichen traktiert der Heimatfilm den Konflikt der Generationen. Oft geht es um störrische Väter, die einen Lernprozess durchmachen müssen. Die Jungen setzen sich gegenüber den Alten durch, allerdings ohne die bestehende Ordnung grundsätzlich infrage zu stellen.

Die Rezipienten delektierten sich an bonbonfarbenen Idyllen, doch die mitschwingenden Gehalte dieser Filme stellten eine Verbindung zu ihrer Alltagswelt her. Die Idylle, per definitionem das «Wunschbild zufriedener Mittelmäßigkeit» (Friedrich Sengle) war nicht weltab- sondern -zugewandt: «Alles verlief so ‹normal› wie im richtigen Leben eines jeden einzelnen Kinozuschauers – nur ein bisschen schöner und mit einem Happy End gekrönt.»[57] Ängste und Unsicherheiten waren zugunsten einer kindlichen Unbekümmertheit suspendiert.

Das Kino fungierte als «safe space», als Ort, an dem sich die narzisstischen Kränkungen wenn nicht heilen, so doch wenigstens vorübergehend kompensieren ließen. So gesehen waren die seichten Unterhaltungsprodukte – und der Heimatmythos im Besonderen – «citadelles sentimentales», wie sie sich speziell in Niederlagen-Kulturen herausbilden.[58]

Der Heimatfilm ging in Serie, woraus zu schließen ist, dass seine Konsumenten immer wieder das Gleiche sehen wollten und eben deshalb in die Kinos strömten, weil sie wussten, was sie erwartete. Es ist der gleiche Mechanismus wie später in den Fernsehserien mit ihren sich über Jahre hinziehenden Staffeln (auch das Kino der 1960er-Jahre setzte in seinem Überlebenskampf mit Edgar Wallace und Karl May weiter auf serielle Genres).

56 Zum Flüchtlingskomplex im Heimatfilm vgl. ausführlich Feistauer 2017.
Eine Ausnahmestellung markiert WALDWINTER. Die Schlesier im Bayerischen Wald integrieren sich nicht, sondern transplantieren ihre alte Heimat samt der Stabkirche in die neue. Die *Illustrierte Film-Bühne* formuliert als Fazit: «Hartwig hat aus Schlesien die traurige Nachricht mitgebracht, dass dort nun andere Menschen angesiedelt sind. Aber die alten Schlesier haben sich in einer Waldecke ihre alte Kirche Wang neu erbaut, und als sie zum erstenmal hineinziehen, wissen sie, dass sie in der neuen Heimat auch ihre alte Heimat wiedergefunden haben.» (*IFB* 3200)

57 Jary 1993, S. 63.

58 Mythenbildung gehört zu den «psychischen Mechanismen der Niederlagenverarbeitung», verstanden als «Schutzschilde und -räume, als ‹citadelles sentimentales› gegen eine ungeschützt nicht zu ertragende Realität.» (Wolfgang Schivelbusch: *Die Kultur der Niederlage*, Berlin 2001, S. 39)

Die Fixiertheit der Verleiher auf das ritualisierte Publikumsverhalten ging so weit, dass auch Produktionen, die dezidiert *keine* Heimatfilme waren, einen Titel bekamen, der ihnen das Heimat-Label überstülpte. Markantes Beispiel ist das Frau-zwischen-zwei-Männern-Drama Du mein stilles Tal, das eigentlich Schweigepflicht heißen sollte. Regisseur Leonard Steckel und Hauptdarsteller Curd Jürgens protestierten ebenso energisch wie vergebens gegen die Titeländerung, da sie auf keinen Fall in die Nähe von Heimatkitsch geraten wollten (Jürgens zog sogar vor Gericht).

Die serielle Produktion von Heimatfilmen hielt mehr als fünf Jahre an, weil die psychischen Dispositionen, die dieses Genre als Palliativum verlangten, fortdauerten. Erst in der zweiten Hälfte des Jahrzehnts machte sich bei den Konsumenten hie und da Überdruss breit. Viele Kinogänger hatten nun genug von den ewigen Heimatschnulzen und wurden der Infantilität ihres Verlangens inne. Am Zulauf änderte sich dennoch wenig. Peinlichkeitsbekundungen und Rezeptionsverhalten divergierten auffallend. Die folgende Äußerung aus dem Publikum brachte den Heuchelei-Faktor auf den Punkt:

> Wo man hinhört, schimpfen «die Leute» über den Heimatfilm. Wo man hinhört, schimpfen sie über die Boulevard-Presse. Aber wo man hinsieht, sitzen die gleichen «Leute» bei den Heimatfilmen in dichten Scharen im Kino – und kaufen sich die gleichen «Leute» die vielgeschmähten Radau-Blätter. [...] In Deutschland redet man von Goethe, aber man liest ihn nicht. Das ist genauso verlogen, wie über den Heimatfilm laut herzuziehen und dann selber heimlich hinzugehen. Der Bundeskanzler liest zu seiner Entspannung am liebsten Kriminalromane. Warum sollen sich da die Bauern in Wesselburen, die Arbeiter an der Ruhr und der Schneidermeister in Ulm Filme von Jean Cocteau ansehen?[59]

Die Lektüre von Printmedien erfordert vom Leser unterschiedliche Kompetenzen. Ebenso setzt die Filmlektüre beim Rezipienten bestimmte Kompetenzen voraus. Diese sind bei Cocteau hoch, weil hier symbolische und uneigentliche Strukturen zu decodieren sind, beim Heimatfilm niedrig, deshalb war er ein Dauerläufer (das niedrige Bildungsniveau ist oben schon erwähnt worden). Es ist im Übrigen nicht opportun, mit den damaligen niedrigen Ansprüchen höhnisch abzurechnen. Die Regressions- und Infantilisierungstendenzen im heutigen digitalen Unterhaltungsangebot sind schließlich unübersehbar (bei ungleich höherem Bildungsniveau!).

Kurzum, Mitte der 1950er-Jahre ist beim Heimatfilm-Publikum zwischen an Qualität interessierten Rezipienten, die sich von diesem Genre langsam abwand-

59 Leser, in: *Star-Revue*, 21, 1956.

ten und solchen, die weiterhin für Sentiment empfänglich waren, zu differenzieren. Anlässlich von HEIDESCHULMEISTER UWE KARSTEN war die Annahme eines homogenen Publikums längst obsolet:

> Das vielberedete, umstrittene «deutsche Gemüt» wird wieder einmal einem Frontalangriff ausgesetzt, wie er kaum konzentrierter zu denken ist. Während der anspruchsvolle Besucher angesichts der massiven Wucht von Edelmut, Rührseligkeit und Sentimentalität, die dieser Film ins Parkett strömen lässt, versucht ist, an eine Parodie zu glauben, beweist das Schluchzen auf vielen Plätzen im Theater, wie den Backfischen zwischen 16 und 60 Jahren die Geschichte vom Heideschulmeister Uwe Karsten nahegeht.[60]

Wiederum stellte sich die leidige Frage, was das Publikum überhaupt sehen will. Einer EMNID-Umfrage von 1956 zufolge[61] bevorzugte jeder fünfte Befragte Heimat- und Familienfilme. Diese Präferenz äußerten 25 % der Frauen, aber nur 14 % der Männer. Das weibliche Publikum zog außerdem Ausstattungs-, Revue- und Operettenfilme vor, Männer äußerten eine Vorliebe für Lustspiele, während bei ihnen an zweiter Stelle Krimis, Western und Abenteuerfilme folgten, welche nur bei 4 % der befragten Frauen Anklang fanden. Bei ihnen kamen hinter dem favorisierten Heimatfilm die Problem-, Schicksals- und sozialkritischen Filme, wobei die – man beachte die Differenzierung – «geistig-humorvoll gestalteten Problemfilme» weniger stark frequentiert sind. Das Fazit lautete jedenfalls: «Nach der von der EMNID durchgeführten Umfrage erfreut sich der Heimatfilm in seinen verschiedenen Spielarten nach wie vor der besonderen Publikumsgunst.»

Ein Jahr später wollte man von Kinobesitzern (die ausschließlich daran interessiert waren, was «geht» bzw. «nicht geht») wissen, welche Programmvorschläge sie (nach geschäftlichen Gesichtspunkten) zu machen hätten: «Pflege des Familienfilms, die gehobene Unterhaltung, endgültige Abkehr von der Heimatschnulze, Filme nach bekannt guten Romanen gedreht, zeitnahe Themen, originelle Lustspiele frei von altem Klamauk.»[62]

Solche Umfragen verweisen auf ein Abwechslung suchendes Publikum. Die Zeitgenossen waren in ihrer Freizeitgestaltung nicht auf Kino fixiert. Das Fernse-

60 Hans-Jürgen Weber, in: *Der neue Film*, 92, 1954.
Bei einer Umfrage der Redaktion äußerte sich eine 45-jährige Hausfrau: «Ich weiß nicht, woran der deutsche Film krankt, aber was man uns vor dem Kriege bot, gefiel mir besser. […] Ich finde, in den neuen deutschen Filmen ist kein richtiger Mumm drin. Sie sind so rosarot und dumm. Es ist doch gar nicht wahr, dass das Publikum Schnulzen sehen will. Wir gehen doch nur hin, weil man uns nichts anderes bietet oder weil man eben nicht für amerikanische Filme schwärmt.» (*Der neue Film*, 41, 1957)

61 *Film-Echo*, 65, 1956.

62 *Film-Echo*, 41, 1957.

hen war noch nicht das Medium der Massen, aber sie lasen auch illustrierte Zeitschriften («Lesezirkel»), hörten Radio-Hörspiele und – das war neu – sie gingen auf Reisen. Mit Volkswagen, Opel oder gar Borgward kamen sie nicht nur in den Schwarzwald, sondern bis nach Italien. Auf dieses veränderte Freizeitverhalten einer mobilisierten Gesellschaft reagierte die Filmproduktion prompt, schon allein wegen der sinkenden Besucherzahlen: Der Heimatfilm ging in den Reise- und speziell den Italienfilm über.

Das Interesse steuerte sich jedoch nicht nur über Stoffe, Themen, Genres, sondern nicht zuletzt über die Stars. Zu Stars wurden die deutschen Schauspieler:innen nicht über ihr Aussehen[63], sondern über Rollen, die ein hohes Identifikationspotenzial hatten. Nicht die Produktion entschied über den Star-Status, sondern der Rezipient. Maßgebend war nicht die künstlerische Professionalität, sondern der «Tageskurs» auf der Produktions- und Rezeptionsebene: «Filmschauspieler sind also quasi keine Schauspieler mehr, sondern Aktien, die nach einer besonderen Rangliste, dem sogenannten ‹Starometer›, bewertet und von den Produzenten heute gekauft oder morgen abgestoßen werden.»[64]

Stars personifizieren bestimmte favorisierte Verhaltenskonzepte. Der Rezipient erlebt die «instrumentelle Beherrschung der Welt durch den Filmhelden» und verspürt den Wunsch nach Nachahmung.[65]

Die Verhaltenskonzepte bezogen sich nicht nur auf das Rollenfach, sondern auch auf das private Wohlverhalten. Abweichungen hatten Sympathie-Entzug zur Folge. Romy Schneiders Ausstieg aus dem Sissi-Image eskalierte zur Provokation der Anhängerschaft durch den Auftritt des französischen Verführers. Damit waren die normativen Erwartungen der Rezipienten aufs Äußerste brüskiert.

Andererseits belegten O. W. Fischer, Maria Schell und Ruth Leuwerik über Jahre hinweg die Spitzenplätze und eben nicht «Zieprack». Aufs Genre-Schema übertragen legt dies eine Präferenz des melodramatischen Problemfilms gegenüber dem Heimatfilm nahe.

Spielräume des Realismus

Zwischen Einkommensentwicklung und Geschmackspräferenzen bestehen Korrespondenzen. Mit dem Wohlstand steigt der Anspruch. Sicherheit, Wohlfahrt und das zurückgewonnene Selbstwertgefühl lassen die Funktion des Kinos als

63 Die sexualisierenden Zuschreibungen («Sexbomben») waren Hollywood (Hayworth, Monroe) und den romanischen Filmkulturen überlassen (Bardot, Lollobrigida, Loren).

64 Oskar Kalbus: *Die Situation des deutschen Films*, Wiesbaden 1956, S. 37. Das ‹Starometer›, eine Art Hitparade der Schauspieler, der die Befragung von Kinogängern zugrunde lag, veröffentlichte die Zeitschrift *Star-Revue* ab 1955.

65 Wuss 1993, S. 413.

«Zitadelle» oder «Kursaal» zurücktreten. Waren die ökonomisch und psychisch gestärkten Konsumenten nun empfänglich für den realistischen «Problem»- oder «Zeit»-Film?

Die dem filmischen Realismus konzedierten Spielräume waren eng, weil die Produzenten und Verleiher jedes Risiko scheuten. Sie «kapitulierten vor dem selbstgezüchteten Publikumsgeschmack»[66]. Die Sperre gegen eine *direkte* Konfrontation mit den virulenten Gegenwarts- und vor allem Vergangenheitsfragen war weiterhin vorhanden. Oder waren die Spielräume vielleicht doch weiter und wurden nur nicht ausgereizt? Immerhin war ein Film wie DIE LETZTE BRÜCKE, der Menschlichkeit gegenüber Partisanen aufblendet, überraschend erfolgreich.[67]

Das Handlungsmuster – deutsche(r) Arzt/Ärztin rettet den Feind (vgl. DER ARZT VON STALINGRAD) – war Teil einer Strategie, die den deutschen Soldaten rehabilitieren sollte: Er überfiel nicht fremde Länder, sondern tat seine Pflicht und zeigte in einem Schicksal, das von finsteren Mächten über ihn verhängt war, anständiges Verhalten: «Wir haben den Krieg verloren, aber nicht unser humanes Gesicht»[68] war als Botschaft aus DER ARZT VON STALINGRAD herauszulesen. Brutal und gewissenlos waren im Kriegsfilm nur die SS-Offiziere oder ehrlose, feige Vorgesetzte.

Diese Rehabilitierungsfilme sind auch als Antwort auf den «antideutschen Hetzfilm» zu verstehen, zumal die Bundesrepublik wieder remilitarisiert werden sollte. Die Gut-Böse-Opposition verlief nicht zwischen Freund und Feind, sondern innerhalb der eigenen Front: zwischen guten, in Pflichterfüllung sich opfernden Soldaten und ideologisch gesteuertem, NS-affinem Führungspersonal. Die männlichen Adressaten im Parkett rezipierten dies als «die Wahrheit», die endlich einmal ausgesprochen werden muss:

> Es freut mich vor allem, dass diese Filme [STERN VON AFRIKA, HAIE UND KLEINE FISCHE, T. B.] frei sind von jener Verzerrung und Entstellung der Tatsachen, wie es bisher der Fall war. Es freut mich auch, dass man die Soldaten nicht entweder zu geheimen Widerstandskämpfern, die nur unter größten Gewissensqualen den Gegner töten, macht oder sie zu Verbrechern stempelt, sondern sie als das zeigt, was sie waren, als Soldaten, die ihre Pflicht erfüllten.[69]

66 Drehbuchautor Jochen Huth, in: *Der neue Film*, 3, 1957, S. 4.

67 «Was wie kommerzieller und künstlerischer Selbstmord aussah – ein Film über Partisanen, unabhängig produziert, mit kleinem Budget –, verschaffte Käutner schließlich ein triumphales Comeback. [...] Möglicherweise gebührt das Verdienst dafür Maria Schell, die beim deutschen Publikum so beliebt war, dass man ihr selbst die Kollaboration mit feindlichen Partisanen verzieh.» (Claudius Seidl: *Der deutsche Film der fünfziger Jahre*, München 1987, S. 22 f.) Ein Deserteur als Held war allerdings unverzeihlich: Staudtes KIRMES fiel 1960 durch wie zuvor schon Falk Harnacks UNRUHIGE NACHT (1958).

68 «Wenn das nicht verlogen, wenn das nicht ein widerlicher deutscher Hochmut ist» empörte sich Paul Schallück (*Filmforum*, 4, 1958).

69 Leser, in: *Film-Journal*, 4, 1958.

Noch weiter geht die folgende Äußerung, die nicht nur eine Rehabilitierung, sondern eine Re-Heroisierung anstrebt:

> Der Film STERN VON AFRIKA stellt endlich wieder einmal den deutschen Soldaten groß heraus. Der Landser hat nun mal überall, wo man ihn hinschickt, seine verdammte Pflicht und Schuldigkeit getan. Gut, den Krieg mag keiner gern, aber er war doch nicht «nur schrecklich» – für viele ist er das einzige, heroische Erlebnis in ihrer Jugend gewesen. Auch das muss mal gesagt werden.[70]

Eine solche Filmrezeption, die der von *Landser*-Heften entspricht, war selbstverständlich nicht repräsentativ für das gesamte Publikum, schließlich stieß die Wiederbewaffnung auf breiten Widerstand in der Gesellschaft. Auf der gleichen Seite der *Star-Revue* – hier ist wieder die lebendige Diskussionskultur hervorzuheben – hieß es: «Selbst die Filmindustrie beteiligt sich – wie schon vor 1933 – an der Vorbereitung eines kommenden Krieges. […] Hier wird mit unserem Leben und unserer Sicherheit gespielt.»[71]

Dennoch bedurfte die Rezipientengruppe der ehemaligen Wehrmachtssoldaten einer besonderen Pflege und Schonung. Sie sollten ihre Erlebnisse in einen positiven, «normalen», ihr Tun legitimierenden Zusammenhang einordnen können, nicht in einen, für den sie sich rechtfertigen müssten. In der subjektiven Rückschau der Frontsoldaten dominierten nicht die schrecklichen und destruktiven Erfahrungen. Sie blickten auf einen extrem intensiven Lebensabschnitt zurück mit Abenteuern, Kameradschaft und in Episoden auch Heldentaten. Ihnen etwas von Vernichtungsfeldzug oder Kriegsverbrechen vorzusetzen, war indiskutabel.

Die psychischen Folgen der Kriegserlebnisse waren mittlerweile ebenfalls tabu. In den Trümmerfilmen waren psychisch gestörte Kriegsheimkehrer noch möglich gewesen (z. B. in DIE MÖRDER SIND UNTER UNS, IRGENDWO IN BERLIN). Bernhard Wicki wählte für DIE BRÜCKE bezeichnenderweise Kinder und Jugendliche als Protagonisten, die dem Grauen des Krieges nicht gewachsen sind. Die Männer-Soldaten im Kriegsfilm hingegen halten immer durch.[72]

Im Übrigen dauerte es noch Jahrzehnte, bis die Legende von der «sauberen Wehrmacht» auch nur angetastet wurde.[73] Die «Kriegsteilnahme» war Bestandteil fast jeder männlichen Biografie und spiegelte sich auch in anderen Genres. Selbst im Heimatfilm ließ der eine oder andere Protagonist durchblicken, dass er nicht nur Alm und Forsthaus kennt, sondern auch die Gegend zwischen Smo-

70 Leser, in: *Star-Revue*, 21, 1957.

71 Leser, ebd.

72 Goltermann 2009, S. 384.

73 Im nicht-kommerziellen Fernsehen war dies schon eher möglich. Der Mehrteiler AM GRÜNEN STRAND DER SPREE von Fritz Umgelter (1960) enthielt eine längere, Aufsehen erregende Sequenz, die Massenerschießungen von Juden an der Ostfront zeigte.

lensk und Brjansk. Denn gelegentlich musste motiviert werden, warum die Männer mehrere Jahre nicht da waren. Solche Realitätsreflexe im realitätsfernen Genre machten – ebenso wie die oben erwähnten Modernisierungsverweise – Handlung und Figuren plausibler, indem sie einen Konnex zu den Biografien der Rezipienten herstellten.

Das vermeintlich «harte» Kriegsgenre hatte noch eine andere, «weiche» Rezeptionsebene, die der fröhlichen Unterhaltung. In einer Kritik zu URLAUB AUF EHRENWORT hieß es: «Liebeneiner traf genau die Mitte zwischen Pazifismus und Soldatenfeier. Das Publikum genießt den Front- und Heimatfrontjargon, als habe es dergleichen Töne allzulange entbehrt.»[74] Damit ist sowohl der Spagat zwischen Kriegskritik und Wiederherstellung der Soldatenehre als auch der Genussaspekt benannt, jene Elemente, die fast alle Kriegsfilme kombinierten. Schon im «Kommiss»-Film 08/15 kugelte sich das Publikum vor Lachen.[75]

Eine noch weiter gehende Variante der humoristischen Rezeption erlebte der Stalingrad-Film HUNDE, WOLLT IHR EWIG LEBEN. Inzwischen hatten nämlich die Nicht-Kriegsteilnehmer die Mehrheit im Zuschauerraum:

> In der öffentlichen Aufführung von HUNDE, WOLLT IHR EWIG LEBEN fanden junge Leute die auf die Kamera zufallenden Toten, das Inferno der Detonationen und anderes ausgesprochen erheiternd. Wo uns in den Ausbrüchen des Hungers, in dem verzweifelten Flehen und Nachlaufen hinter der letzten abfliegenden Maschine das Grauen anspringt, da sahen sie nur Komik – wie in auch heute wieder zahlreichen Militärklamotten – oder ‹sportliche› Betätigung – wie in den amerikanischen Kriegs-, Abenteuer- und Gangsterfilmen. Kann man es ihnen verübeln?»[76]

Es lag wohl weniger am amerikanischen Vorbild, sondern an der ausgebliebenen ernsthaften Auseinandersetzung mit Nationalsozialismus und Krieg. Auf der Leinwand reichte es, von wenigen Ausnahmen abgesehen (DIE LETZTE BRÜCKE, DIE BRÜCKE), nur zu verfilmten Illustriertenromanen.

Die defizitäre Reflexion über die Vergangenheit erklärt auch die Reaktion auf einen Film, der das Wagnis einging, den ehedem Führertreuen das wahre Gesicht ihres Idols zu zeigen. DER LETZTE AKT, inszeniert von G. W. Pabst mit Drehbuch-Vorarbeit von Erich Maria Remarque, schildert die letzten Tage im Führerbunker

74 *Spiegel*, 6, 1956.

75 «[…] mancher der Zuschauer lief Gefahr, sich einen Bruch zu lachen. ‹Ich kann nicht mehr›, stöhnte ein relativ weibliches Wesen, von kreischendem Gelächter ganz erschöpft. So umschmeißend komisch fanden viele, besonders Vertreterinnen des sogenannten zarten Geschlechts, die meisten Episoden in dem Film 08/15. Das ist ein Beweis, dass der Film zum mindesten falsch ausbalanciert ist.» (Werner Fiedler, in: *Der Tag*, 10.11.1954)

76 Fritz Kempe, in: *Film Bild Ton*, 11, 1960.

wahrheitsgetreu (Hitlers Privatsekretärin bürgte für Authentizität). Reputationsreste des Führers, die bei einem Teil des Publikums wohl noch vorhanden waren, lösten sich hier in Nichts auf angesichts eines tobenden, psychisch derangierten Zwergs, dem jeder Realitätsbezug entglitten war. Die erstmalige «direkte» Konfrontation, weit jenseits der vertrauten Inszenierungen von Riefenstahl und Wochenschau, löste Irritationen aus:

> Die Geschehnisse [...] erscheinen fast auf den Tag zehn Jahre später so phantastisch, dass das Premierenpublikum während der ersten Stunde offensichtlich keinen Kontakt zur Filmhandlung gewinnen konnte. In halblauten Gesprächen wurden unwahrscheinliche Einzelheiten gerügt. Hitlers erster Auftritt auf der Leinwand rief Lachen hervor. Die große Ähnlichkeit der Darstellung fand Lob, aber die Stimmen der Hitler- und Goebbels-Darsteller konnten dem durch unzählige Rundfunkreden sachverständig gewordenen Publikum nicht genügen.
>
> Auf die Dauer aber verfehlt die Wucht der Darstellung ihre Wirkung nicht. Ein Nein ging durch den Zuschauerraum, als Hitler auf der Leinwand sein Testament diktierte: «Das deutsche Volk ist nicht würdig, von mir geführt zu werden.» Es gab nach der Premiere eifrige Debatten um die Frage der Echtheit, die von den meisten Zuschauern zwar als authentisch verbürgt angenommen, aber verstandesmäßig nicht begriffen werden konnte. Ein Kölner Geschäftsmann fasste diesen Zwiespalt in dem Satz zusammen: «Die letzten zehn Jahre haben uns von dieser Zeit so weit entfernt, dass es uns wie ein Geschehen auf einem anderen Planeten anmutet. Es war gespensterhaft.»[77]

Zu Hitlers Selbstmord im Führerbunker waren zu diesem Zeitpunkt noch keine verifizierten Fakten veröffentlicht, aber allerhand Gerüchte im Umlauf (einschließlich dem von seinem möglichen Weiterleben). Amtlich für tot erklärt wurde Adolf Hitler erst 1956 vom Amtsgericht Berchtesgaden. Die gespenstische Konfrontation mit einem anderen Planeten verweist jedenfalls auf die bis dahin ausgebliebene Entzauberung. Den Mitscherlichs zufolge[78] haben die Hitler-Hörigen ihr kritisches Ich aufgegeben und an ihr Objekt überantwortet. Dadurch beraubten sie sich der Möglichkeit, sich vom Objekt zu distanzieren. Nach dem Er-

77 *Südhessische Post*, 18.4.1955, zit. n. Thomas F. Schneider (Hg.): *Das Auge ist ein starker Verführer. Erich Maria Remarque und der Film*, Osnabrück 1998, S. 227 f.
Der Berichterstatter des jüdischen *Aufbau* beobachtete: «Wenn der Vorhang über dieses deutsche Trauerspiel fällt, geht das Publikum, das einmal diesen Hitler gewählt hat, schweigend aus den Kinos. Ob mit einem leisen Schuldbewusstsein steht dahin. Jedenfalls dürfte dieser Film ihnen aber gezeigt haben, was für einen teuflischen Irren sie zu ihrem Gott gemacht haben.» (Bruno Manuel, in: *Aufbau*, 12.5.1955)

78 Mitscherlich 1977, S. 78 f.

löschen dieser Symbiose verschwand der Führer wie ein «Fremdkörper» aus dem «psychischen Haushalt», doch da seine «Imago das Ich-Ideal seiner Anhänger ersetzt hatte, waren sie in seinen Untergang mit hineingezogen.» So erklärt sich vielleicht das verstandesmäßige Nicht-Begreifen, da dieser Untergang im Film nicht als abstraktes Geschehen, sondern konkret ablief.

Die direkte, ungeschminkte Konfrontation mit der Realität war im Kino offenbar unerwünscht. Die Erwartungshaltung war bestimmt von unbeschwerter Unterhaltung, Illusion, Ablenkung vom sozialen Alltag. Der Zugriff auf ernsthafte Probleme war möglich[79], doch um die Akzeptanzhürden niedrig zu halten, musste die Einfühlungsästhetik vorherrschen und/oder die Komödienform gewählt werden: ROSEN FÜR DEN STAATSANWALT (Thema der NS-Kontinuität in der Justiz), WIR WUNDERKINDER (Der Karrierismus der NS-Profiteure), DAS MÄDCHEN ROSEMARIE (Doppelmoral und Korruption im Wirtschaftswunder), MEIN SCHULFREUND (der kleine Mann im Widerstand, durch Rühmann-Komik abgefedert). Sonnigste Humorigkeit überstrahlte die kritische Ebene, sortierte die verhandelte Problematik damit als harmlos ein und entlastete den Rezipienten von einer ernsthaften Auseinandersetzung.

Im Problemfilm war der Diskurs affirmierend statt unterminierend. Ambivalenzen, offene Schlüsse, unklare oder ausbleibende Sympathielenkung waren verpönt. Aus Rezipientensicht waren die Filmqualitäten über Stars und die Identifizierung mit ihren Rollen geregelt. Nicht Enthüllung stand im Vordergrund, sondern Maskierung und Drapierung.

Es kam immer wieder zu Ausnahmen von dieser Poetik. ENDSTATION LIEBE z. B. war Neorealismus im Arbeitermilieu. Robert Siodmak brachte amerikanische Härte in den deutschen Film und war damit erfolgreich (DIE RATTEN; NACHTS, WENN DER TEUFEL KAM). Das wirft wiederum die Frage auf, ob die Toleranz des Publikums nicht doch größer war als von den produzierenden Instanzen angenommen.

Der Vertrauensspender

Im Massenangebot war die Moderne und ihr Menschenbild durchaus vertreten, jedoch nicht düster-pessimistisch grundiert wie im europäischen Kunstkino (z. B. bei Bergman, Bresson, Antonioni), sondern frohgemut-zuversichtlich. Die Filme, genauer: die durch das bedingungslose Vertrauen ihrer Anhänger*innen*

79 Es ist überhaupt erstaunlich, welche Kalamitäten die angeblich eskapistische Filmproduktion alles aufspießte. Das reichte von den Schwarzen Besatzungskindern (TOXI, HEIMAT – DEINE LIEDER) bis zu Schwierigkeiten mit der Krankenversicherung (WEIL DU ARM BIST, MUSST DU FRÜHER STERBEN).

zu Orientierungsinstanzen privilegierten Stars (Schell, Leuwerik, Borsche, Fischer, Jürgens), signalisierten den Adressaten ein grundsätzliches Vertrauen in Welt und Mensch und ihre Problemlösungskompetenz. «Richterliche Weisheit und Menschlichkeit führen seinem Schicksal eine bessere Zukunft entgegen»[80] lautet die Rezeptionsanleitung im Programmzettel zu Die grosse Versuchung (Spätheimkehrer Dieter Borsche praktiziert erfolgreich als Chirurg, doch das fehlende Examen wird ihm zum Verhängnis). Noch deutlicher tritt die Programmierung von Produktion und Rezeption bei Gefangene der Liebe zu Tage (hier kehrt nicht der Mann, sondern die Frau aus der Kriegsgefangenschaft zurück, sie bringt ein uneheliches Kind mit, und der narzisstisch gekränkte Gemahl muss lernen, die Situation zu akzeptieren):

> Aus dem Segen des Verstehens wächst der Sieg des Verzeihens und das Sichwiederfinden wird gleichsam als Symbol für das Leben von Millionen, die ein hartes Geschehen von Heim und Angehörigen trennte, zur beglückenden Geborgenheit.[81]

Dieser (vom Verleih formulierte und das *preferred reading* pointierende) Satz reflektiert mit wenigen Schlüsselbegriffen in komprimierter Form die mentale Disposition der Rezipienten und das Therapieangebot im Kurort Kino. Die positiven Signalwörter Segen, Verstehen, Verzeihen, Glück, Geborgenheit beschildern die Opposition zu einem anonymen «harten Geschehen», das für die Verschleppung aus der bergenden Gemeinschaft verantwortlich ist. Die Annullierung dieser Trennung mittels der Tugenden Verstehen und Verzeihen ist zugleich repräsentativ gesetzt. Der Appellcharakter besteht in der Aufforderung, diese Tugenden anzuwenden, um die intendierte Glücksfindung, den Ausstieg aus der Depression zu erreichen.

Ähnliche Konstellationen (Heimkehr – Entzweiung – Wiedervereinigung) sind für zahlreiche Filme handlungskonstituierend, weil dieses Schema auf einen zentralen gesellschaftlichen Konflikt verweist. Der heimkehrende Mann findet eine im Beruf erfolgreiche Frau vor, kann sich mit ihrer Emanzipation und der Abwertung seiner Patriarchenrolle nicht abfinden, und beide müssen nun einen modus vivendi finden. So z. B. in Eine Frau von heute und Frau Irene Besser. In diesem Film hat das Happy End (Verzicht auf Scheidung) diese intendierte Botschaft: «Für Irene und Martin kann nun wieder die gemeinsame Zukunft beginnen. Und die Zeit wird ein guter Helfer sein, dass es eine glückliche Zukunft wird.»[82]. Solche Aussagen erschließen sich für den Zuschauer nicht primär über

80 *IFB* 1794.
81 *IFB* 2402.
82 *IFB* 5640.

den Plot, sondern über das Star-Regime. Die Titelrolle der Power-Frau spielte in beiden Filmen Luise Ullrich, Curd Jürgens die Männerrolle in EINE FRAU VON HEUTE und in GEFANGENE DER LIEBE. In FRAU IRENE BESSER leidet Rudolf Prack unter seiner Karrierefrau, die hier in absichtlicher Über-Exponierung Chefin eines Kaufhaus-Konzerns ist! Den Topos der «verkehrten Welt» bedienend, muss er in ihrem Kaufhaus einen ihr untergeordneten Posten annehmen. Doch der in seiner Eitelkeit gekränkte Patriarch hat eine Lektion zu lernen, die Drehbuchautor Jochen Huth für ihn vorgesehen hat. Pracks früherer Chef ermahnt ihn: «Was wäre, wenn die Frauen *uns* zurückließen und wir jahrelang auf sie warten müssten? Da möcht' ich uns sehen, ob wir dazu die Kraft hätten! Dabei sind wir doch das starke Geschlecht!»

Die Restituierung der in der Zusammenbruchgesellschaft schwer beschädigten Institution Familie war ein zentrales gesellschaftliches Anliegen, denn der Familienverband galt als «Stabilitätsanker in einer chaotischen Zeit» (Hans-Ulrich Wehler). Der Mann sah sich in seiner traditionsgesättigten Position als Familienhegemon entthront, der «heimkehrende depotenzierte Soldat und die potente Kriegsfrau waren aufeinandergetroffen.»[83] Die daraus resultierende Verunsicherung und die Versuche der Männer, ihre angestammte Patriarchenrolle zurückzugewinnen, spiegeln sich in den Filmen der 1950er-Jahre in der üblichen gedämpften Form. Während die Hähne ihre Machtkämpfe in der Realität oft gewaltsam ausfochten (Prügel bei Ungehorsam), waren die Filmdrehbücher auf Ausgleich, Versöhnung, Kompromiss programmiert.

Die Potenz der Frauen, die sie durch ihr Chaos-Management errungen hatten, ließ sich nicht vollständig zurücknehmen. Am Ende des Jahrzehnts ist zumindest eine partielle Emanzipation zu konstatieren. 1959 setzte das Bundesverfassungsgericht der vollständigen Entscheidungsgewalt des Ehemanns ein Ende.

Auch dieser zähe Emanzipationsprozess wurde vom favorisierten Unterhaltungsmedium der Massen begleitet, moderiert, wenn nicht sogar forciert.[84] Das «Heimchen am Herd» propagierte der 50er-Jahre-Film jedenfalls nicht. Er entwarf in den Ehedramen partnerschaftliche Rollenbilder und stellte nicht selten die selbstbewusste Gattin heraus, die – freilich an der Seite des Mannes – ihr

83 Helga Spranger: «Rauchschwaden – Soldaten nach zwei Weltkriegen in Europa», in: Hondrich 2011, S. 65–79; 78.
«Dazwischen die Kinder, die sich damals noch unbewusst mit dem gefühlt schuldhaften Tun der Väter und Mütter identifizierten. Sie waren zu jung, um sich eine eigene moralische Einschätzung zu erarbeiten. Auch darum konnten sie durch ihr Aufbegehren nicht auch noch das letzte Stück Sicherheit, das sie umgab, riskieren. […] Die damalige Familie erfüllte nicht mehr die Sehnsucht der Menschen nach einer kompletten und heilen Gemeinschaft.» (ebd.)

84 Manche Filme richteten sich mit erhobenem Zeigefinger an die Männer im Publikum, so etwa VERGISS DIE LIEBE NICHT, wiederum mit Luise Ullrich, deren Ausstieg aus den vermeintlichen Hausfrauen-Pflichten volle Sympathie genießt, während der Mann (Paul Dahlke), die Karikatur eines Paschas, am Schluss etwas gelernt hat.

Geschick selbst in die Hand nimmt. Neben den genannten Luise-Ullrich-Figuren führt auch Ruth Leuwerik in der Trapp-Familie das Kommando (mit gleich zwei passiven Männern im Schlepptau: Hans Holt und Josef Meinrad). Genau das wollten die Zuschauerinnen sehen: Der Zweiteiler war eine der erfolgreichsten Produktionen.

Eine ähnlich moderierende Funktion ist dem Kinofilm auch beim Kampf der Söhne gegen die Väter zuzusprechen. Die Kollision der Werte- und Normvorstellungen führte in den einschlägigen Produktionen (z. B. Die Halbstarken, Der Pauker) zu einer Demontage der Väter, der intendierte Kompromiss lief aber auf einen Generationen*dialog* hinaus und bewirkte eine Entdramatisierung.[85] Fragen nach der Vergangenheit stellten die Jugendlichen den Vätern weder im Film noch in der Realität, weil sie die Tabus ihrer Eltern respektierten. Dies änderte sich bekanntlich erst Ende der 1960er-Jahre. Die eklatante Verspätung erklärt wohl die Wucht der Revolte.

Alles in allem hatte der bundesdeutsche Film der 1950er-Jahre eine gesellschaftsstabilisierende Funktion, die für eine ideologiekritische Filmgeschichtsschreibung leicht zu denunzieren ist. Gegen eine solche Abwertung sind indessen positive Befunde ins Feld zu führen. Historiker blicken heute auf eine «geglückte Demokratie» (Edgar Wolfrum) zurück. Dieses Gelingen war jedoch nicht vorgezeichnet. Die zweite Republik war wie die erste zunächst eine Demokratie ohne Demokraten und daher eine labile Angelegenheit mit unsicherem Ausgang. Destabilisierende Faktoren waren die materiellen und v. a. psychischen Kriegsfolgen, die unsichere wirtschaftliche Entwicklung, die schwierige Integration neuer Bevölkerungsteile, zuvörderst aber die Dominanz der alten Denkmuster und die Sehnsucht nach der heilen Vorkriegswelt. Ein Scheitern war also nicht ausgeschlossen.

Wenn der als kitschig, klischeehaft und reaktionär verschriene deutsche Film mit seiner Kompromiss- und Harmonisierungsstrategie, seinem beschwichtigenden Werben für Vertrauen und Zuversicht zur Einübung und Akzeptanz einer liberalen, pluralistischen Gesellschaft beigetragen hat, wäre dies nicht die schlechteste Bilanz. Er hat dann eine Funktion im «Loyalitätsmanagement» der Bundesrepublik, mit dem Ziel, wenigstens einen nicht-nationalsozialistischen Konsens herzustellen. Bei diesem heiklen Vorgang wäre eine Debatte über Verantwortung oder Schuld kontraproduktiv gewesen.[86]

In dieser Lesart erhalten selbst die Tabuisierung, das Beschweigen und Vergessenwollen von Nationalsozialismus, Völkermord und der eigenen Involviert-

85 Sabine Berthold: «Kindheit nach dem Krieg. Generationsmodell und -konflikte in Filmen der Nachkriegszeit», in: Hondrich 2011, S. 25–37; 36.

86 Christoph Classen: *Bilder der Vergangenheit. Die Zeit des Nationalsozialismus im Fernsehen der Bundesrepublik Deutschland 1955–1965*, Köln 1999, S. 178.

heit – jenes «harte Geschehen», wie es im obigen Zitat euphemisierend genannt wurde – sinnfällige Konturen. Die Antwort der labilen Gesellschaft auf das harte Geschehen war das weiche Wohlfühl-Kino, das, wenn es Konflikte und Zeitprobleme thematisierte, diese als geregelt und gelöst vorführte, es jedenfalls vermied, sein Publikum aufzuschrecken und in Unruhe zu versetzen. Der Schein eines neuen Selbstwertgefühls, den die Filme der 1950er-Jahre vermittelten, war mit der Kontinuität alter Dispositionen erkauft.[87] Aus Rezipientenperspektive formuliert: Traumatisierung, Schweigesyndrom und Opfernarrativ haben dieses Kino hervorgebracht.

87 Bongartz 1992, S. 265.

7 Fazit

Historische Rezeptionsforschung wurde eingangs als problematisches Feld markiert, weil ihr als Material nur überlieferte Dokumente zur Verfügung stehen. Aussagen über Film und Kino aus der Zuschauerperspektive im abgesteckten Untersuchungszeitraum basieren auf einem relativ schmalen, nur bedingt repräsentativen Dokumentencorpus. Dennoch ist der Versuch, den vorhandenen Quellen Erkenntniswerte abzugewinnen legitim, wenn er einer transdisziplinären Forschung zur Mentalitätsgeschichte der Nachkriegsgesellschaft Impulse stiften kann.

Die fünfzehn Jahre zwischen 1945 und 1960 profilieren sich als eine Periode gewaltiger Erschütterungen und Umwälzungen: ein Austausch von Ideologien und politischen Systemen, eine Entzauberung des nationalen Selbstbildes, eine Kollision disparater Mentalitäten, aber auch ein Wandel von der Zusammenbruch- zur Wohlstandsgesellschaft, vor allem jedoch die nicht vollständig zu verdrängende Erkenntnis, sich in der Nähe unvorstellbarer Verbrechen zu befinden.

Vorrangiges Ziel der Überlebenden war die Restituierung «normaler» Verhältnisse, d.h. Strukturen, die Ordnung und Sicherheit garantierten. Während im östlichen Teil der Ideologieaustausch gesellschaftlichen Fortschritt propagierte, knüpfte die Sehnsucht nach Normalität im Westen an die vermeintlich heile Vorkriegswelt an. Diese idealisierte Rückbindung blockierte eine kritische Auseinandersetzung mit der Vergangenheit ebenso wie die Aufbau- und Fortschrittsrhetorik im Osten.

Der Versuch, Kontinuität herzustellen, sollte den Zerfall bisher gültiger Werte bremsen oder sogar stilllegen. Die stark frequentierten Kinos der Nachkriegszeit waren Sehnsuchtsorte, wo ästhetisch vermittelte Emotionen die Chaos-, Angst- und Traumaerfahrungen auffangen konnten. Die Zuschauer mit ihrem unverändert in Geltung stehenden Bedürfnis nach Unterhaltung und Ablenkung wiesen dem Kino die Funktion einer Zitadelle zu, die ihnen Zuflucht und Abschirmung von den Zumutungen «draußen» bieten sollte. Diese Zuweisung setzte sich in den 1950er-Jahren fort, in denen zwar das äußere Chaos gebannt war, nicht jedoch das innere: jenes Konglomerat von Traumatisierung, narzisstischer Kränkung und unreflektierter Vergangenheit.

Vom Geschehen auf der Leinwand erwartete das Publikum eine möglichst große Distanz zur Realität außerhalb des Kinos. Die Trümmerfilme mit ihrer realistischen Ruinenwelt fielen durch. Heide, Alpen und Schwarzwald hingegen waren Korrespondenzlandschaften zur Gefühlslage der Rezipienten, kombiniert mit dem Wiedererkennen von Modellsituationen. Vom Heimatfilm sollte eine balsamische Wirkung ausgehen, eine Abfederung der verstörenden Diskontinuitätserfahrungen.

Die Bereitschaft der Bevölkerung, sich den neuen demokratischen Strukturen anzupassen, genügte, die Bundesrepublik stabil zu halten. Diese äußere Bereitschaft kollidierte jedoch mit dem durch Umfragen belegten Sachverhalt, dass Nationalsozialismus und Weltkrieg nicht restlos disqualifiziert waren. Volkstumsideologie, deutsche Kulturhoheit, nur eingeschränkte Verantwortlichkeit für Krieg und Verbrechen und eine Idealisierung der Jahre 1933–1939, in denen es den meisten «am besten ging» und die der Retrospektion ein attraktives Zeitfenster eröffneten, waren unverdrossen tradierte Denkmuster. Antisemitismus war nur in der Öffentlichkeit tabu.

Das macht die vehemente Reaktion gegen einen unterstellten Kollektivschuldvorwurf plausibel, die vor allem in der Filmrezeption augenfällig hervortritt und sich in einschlägigen Zuschriften an die Filmillustrierten niederschlägt. Negative Deutschlandbilder, die ausländische Filme aufblenden, vor allem in Gestalt von Unholden in deutschen Uniformen, wirkten bei den deutschen Rezipienten kränkend, demütigend und beglaubigten das Selbstbild von der verfolgten Unschuld. In Unkenntnis (oder genauer: durch Verweigerung der Kenntnisnahme) des Terrors in den von den Deutschen besetzten Ländern missbilligte man die entsprechenden Figurenkonstellationen in diesen Filmen als verweigerte Versöhnung und sah die Forderung nach dem «Schlussstrich» torpediert.

Das nahtlose Ineinanderspiel von Produktion und Rezeption aktivierte mehrere Instanzen, die dafür sorgten, solche Missklänge auf ein Minimum zu reduzieren. Die Verleiher nahmen Filme, die geeignet waren, die Realitätsverweigerung wenigstens kurzzeitig zu unterbrechen erst gar nicht ins Programm oder ließen sie nach Vorgaben der «Freiwilligen Selbstkontrolle» in den Synchronstudios so bearbeiten, dass sie die Laune der unterhaltungswilligen Adressaten nicht verderben konnten.

Die Synchronisation hatte nicht nur die Lizenz zur Manipulation, sondern für die adäquate Rezeption ausländischer Filme eine weitere entscheidende Funktion.

Der Sprachwechsel reduzierte das Fremdheitsgefühl und machte unvertraute Lebenswelten durch die vertraute Muttersprache anschlussfähig.

Die Rezipienten ließen sich ihre Filmerlebnisse somit mehrfach in Watte verpacken (zu dieser «Watte» gehörte auch die pompöse Kinoarchitektur der 1950er-Jahre). Verstörendes, Empörendes, Experimentelles war beim Kinobesuch nicht zu erwarten, allenfalls (teils kalkulierte) Verstöße gegen die von den Kirchen vorgegebene Sittlichkeit. Der «Zeitfilm» wich den Gegenwartsproblemen nicht aus, insistierte aber auf der gefälligen Komödienform. Die Konflikte duldeten immer einen Ausgleich.

Das Funktionieren der frühen Bundesrepublik war kein Selbstläufer, sondern ein Prozess der Anpassung von Nicht-Demokraten an demokratische Strukturen. Dabei ging es weniger um Politik als um den wiedererrungenen Alltag in einer postfaschistischen Gesellschaft. Vom Kino verlangte das Publikum die «filmische Verklärung dieses Alltags» (Martin Osterland) und nicht dessen Destruktion.

Die Filmrezeption im Untersuchungszeitraum ruhte somit auf diesen drei Säulen: deutsche Filme, die Illusionen als Gegenentwurf zu den erlittenen seelischen Erschütterungen präsentierten, von als «antideutsch» klassifizierten Affekten bereinigte Filme des Auslands und einer flächendeckenden Synchronisation, die mit der anheimelnden Wärme der deutschen Muttersprache beunruhigende Alteritätserfahrungen gar nicht erst aufkommen ließ. Mit diesen Prämissen, die die Kinoerlebnisse regelten, waren die Dispositionen des Publikums größtmöglich berücksichtigt und eine Verletzung seiner Mentalität auf ein Minimum reduziert.

Dennoch sollten die Ambivalenzen einer solch kritisch-distanzierten Bilanz nicht unterschlagen werden. Einerseits ein defizitäres Problem- und Konfliktbewusstsein, das sich aus den tiefsitzenden Chaos- und Transformationserfahrungen speist. Auf der anderen Seite lässt sich genau diesem Rezeptionsmodus – genießende Unterhaltung ohne verstörende Effekte und quälende Erinnerungen – auch eine positive Deutung abgewinnen. Er förderte womöglich die relativ geräuschlose Anpassung an die Strukturen einer offenen, freiheitlichen Gesellschaft und die Akzeptanz der Moderne. Die Aneignung andersartiger Lebensstile («Amerikanisierung») in kanalisierter Form (Auswahl, Bearbeitung, Synchronisation), die Abwehr brüskierender Vorwürfe («Kollektivschuld») und der Entwurf heimischer harmonischer Welten mit Konfliktlösungsautomatik konstruierten eine «Brücke über den Abgrund» (Dominik Graf). Die Filme evozierten intakte Bereiche, nach denen sich das von Unordnung und vielfachem Leid (Stichwort Opfernarrativ) gebeutelte Publikum sehnte.

So gesehen war das Kino der 1950er-Jahre ein mächtiger Pfeiler der mentalen Infrastruktur. «Zitadelle», «Kursaal» oder «Brücke» – das Kino verhinderte zwar eine restlose Revision der alten Denkmuster, tauchte aber auch die neue Gesellschaftsordnung in versöhnliches Licht und machte sie akzeptabel.

Filmverzeichnis

Die deutsche Erstaufführung (DE) ist dann verzeichnet, wenn sie mehr als ein Jahr vom Produktionsjahr abweicht. Bei deutschsprachigen Filmen sind auch die Drehbuchautor:innen (B) angegeben.

E

F

G

N

O

T

U

V

W

Y

Z

Bibliografie

Monografien und Aufsätze

Althaus, Thomas: «Die Stunde Null in der kleinbürgerlichen Überbrückung: Film und Literatur 1944–1947», in: Heukenkamp 2001, S. 259–266

Appel, Markus: *Realität durch Fiktionen. Rezeptionserleben, Medienkompetenz und Überzeugungsänderungen*, Berlin 2005

Armes, Roy: «Kino der Widersprüche: Französische Filmarbeit unter der Besatzung», in: Hirschfeld, Gerhard / Marsh, Patrick (Hg.): *Kollaboration in Frankreich*, Frankfurt 1991, S. 161–177

Arnheim, Rudolf: «Tonfilm-Verwirrung», in: *Die Weltbühne*, 25, 1929, S. 638–642

Arnold-de Simine, Silke / Mielke, Christine: *Charleys Tanten und Astas Enkel. 100 Jahre Crossdressing in der deutschen Filmkomödie*, Trier 2012

Assmann, Aleida / Frevert, Ute: *Geschichtsvergessenheit – Geschichtsversessenheit. Vom Umgang mit deutscher Vergangenheit nach 1945*, Stuttgart 1999

Bänsch, Dieter (Hg.): *Die fünfziger Jahre*, Tübingen 1985

Bausinger, Hermann: *Volkskultur in der technischen Welt*, Stuttgart 1961

Bellingroth, Friedhelm: *Triebwirkung des Films auf Jugendliche*, Bern/Stuttgart 1958

Benz, Wolfgang (Hg.): *Antisemitismus in Deutschland. Zur Aktualität eines Vorurteils*, München 1995

Berger, Jürgen: «Bürgen heißt zahlen – und manchmal auch zensieren. Die Filmbürgschaften des Bundes 1950-1955», in: Hoffmann/Schobert 1989, S. 80-97

Berghahn, Wilfried: «Der Realismus der Traumfabrik», in: *Filmkritik*, 9, 1961, S. 418–422

Bergmann, Werner: *Antisemitismus in öffentlichen Konflikten*, Frankfurt a. M. / New York 1997

Bergmann, Werner / Erb, Rainer (Hg.): *Antisemitismus in der politischen Kultur nach 1945*, Opladen 1990

Bergmann, Werner / Erb, Rainer: «Wie antisemitisch sind die Deutschen? Meinungsumfragen 1945–1994», in: Benz 1995, S. 47–63

Berthold, Sabine: «Kindheit nach dem Krieg. Generationsmodell und -konflikte in Filmen der Nachkriegszeit», in: Hondrich 2011, S. 25–37

Biess, Frank: *Republik der Angst. Eine andere Geschichte der Bundesrepublik*, Reinbek 2019

Bilandzic, Helena / Schramm, Holger / Matthes, Jörg (Hg.): *Medienrezeptionsforschung*, Konstanz 2015

Binz, Gerrit: *Filmzensur in der Demokratie. Sachlicher Wandel durch institutionelle Verlagerung von der staatlichen Weimarer Filmprüfung auf die Freiwillige Kontrolle der Filmwirtschaft in der Bundesrepublik?*, Trier 2006

Birkner, Thomas / Merziger, Patrick / Schwarzenegger, Christian (Hg.): *Historische Medienwirkungsforschung*, Köln 2020

Blachut, Bastian / Klages, Imme / Kuhn, Sebastian (Hg.): *Reflexionen des beschädigte Lebens? Nachkriegskino in Deutschland zwischen 1945 und 1962*, München 2015

Bliersbach, Gerhard: *So grün war die Heide … Der deutsche Nachkriegsfilm in neuer Sicht*, Weinheim/Basel 1985

Blothner, Dirk: *Erlebniswelt Kino. Über die unbewusste Wirkung des Films*, Bergisch Gladbach 1999

Bohleber, Werner: «Trauma – Transgenerationelle Weitergabe und Geschichtsbewusstsein», in: Hondrich 2011, S. 9–24

Böhmler, Heinz: «Die Gefahr des Films», in: *Film Bild Ton*, 3, 1953/54, S. 219–220

Böhmler, Heinz: «Stichworte zu einer filmischen Genealogie», in: *Film Bild Ton*, 11, 1956, S. 22 f.

Bonfadelli, Heinz / Friemel, Thomas N.: *Medienwirkungsforschung*, Konstanz [6]2017

Bongartz, Barbara: *Von Caligari zu Hitler – von Hitler zu Dr. Mabuse? Eine psychologische Geschichte des deutschen Films von 1946–1960*, Münster 1992

Bourdieu, Pierre: *Die feinen Unterschiede*, Frankfurt 1982

Bräutigam, Thomas / Peiler, Nils Daniel (Hg.): *Film im Transferprozess. Transdisziplinäre Studien zur Filmsynchronisation*, Marburg 2015

Bruno, Anton: «Der amerikanische Film und wir», in: *Der Standpunkt*, 8, 1946, S. 39–44

Buchloh, Stephan: *«Pervers, jugendgefährdend, staatsfeindlich». Zensur in der Ära Adenauer*, Frankfurt / New York 2002

Chamberlin, Brewster S.: *Kultur auf Trümmern. Berliner Berichte der amerikanischen Information of Control Section Juli – Dezember 1945*, Stuttgart 1979

Classen, Christoph: *Bilder der Vergangenheit. Die Zeit des Nationalsozialismus im Fernsehen der Bundesrepublik Deutschland 1955–1965*, Köln 1999

Dadek, Walter: *Die Filmwirtschaft*, Freiburg 1957

Dillmann, Claudia / Möller, Olaf (Hg.): *Geliebt und verdrängt. Das Kino der jungen Bundesrepublik Deutschland von 1949 bis 1963*, Frankfurt 2016

Dillmann-Kühn, Claudia: *Artur Brauner und die CCC*, Frankfurt 1990

Dinzelbacher, Peter (Hg.): *Europäische Mentalitätsgeschichte*, Stuttgart 1993

Doering-Manteuffel, Anselm: «Dimensionen von Amerikanisierung in der deutschen Gesellschaft», in: *Archiv für Sozialgeschichte*, 35, 1995, S. 1–34

Dütsch, Werner: *Im Banne der roten Hexe. Kino als Lebensmittel*, Würzburg 2016

Eeghen, Isa van: «Beispiele politischer Prüfentscheidungen der FSK in der Adenauerzeit», in: *Film & Fakten*, 10, 1989, S. 14–19

Elias, Norbert: *Studien über die Deutschen. Machtkämpfe und Habitusentwicklung im 19. und 20. Jahrhundert*, Frankfurt 1992

Engelhardt, Viktor: «Miterzieher Film», in: *Pädagogische Rundschau*, 5, 1950/51, S. 502–510

Faber, Werner: «Filmbesuch und Filmbesucher im Dorf», in: Hagemann 1957, S. 27–44

Fay, Jennifer: *Theaters of Occupation. Hollywood and the Reeducation of Postwar Germany*, Minneapolis 2008

Feistauer, Verena: *Eine neue Heimat im Kino. Die Integration von Flüchtlingen und Vertriebenen im Heimatfilm der Nachkriegszeit*, Essen 2017

Fischl, Felix: *Amerikabilder in westdeutschen Filmkritiken der Nachkriegszeit. Der Spiegel und die Frankfurter Allgemeine Zeitung im Vergleich (1947/49–1970)*, Frankfurt 2019

Frei, Norbert: *Vergangenheitspolitik. Die Anfänge der Bundesrepublik und die NS-Vergangenheit*, München 1996
Frei, Norbert: *1945 und wir*, München 2005

Garncarz, Joseph: *Filmfassungen. Eine Theorie signifikanter Filmvariation*, Frankfurt u. a. 1992
Garncarz, Joseph: «‹Nicht zur Vorführung in Deutschland geeignet›. Die deutsche CASABLANCA-Fassung von 1952», in: *Kunst unter Kontrolle. Filmzensur in Europa*, München 2014, S. 122–135
Garncarz, Joseph: «Ein Votum für Filme aus dem Westen. Das Kino der DDR und sein Publikum», in: Plaul 2022, S. 89–120
Gassert, Philipp: *Amerika im Dritten Reich. Ideologie, Propaganda und Volksmeinung 1933–1945*, Stuttgart 1997
Gassert, Philipp: «Was meint Amerikanisierung?», in: *Merkur*, 54, 2000, S. 785–796
Geimer, Alexander: *Filmrezeption und Filmaneignung*, Wiesbaden 2010
Geimer, Alexander / Heinze, Carsten / Winter, Rainer (Hg.): *Handbuch Filmsoziologie*, Bd. 1, Wiesbaden 2021
Geißler, Dietrich: *Filmzensur in Nachkriegsdeutschland*, Göttingen 1986
Geppert, Dominik: *Die Ära Adenauer*, Darmstadt [4]2022
Gersch, Wolfgang: «Film in der DDR», in: Jacobsen/Kaes/Prinzler 1993, S. 323–364
Glogauer, Werner: «Leitbildhafte Wirkungen des Films im Jugendalter», in: Feldmann, Erich / Görgen, Hermann M./Keilhacker, Martin (Hg.): *Film- und Fernsehfragen*, Emsdetten 1961, S. 185–193
Glorius, Franz / Haller, Michael: *Film Jugend Kirche. Beiträge zu einer Filmpädagogik*, München 1960
Goltermann, Svenja: *Die Gesellschaft der Überlebenden. Deutsche Kriegsheimkehrer und ihre Gewalterfahrungen im Zweiten Weltkrieg*, München 2009
Goschler, Constantin: *Schuld und Schulden. Die Politik der Wiedergutmachung für NS-Verfolgte seit 1945*, Göttingen 2005
Graf, Dominik: «‹Hunde, wollt ihr ewig leben?› Einige Männerbilder und ihre Darstellungsstile im westdeutschen Nachkriegsfilm», in: Dillmann/Möller 2016, S. 133–159
Grubrich-Simitis, Ilse: «Extremtraumatisierung als kumulatives Trauma. Psychoanalytische Studien über seelische Nachwirkungen der Konzentrationslagerhaft bei Überlebenden und ihren Kindern», in: Hans Martin Lohmann (Hg.): *Psychoanalyse und Nationalsozialismus*, Frankfurt 1984, S. 210–236
Gustmann, Karl: «Zusammensetzung und Verhalten des Filmtheaterpublikums in der Großstadt», in: Hagemann 1957, S. 1–11

Hackenberg, Achim: *Filmverstehen als kognitiv-emotionaler Prozess*, Berlin 2004
Haftendorn, Helga: «Zusammensetzung und Verhalten des Filmtheaterpublikums in der Mittelstadt», in: Hagemann 1957, S. 27–44
Hagemann, Walter (Hg.): *Filmstudien III*, Emsdetten 1957
Hanisch, Michael: *«Um 6 Uhr abends nach Kriegsende» bis «High Noon»: Kino und Film im Berlin der Nachkriegszeit 1945–1953*, Berlin 2004
Heeb, Inken: *Deutschlandbilder im amerikanischen Spielfilm 1946 bis 1993*, Stuttgart 1997
Herbert, Ulrich: *Geschichte Deutschlands im 20. Jahrhundert*, München 2014
Herbert, Ulrich (Hg.): *Wandlungsprozesse in Westdeutschland*, Göttingen 2002
Heukenkamp, Ursula (Hg.): *Schuld und Sühne? Kriegserlebnis und Kriegsdeutung in deutschen Medien der Nachkriegszeit*, Amsterdamer Beiträge zur Germanistik, 50,1, 2001
Hoffmann, Hilmar / Schobert, Walter (Hg.): *Zwischen Gestern und Morgen. Westdeutscher Nachkriegsfilm 1946–1962*, Frankfurt 1989
Höfig, Willi: *Der deutsche Heimatfilm 1947–1960*, Stuttgart 1973
Hondrich, Curt (Hg.): *Vererbte Wunden. Traumata des Zweiten Weltkriegs – die Folgen für Familie, Gesellschaft und Kultur*, Lengerich 2011

Horacker, Friedrich: «Amerikanische Filme», in: *Frankfurter Hefte*, 1, 1946, H. 6, S. 92–95

Hugo, Philipp von: «Beobachten, bürgen und zensieren – Filmpolitik mit dem Zweiten Weltkrieg in der Bundesrepublik der fünfziger Jahre», in: Zuckermann 2003, S. 62–91

Hurwitz, Harold: *Die politische Kultur der Bevölkerung und der Neubeginn konservativer Politik. Demokratie und Antikommunismus in Berlin nach 1945*, Bd. 1, Köln 1983

Jacobsen, Wolfgang / Prinzler, Hans Helmut: *Käutner*, Berlin 1992

Jacobsen, Wolfgang / Kaes, Anton / Prinzler, Hans Helmut (Hg.): *Geschichte des deutschen Films*, Stuttgart 1993

Jähner, Harald: *Wolfszeit. Deutschland und die Deutschen 1945–1955*, Berlin 2019

Jarausch, Konrad: *Die Umkehr. Deutsche Wandlungen 1945–1995*, München 2004

Jarausch, Konrad / Siegrist, Hannes (Hg.): *Amerikanisierung und Sowjetisierung in Deutschland 1945–1970*, Frankfurt a. M. / New York 1997

Jary, Micaela: *Traumfabriken made in Germany. Die Geschichte des westdeutschen Nachkriegsfilms 1945–1960*, Berlin 1993

Kadow: Hermann: «Kino von innen und außen», in: *Frankfurter Hefte*, 1, 1946, H. 5, S. 6–7

Kalbus, Oskar: *Die Situation des deutschen Films*, Wiesbaden 1956

Keilhacker, Margarete: *Kino und Jugend*, München 1960

Keilhacker, Martin: «Der Film als Erzieher», in: *Pädagogische Welt*, 9, 1955

Keilhacker, Martin: «Die Filmeinflüsse bei Kindern und Jugendlichen und die Problematik ihrer Feststellung», in: Feldmann, Erich / Hagemann, Walter (Hg.): *Der Film als Beeinflussungsmittel*, Emsdetten 1955, S. 49–66

Keilhacker, Martin: «Was sucht die Jugend im Film?», in: *Publizistik*, 5, 1960, S. 441–451

Keilhacker, Martin u. Margarete: *Jugend und Spielfilm*, Stuttgart 1953

Kempe, Fritz: *Der Film in der Jugend- und Erwachsenenbildung*, Seebruck 1952

Kempe, Fritz: «Die anonymen Miterzieher unserer Jugend», in: *Film Bild Ton*, 9, 1962, S. 39–44

Kersten, Heinz: *Das Filmwesen in der sowjetischen Besatzungszone Deutschlands*, Bonn/Berlin [2]1963

Kerstiens, Ludwig: *Filmerziehung. Eine Einführung in die Filmpädagogik*, Münster 1961, S. 38

Kniep, Jürgen: *«Keine Jugendfreigabe!» Filmzensur in Westdeutschland 1949–1990*, Göttingen 2010

Knoch, Habbo: *Die Tat als Bild. Fotografien des Holocaust in der deutschen Erinnerungskultur*, Hamburg 2001

Kordecki, Sarah: *Und ewig ruft die Heimat … Zeitgenössische Diskurse und Selbstreflexivität in den Heimatfilmen der Nachkriegs- und Nachwendezeit*, Göttingen 2020

Kracauer, Siegfried: *Das Ornament der Masse*, Frankfurt 1977

Lachmann, Renate: *Erzählte Phantastik*, Frankfurt 2002

Lindenberger, Thomas: «Neue Heimat im Kalten Krieg – Potemkinsche Dörfer der DEFA im Friedenskampf», in: Zuckermann 2003, S. 103–124

Lindner, Werner: *Jugendprotest seit den fünfziger Jahren*, Opladen 1996

Lutz, Felix Ph.: «Empirisches Datenmaterial zum historisch-politischen Bewusstsein», in: Bundeszentrale für politische Bildung: *Bundesrepublik Deutschland. Geschichte – Bewusstsein*, Bonn 1989

Maase, Kaspar: *BRAVO Amerika. Erkundungen zur Jugendkultur der Bundesrepublik in den fünfziger Jahren*, Hamburg 1992

Maase, Kaspar: «‹Amerikanisierung der Gesellschaft›. Nationalisierende Deutung von Globalisierungsprozessen», in: Jarausch/Siegrist 1997, S. 219–241

Maase, Kaspar: «Kommunikation als materielle Praxis – Zur historischen Analyse von Medieneffekten am Beispiel des ‹Schundkampfs› um 1900», in: Birkner u. a. (Hg.) 2020, S. 126–142

Merkel, Ina: *Kapitulation im Kino. Zur Kultur der Besatzung im Jahr 1945*, Berlin 2016

Metzger, Wolfgang: «Kind und Film», in: Heymann, Karl (Hg.): *Kind und Technik*, Basel 1952, S. 5–32

Mikos, Lothar: «Film und Repräsentation von Gesellschaft», in: Geimer/Heinze/ Winter 2021, S. 205–220

Mitscherlich, Alexander u. Margarete: *Die Unfähigkeit zu trauern*, München 1977

Moltke, Johannes v. *No Place Like Home. Location of Heimat in German Cinema*, Berkeley / Los Angeles / London 2005

Mühl-Benninghaus, Wolfgang: «Deutschdeutsche Unterhaltung im Nachkriegsdeutschland», in: Schenk 2012, S. 145–154

Müller, Corinna: *Vom Stummfilm zum Tonfilm*, München 2003

Naumann, Gerd: *Filmsynchronisation in Deutschland bis 1955*, Frankfurt 2016

Ohler, Peter: *Kognitive Filmpsychologie*, Münster 1994

Osterland, Martin: *Gesellschaftsbilder in Filmen. Eine soziologische Untersuchung des Filmangebots der Jahre 1949 bis 1964*, Stuttgart 1970

Padover, Saul K.: *Lügendetektor. Vernehmungen im besiegten Deutschland 1944/45*, Frankfurt 1999

Petzet, Wolfgang: *Verbotene Filme*, Frankfurt 1931

Plato, Alexander von / Leh, Almut: *Ein unglaublicher Frühling. Erfahrene Geschichte im Nachkriegsdeutschland 1945–1949*, Bonn 2011

Plaul, Marcus / Haumann, Anna-Rosa / Kröger, Kathleen (Hg.): *Kino in der DDR. Perspektiven auf ein alltagsgeschichtliches Phänomen*, Baden-Baden 2022

Pleyer, Peter: *Deutscher Nachkriegsfilm 1946–1948*, Münster 1965

Poerschke, Karl: *Das Theaterpublikum im Lichte der Soziologie und Psychologie*, Emsdetten 1951

Poschmann, Luise: «Zwischen Unterhaltung und Systemkonflikt. Die Rezeption populärer Filme im Kino der DDR», in: Plaul 2022, S. 205–233

Prommer, Elisabeth: Das Kinopublikum im Wandel, in: Glogner-Pilz, Patrick / Föhl, Patrick S. (Hg.): *Handbuch Kulturpublikum*, Wiesbaden 2016

Rabenalt, Arthur Maria: *Die Schnulze*, Icking 1959

Ramos Arenas, Fernando: «Kino im Kollektiv. Filmrezeption und politische Kontrolle in der DDR der 1950er-Jahre», in: Birkner 2020, S. 273–293

Roeßler, Wilhelm: *Jugend im Erziehungsfeld*, Düsseldorf 1957

Roß, Heiner (Hg.): *Lernen Sie diskutieren! Re-education durch Film. Strategien der westlichen Alliierten nach 1945*, Berlin 2005

Ruhl, Klaus-Jörg: *Die Besatzer und die Deutschen. Amerikanische Zone 1945–1948*, Düsseldorf 1980

Salzborn, Samuel: *Kollektive Unschuld. Die Abwehr der Shoah im deutschen Erinnern*, Berlin/Leipzig 2020

Sanders-Brahms, Helma: «Weit und breit», in: Belach, Helga, Jacobsen, Wolfgang (Hg.): *CinemaScope. Zur Geschichte des Breitwandfilms*, Berlin 1993, S. 103–108

Schäfer, Hans Dieter: *Das gespaltene Bewusstsein. Deutsche Kultur und Lebenswirklichkeit 1933–1945*, München/Wien 1981

Schelsky, Helmut: *Die skeptische Generation*, Düsseldorf/Köln 1957

Schenk, Irmbert / Tröhler, Margrit / Zimmermann, Yvonne (Hg.): *Film – Kino – Zuschauer: Filmrezeption*, Marburg 2010

Schenk, Irmbert (Hg.): *Medien der 1950er Jahre (BRD und DDR)*, Augenblick, Marburger Hefte zur Medienwissenschaft, 54/55, Marburg 2012

Schildt, Axel: *Moderne Zeiten. Freizeit, Mas-*

senmedien und ‹Zeitgeist› in der Bundesrepublik der 50er Jahre, Hamburg 1995

Schildt, Axel: «Zur so genannten Amerikanisierung der frühen Bundesrepublik – einige Differenzierungen», in: Koch, Lars (Hg.): *Modernisierung als Amerikanisierung?*, Bielefeld 2006, S. 23–44

Schilling, Jonathan: «Mehr als Heimatfilm. Ruth Leuwerik, DIE TRAPP-FAMILIE und der Publikumsgeschmack der Adenauerzeit», in: *Vierteljahreshefte für Zeitgeschichte*, 1, 2023, S. 75–109

Schivelbusch, Wolfgang: *Die Kultur der Niederlage. Der amerikanische Süden 1865 – Frankreich 1871 – Deutschland 1918*, Berlin 2001

Schultz, Sonja: *Der Nationalsozialismus im Film*, Berlin 2012

Schulz, Günter (Red.): *Ausländische Spiel- und abendfüllende Dokumentarfilme in den Kinos der SBZ/DDR 1945–1966*, Berlin 2001

Schwelling, Brigitte: *Wege in die Demokratie. Eine Studie zum Wandel und zur Kontinuität von Mentalitäten nach dem Übergang vom Nationalsozialismus zur Bundesrepublik*, Opladen 2001

Seelmann-Eggebert, Ulrich: «Der amerikanische Film», in: *Die Quelle*, 2, 1948, S. 79–88

Seidl, Claudius: *Der deutsche Film der fünfziger Jahre*, München 1987

Shandley, Robert R.: *Trümmerfilme. Das deutsche Kino der Nachkriegszeit*, Berlin 2010

Spieker, Markus: *Hollywood unterm Hakenkreuz. Der amerikanische Spielfilm im Dritten Reich*, Trier 1999

Spranger, Helga: «Rauchschwaden – Soldaten nach zwei Weltkriegen in Europa», in: Hondrich 2011, S. 65–79

Stahr, Gerhard: *Volksgemeinschaft vor der Leinwand? Der nationalsozialistische Film und sein Publikum*, Berlin 2001

Steinbacher, Sybille: *Wie der Sex nach Deutschland kam. Der Kampf um Sittlichkeit und Anstand in der frühen Bundesrepublik*, München 2011

Stiehler, Hans-Jörg: «Möglichkeiten einer Rezeptionsforschung in historischer Perspektive», in: Birkner 2020, S. 80–110

Stückrath, Fritz: «Jugend im Banne des Films», in: *Westermanns pädagogische Beiträge*, 4, 1952, S. 241–246

Stückrath, Fritz: «Die Rolle des Films im Leben des reifenden Mädchens», in: *Film Bild Ton*, 4, 1953, S. 122–126

Stückrath, Fritz: «Seelische Induktion im Kraftfeld des Films», in: *Film Bild Ton*, 4, 1954, S. 182–187

Stückrath, Fritz: «Dialog der Jugend mit dem Film», in: *Deutsche Jugend*, 3, 1955, S. 549–555

Stückrath, Fritz: «Sinn und Aufgabe der Filmerziehung», in: *Film Bild Ton*, 1, 1957, S. 3–6, 48

Stückrath, Fritz / Schottmayer, Georg: *Psychologie des Filmerlebens in Kindheit und Jugend*, Hamburg 1955

Thomä, Hans: «Massenmedien und ihr prägender Einfluss», in: *Handbuch der Psychologie*, III, Göttingen 1959, S. 288–295

Thüna, Ulrich von: «Filmzeitschriften der fünfziger Jahre», in: Hoffmann/Schobert (Hg.) 1989, S. 248–262

Tippner, Anja: *Alterität, Übersetzung und Kultur. Čechovs Prosa zwischen Russland und Deutschland*, Frankfurt 1997

Tröger, Walter: *Der Film und die Antwort der Erziehung*, München/Basel 1963

Tümmers, Henning: *Nach Verfolgung und Auschwitz. Das Dritte Reich und die Deutschen nach 1945*, Stuttgart 2021

Vogg, Günther: «Die politische Bedeutung des Spielfilms», in: *Jugend Film Fernsehen*, 5, 1961, S. 73–83

Vorderer, Peter: *Fernsehen als Handlung. Fernsehfilmrezeption aus motivationspsychologischer Perspektive*, Berlin 1992

Vorderer, Peter: «Rezeptionsmotivation. Warum nutzen Rezipienten mediale Unterhaltungsangebote?», in: *Publizistik*, 41, 1996, S. 310–326

Weber, Nicola Valeska: *Im Netz der Gefühle. Veit Harlans Melodramen*, Berlin 2011

Weckel, Ulrike: *Beschämende Bilder. Deutsche Reaktionen auf alliierte Dokumen-*

tarfilme über befreite Konzentrationslager, Stuttgart 2012

Welzer, Harald: *Täter. Wie aus ganz normalen Menschen Massenmörder werden*, Frankfurt 2005

Wesnierski, Hans-Jürgen v.: «‹Die Anderen nannten uns Halbstarke›. – Jugendkultur in den 50er Jahren», in: Krüger, Heinz-Hermann (Hg.): *‹Die Elvis-Tolle, die hatte ich mir unauffällig wachsen lassen›. Lebensgeschichte und jugendliche Alltagskultur in den fünfziger Jahren*, Opladen 1985

Wilharm, Irmgard: «Filmwirtschaft, Filmpolitik und der ‹Publikumsgeschmack› im Westdeutschland der Nachkriegszeit», in: *Geschichte und Gesellschaft*, 28, 2002, S. 267–290

Wirth, Werner: «Emotion», in: Wünsch u. a. 2014, S. 29–43

Wisniewski, Annika: «Synchronisation und Zensur in der BRD zwischen 1950 und 1960», in: *Filmübersetzung. Probleme bei Synchronisation, Untertitelung, Audiodeskription*, Frankfurt 2012, S. 267–341

Wölker, Herbert: *Das Problem der Filmwirkung*, Bonn 1955

Wortig, Kurt: *Ihre Hoheit Lieschen Müller. Hof- und Hintergrundgespräche um Film und Fernsehen*, München-Icking 1961

Wünsch, Carsten / Schramm, Holger / Gehrau, Volker / Bilandzic, Helena (Hg.): *Handbuch Medienrezeption*, Baden-Baden 2014

Wuss, Peter: *Filmanalyse und Psychologie*, Berlin 1993

Wuss, Peter: «Film und Spiel. Menschliches Spielverhalten in Realität und Rezeptionsprozess», in: Schick, Thomas / Ebbrecht, Tobias (Hg.): *Emotion – Empathie – Figur. Spielformen der Filmwahrnehmung*, Berlin 2008, S. 217–248

Zuckermann, Moshe (Hg.): *Medien – Politik – Geschichte*, Tel Aviver Jahrbuch für deutsche Geschichte, XXXI, Göttingen 2003

Zeitschriften

Berliner Filmblätter
Berliner Palette
Constanze
Der deutsche Film
Deutsche Film-Illustrierte
Deutsche Filmkunst
Deutsche Jugend
Deutsche Rundschau
Evangelischer Filmbeobachter
Film
Film Bild Ton
Filmblätter
Filmdienst
Film-Echo
Filmforum
Film-Illustrierte
Film-Journal
Filmkritik
Film-Kurier
Filmpress
Film-Revue (1950–1953 *Film- und Mode-Revue*)
Filmspiegel
Filmwoche
Frankfurter Hefte
Illustrierte Filmbühne (IFB)
Illustrierte Filmwoche
Jugend Film Fernsehen
Lichtbild-Bühne
Merkur
Der neue Film
Neue Film-Welt
Die neue Filmwoche
Pädagogische Rundschau
Pädagogische Welt
Plan
Publizistik
Die Quelle
Der Ruf
Der Spiegel
Der Standpunkt
Star-Revue
Theaterdienst
Die Weltbühne
Westermanns pädagogische Beiträge